Astrologie : Livre 5
Les planètes en secteurs

Edité par Eric Jackson Perrin
69300 Caluire et Cuire

Imprimé en Allemagne par BoD – Books en Demand

ISBN 979-10-94871-40-9
Dépôt Légal : Novembre 2015

Livres du même auteur

Série civilisations

Traité pratique d'Astrologie Maya
Le Yi King de voyage
Le Tarot Éternel et Le Tarot Éternel 2
Le Tarot Éternel complet et L'Histoire Secrète du Tarot
Les Runes Germaniques sacrées et magiques
Le Diamant de Naissance et Le cahier pratique du Diamant de Naissance
Cinq outils extraordinaires de connaissance de soi
Les outils et techniques de développement personnel pour thérapeutes et particuliers
Planches de radiesthésie pour thérapeutes et particuliers
Guide pratique de soins énergétiques pour thérapeutes et particuliers
Le Manuel Professionnel du Diamant de Naissance 1 et 2
Ami-Enfant des Étoiles, Ami revient et Civilisations Internes
Physique classique et physique quantique pour thérapeutes et particuliers
Le Guide pratique des appareils de bien-être
***

Série apprendre l'astrologie, c'est possible…

1-Les bases pratiques de l'astrologie
2-Les planètes, les signes, les secteurs
3-Maitriser l'analyse et l'interprétation du thème astrologique
4-Les planètes en signes et 5-Les planètes en secteurs
6-Les aspects à la Lune et à Vénus
7-Les aspects au Soleil et à Mars
8-Les aspects Mercure, Jupiter, Saturne et Uranus
9-Les bases de l'astrologie karmique
10 - Le cahier astrologique : Comment interpréter un thème astral
11- L'Astrogéolocalisation

Série Sonothérapie

Diapasons, Kinésiologie et Acupuncture traditionnelle chinoise
Les diapasons thérapeutiques
Passion bols avec Alain Métraux
Le Guide Pratique des Mantras
Le Cahier Pratique des Bols Chantants

Édité par Éric Jackson Perrin

Logiciel professionnel Diamant de Naissance
Version de base (80€) et complète avec édition d'études (360€)

Table des matières

INTRODUCTION ET QUELQUES DONNEES TECHNIQUES. 8
Résumé des définitions des planètes : 9
Les secteurs astrologiques : 9
Les planètes en secteurs : 10
Résumé des 12 secteurs astrologiques : 10
Les secteurs en signes : 12
Interprétation des planètes en signes et en secteur : 13
Choisir son système de maisons : 13

LES PLANETES EN SECTEURS 16

Le Soleil en secteurs : 16
LE SOLEIL EN SECTEUR UN 16
LE SOLEIL EN SECTEUR DEUX 18
LE SOLEIL EN SECTEUR TROIS 20
LE SOLEIL EN SECTEUR QUATRE 22
LE SOLEIL EN SECTEUR CINQ 25
LE SOLEIL EN SECTEUR SIX 26
LE SOLEIL EN SECTEUR SEPT 29
LE SOLEIL EN SECTEUR HUIT 31
LE SOLEIL EN SECTEUR NEUF 36
LE SOLEIL EN SECTEUR DIX 37
LE SOLEIL EN SECTEUR ONZE 38
LE SOLEIL EN SECTEUR DOUZE 40

La Lune en secteurs : 42
LA LUNE EN SECTEUR UN 42
LA LUNE EN SECTEUR DEUX 44
LA LUNE EN SECTEUR TROIS 47
LA LUNE EN SECTEUR QUATRE 49
LA LUNE EN SECTEUR CINQ 52

LA LUNE EN SECTEUR SIX 54

LA LUNE EN SECTEUR SEPT 56

LA LUNE EN SECTEUR HUIT 60

LA LUNE EN SECTEUR NEUF 63

LA LUNE EN SECTEUR DIX 65

LA LUNE EN SECTEUR ONZE 67

LA LUNE EN SECTEUR DOUZE 69

Mercure en secteurs : 72

MERCURE EN SECTEUR UN 72

MERCURE EN SECTEUR DEUX 74

MERCURE EN SECTEUR TROIS 75

MERCURE EN SECTEUR QUATRE 76

MERCURE EN SECTEUR CINQ 78

MERCURE EN SECTEUR SIX 79

MERCURE EN SECTEUR SEPT 80

MERCURE EN SECTEUR HUIT 82

MERCURE EN SECTEUR NEUF 84

MERCURE EN SECTEUR DIX 85

MERCURE EN SECTEUR ONZE 86

MERCURE EN SECTEUR DOUZE 87

Vénus en secteurs : 88

VÉNUS EN SECTEUR UN 88

VÉNUS EN SECTEUR DEUX 90

VÉNUS EN SECTEUR TROIS 92

VÉNUS EN SECTEUR QUATRE 94

VÉNUS EN SECTEUR CINQ 97

VÉNUS EN SECTEUR SIX 98

VÉNUS EN SECTEUR SEPT 100

VÉNUS EN SECTEUR HUIT 102

VÉNUS EN SECTEUR NEUF 104

VÉNUS EN SECTEUR DIX 106

VÉNUS EN SECTEUR ONZE 107
VÉNUS EN SECTEUR DOUZE 108

Mars en secteurs : 110
MARS EN SECTEUR UN 110
MARS EN SECTEUR DEUX 112
MARS EN SECTEUR TROIS 114
MARS EN SECTEUR QUATRE 115
MARS EN SECTEUR CINQ 117
MARS EN SECTEUR SIX 119
MARS EN SECTEUR SEPT 121
MARS EN SECTEUR HUIT 123
MARS EN SECTEUR NEUF 125
MARS EN SECTEUR DIX 127
MARS EN SECTEUR ONZE 129
MARS EN SECTEUR DOUZE 130

Jupiter en secteurs : 133
JUPITER EN SECTEUR UN 133
JUPITER EN SECTEUR DEUX 135
JUPITER EN SECTEUR TROIS 137
JUPITER EN SECTEUR QUATRE 138
JUPITER EN SECTEUR CINQ 140
JUPITER EN SECTEUR SIX 142
JUPITER EN SECTEUR SEPT 145
JUPITER EN SECTEUR HUIT 148
JUPITER EN SECTEUR NEUF 150
JUPITER EN SECTEUR DIX 152
JUPITER EN SECTEUR ONZE 153
JUPITER EN SECTEUR DOUZE 155

Saturne en secteurs : 156

SATURNE EN SECTEUR UN 156

SATURNE EN SECTEUR DEUX 159

SATURNE EN SECTEUR TROIS 161

SATURNE EN SECTEUR QUATRE 163

SATURNE EN SECTEUR CINQ 166

SATURNE EN SECTEUR SIX 168

SATURNE EN SECTEUR HUIT 173

SATURNE EN SECTEUR NEUF 176

SATURNE EN SECTEUR DIX 177

SATURNE EN SECTEUR ONZE 180

SATURNE EN SECTEUR DOUZE 182

Uranus en secteurs : 184

URANUS EN SECTEUR UN 184

URANUS EN SECTEUR DEUX 187

URANUS EN SECTEUR TROIS 189

URANUS EN SECTEUR QUATRE 191

URANUS EN SECTEUR CINQ 195

URANUS EN SECTEUR SIX 198

URANUS EN SECTEUR SEPT 201

URANUS EN SECTEUR HUIT 206

URANUS EN SECTEUR NEUF 209

URANUS EN SECTEUR DIX 211

URANUS EN SECTEUR ONZE 213

URANUS EN SECTEUR DOUZE 215

Neptune en secteurs : 217

NEPTUNE EN SECTEUR UN 217

NEPTUNE EN SECTEUR DEUX 220

NEPTUNE EN SECTEUR TROIS 223

NEPTUNE EN SECTEUR QUATRE 225

NEPTUNE EN SECTEUR CINQ 227

NEPTUNE EN SECTEUR SIX 229

NEPTUNE EN SECTEUR SEPT 232

NEPTUNE EN SECTEUR HUIT 235

NEPTUNE EN SECTEUR NEUF 237

NEPTUNE EN SECTEUR DIX 239

NEPTUNE EN SECTEUR ONZE 240

NEPTUNE EN SECTEUR DOUZE 242

Pluton en secteurs : 244

PLUTON EN SECTEUR UN 244

PLUTON EN SECTEUR DEUX 247

PLUTON EN SECTEUR TROIS 251

PLUTON EN SECTEUR QUATRE 252

PLUTON EN SECTEUR CINQ 258

PLUTON EN SECTEUR SIX 260

PLUTON EN SECTEUR SEPT 263

PLUTON EN SECTEUR HUIT 268

PLUTON EN SECTEUR NEUF 269

PLUTON EN SECTEUR DIX 271

PLUTON EN SECTEUR ONZE 273

PLUTON EN SECTEUR DOUZE 276

INTRODUCTION ET QUELQUES DONNEES TECHNIQUES.

Introduction : Un thème astral est une carte de votre structure psychologique et l'une des façons de représenter symboliquement la forme de votre « Etre » et de votre vie. Il se calcule à partir du jour, du mois, de l'année, du lieu et de votre heure de naissance.

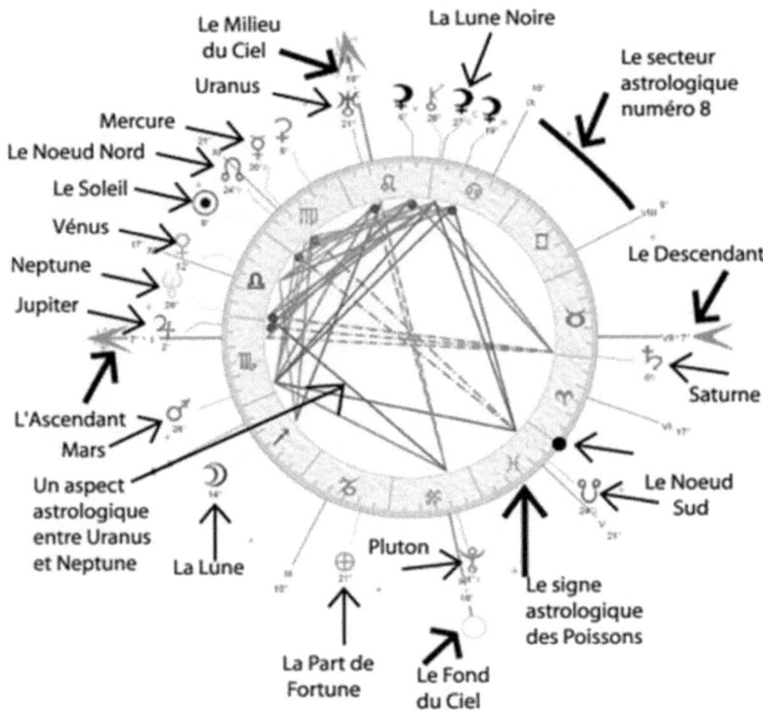

Il y a des acteurs, des formes de vie ou des sous-personnalités. Ce sont les planètes. En astrologie l'on considère que le Soleil et la Lune sont des planètes dans le sens où se sont des objets célestes en mouvement. Le Soleil est d'un point de vue astronomique une étoile tandis que la Lune est une lune planétaire de la Terre. Toute planète se trouve dans deux espaces. L'un de ces espaces est le signe astrologique et l'autre le secteur astrologique. Une planète est parfois dominante, c'est-à-dire extrêmement présente et parfois elle est dite aveugle, c'est-à-dire qu'elle s'exprime très peu chez la personne concernée. Certaines planètes sont de nature masculines (Soleil, Mercure, Mars, Jupiter et Uranus) et d'autres sont féminines (la Lune, Vénus, Saturne, Neptune et Pluton).

8

Vous avez une explication astronomique sur les planètes en signes et en secteurs dans le livre 1 : Les bases de l'astrologie. Vous avez une description approfondie des planètes dans le livre 2 : Les planètes, les signes et les secteurs. Chaque planète s'exprime selon une certaine forme, d'une certaine façon, comme si elle revêtait un costume parmi 12 possibles. Les costumes sont les 12 signes astrologiques. Un signe astrologique correspond à une des 12 étapes d'un cycle dont le point de départ est le lieu où se produit l'équinoxe du printemps, quand la Terre devient alignée avec le Soleil. Ils ne sont donc pas liés aux étoiles même si l'on s'est servi des étoiles pour dessiner des figures d'animaux qui symbolisent les énergies des signes. Ce sont, d'un point de vue psychologique, des états d'esprit. Une planète est forcément dans un signe astral ce qui signifie qu'elle s'exprime selon un certain état d'esprit.

Résumé des définitions des planètes :

Le Soleil : Votre idéal, vos repères, votre moi conscient, votre moi Divin, votre image de l'homme et du père, le meilleur de vous-même.
La Lune : Votre sensibilité, votre vie quotidienne, votre façon de trouver le bien-être et de vous ressourcer, votre idéal féminin.
Mercure : Votre intelligence et vos facultés d'adaptation.
Vénus : Vos choix, vos désirs, votre intelligence relationnelle, votre vie de couple, votre gestion de la matière et de l'argent, votre idéal féminin.
Mars : Vos décisions, votre façon d'agir, votre force, votre sexualité, votre image de l'homme et votre idéal masculin.
Jupiter : Votre activité professionnelle, vos voyages, votre philosophie de vie.
Saturne : Votre sécurité, votre évolution, votre paix intérieure, votre relation aux structures et à la Vérité.
Uranus : Votre liberté, vos relations amicales, vos projets, votre adaptation à la vie moderne.
Neptune : Votre foi, votre clairvoyance, vos mémoires ancestrales, vos souffrances, vos aspirations spirituelles.
Pluton : Vos pulsions, votre sexualité, votre lucidité, votre vérité profonde, votre relation à l'au-delà, votre initiation.

Les secteurs astrologiques :

Les planètes, acteurs ou personnages costumés évoluent dans un décor. Ces décors se nomment « les maisons astrologiques » ou « les secteurs de vie ». Ils correspondent aux décors concrets dans lesquels évoluent les planètes. Il y a 12 secteurs et de nos jours, on considère que chaque secteur est en quelque sorte la matérialisation du signe ou état d'esprit équivalent.

Les planètes en secteurs :

Lorsqu'une planète occupe un secteur, la fonction psychologique correspondant à la planète tendra à s'exprimer et à être utilisée lorsque la personne vit les expériences correspondant au secteur. Une planète dans un secteur permet de voir comment, c'est à dire avec quelle fonction psychologique l'individu aborde le domaine d'expérience concerné.

Résumé des 12 secteurs astrologiques :

Secteur ou Maison 1 : Votre état d'esprit et votre situation présente, là d'où vous partez, votre façon de démarrer les choses, votre énergie, votre corps physique, votre tonus psychologique, ce que vous faîtes, votre état d'esprit, votre vision de la vie, vos objectifs, votre façon de vous présenter, de réagir et de vous affirmer, l'image qui est donnée, votre personnalité, vos intentions et vos possibilités.

Secteur ou Maison 2 : Votre relation au corps, au plaisir, à la propriété et à l'argent, votre richesse, les ressources vous permettant de gagner de l'argent, l'argent que vous gagnez par vous-même, votre situation financière, vos habitudes de consommation, votre budget, vos acquisitions, ce que vous possédez, votre sensualité, votre joie, vos plaisirs, votre incarnation dans la matière et comment vous pouvez vous enrichir.

Secteur ou Maison 3 : Votre façon de penser, d'apprendre, d'analyser, de communiquer et de vous adapter à votre environnement, de mettre les choses en forme et de vous mettre en mouvement dans la vie concrète. Votre intelligence fraternelle et commerçante. Votre entourage proche, vos familiers, les nouvelles que vous recevez, votre correspondance, vos écrits, vos petits déplacements, vos frères et sœurs et tout ce qui touche au commerce.

Secteur ou Maison 4 : Votre « chez-vous », votre héritage familial, vos racines, votre façon de trouver le bien-être et la sécurité émotionnelle, votre vie au foyer, votre famille, l'ambiance au foyer et dans votre famille, vos trésors cachés, votre âme, votre patrimoine, votre mère, votre inconscient, votre passé, votre histoire personnelle, votre bien-être, votre façon de vous nourrir, votre début de vie et votre fin de vie. Le père. L'amour et l'éducation de la mère.

Secteur ou Maison 5 : Vos repères, la conscience que vous avez de vous, l'expression de votre pouvoir créateur et de l'amour qu'il y a dans votre cœur, l'amour que vous donnez, votre façon de vous exprimer en tant que centre et de vous valoriser, votre vie sentimentale, vos relations amoureuses, vos créations, votre premier enfant, votre éducation, vos loisirs, vos vacances et comment vous pouvez réussir. L'amour et l'éducation du père.

Secteur ou Maison 6 : Votre intelligence technique, votre santé et votre façon de prendre soin de votre santé, votre adaptation au monde matériel, votre façon de vivre votre travail quotidien et de servir, vos conditions et votre environnement de travail, vos petits soucis quotidiens, vos difficultés répétitives, vos obligations, vos limitations, vos petites contraintes, votre hygiène de vie, vos examens, votre rangement, votre relation aux plantes et aux animaux, votre comptabilité et votre relation aux chiffres.

Secteur ou Maison 7 : Votre façon d'entrer en relation avec autrui, d'être en harmonie et de participer à la civilisation, vos comportements envers les autres, votre couple, votre conjoint, vos associations, vos partenaires et associés, vos contrats, vos histoires juridiques, vos rivalités, votre vie sociale, votre vie conjugale, ce que vous recherchez chez les autres, votre antipode, votre défi majeur, votre fidélité ou infidélité, votre façon de créer de l'harmonie et le mariage.

Secteur ou Maison 8 : Votre quête de la vérité, votre parcours initiatique, ce qui est occulté ou refoulé chez vous et que vous devez révéler, ce qui doit être transformé, détruit ou évacué en vous, votre part d'ombre et vos angoisses, ce qui vous ensorcelle, votre vérité profonde, le trésor caché qu'il y a en vous, l'argent reçu des autres, vos héritages, vos crises, vos transformations, les changements en vous et dans votre vie, vos profits, votre façon de vivre votre sexualité, vos désirs sexuels, votre vie sexuelle, votre jouissance de l'argent et de la matière, votre relation à la mort et à l'au-delà.

Secteur ou Maison 9 : Votre besoin d'expansion et d'épanouissement, votre façon d'explorer et de trouver votre place dans la société, votre intégration sociale, votre vocation, votre relation à l'espace et à l'éducation, votre adaptation dans l'espace, votre relation au système et à la société, votre façon d'élargir vos horizons et votre vision, vos grands voyages du corps et de l'esprit, vos études supérieures, votre façon d'administrer votre vie, votre vie spirituelle extérieure, votre idéal de vie extérieure, votre philosophie de vie, votre relation à l'étranger et aux personnes étrangères et vos affaires.

Secteur ou Maison 10 : La façon dont votre vie s'organise, votre chemin de réalisation, vos ambitions, votre statut social, votre profession, votre carrière et l'évolution de votre carrière, votre relation avec les administrations et l'état, vos responsabilités, vos ambitions, vos projets à long terme, ce que vous construisez, vos grandes réalisations, votre évolution intérieure, votre élévation, votre leçon de vie majeure, votre évolution vers la sérénité et vers votre vérité profonde. La mère et la Grand-Mère.

Secteur ou Maison 11 : L'expression de votre intelligence psychologique et technologique mais aussi de votre spécificité, l'aide que vous apportez et celle que vous recevez, vos appuis, votre réseau, vos relations amicales, vos expériences de groupe, vos activités en groupe, votre clientèle, vos projets, vos espérances, votre deuxième enfant, votre libération intérieure et vos solutions obligatoires pour vous libérer.

Secteur ou Maison 12 : Votre vie intérieure profonde, les influences de vos mémoires généalogiques et de vos vies passées, ce qui nourri votre foi, ce qui vous permet de vous évader, ce qui vous enchante, vos souffrances, vos longues maladies, vos trahisons, vos chagrins, vos épreuves majeures, vos grosses contraintes, les choses secrètes et cachées dans votre vie, votre expérience des hôpitaux, votre capacité à vous intégrer dans le collectif, votre don de voyance, votre santé psychique, votre évolution spirituelle, votre objectif à long terme, votre expérience de la transcendance, vos expériences mystiques, votre conscience cosmique, votre façon de terminer les choses et ce que vous laissez derrière vous.

Les secteurs en signes :

Ils décrivent l'état d'esprit dans lesquels sont vécues les différentes expériences de la vie. Lorsqu'un secteur occupe un signe, les expériences du secteur seront abordées dans l'état d'esprit correspondant au signe. Par exemple, avec un secteur trois en Bélier, les expériences en rapport avec la communication, les échanges, l'adaptation à l'entourage proche etc. (expériences du secteur 3) seront vécues de façon spontanée, dynamique ou impulsive, dans un état d'affirmation de soi, parfois dans un esprit de compétition ou de rivalité etc. (état d'esprit Bélier).

Interprétation des planètes en signes et en secteurs :

Dans un premier temps, il est juste d'interpréter une planète en signe et en secteur à l'état pur, c'est-à-dire comme si il n'y avait que cette planète, ce signe et ce secteur dans le thème. Mais très rapidement, il est nécessaire de tenir compte du reste du thème astral, c'est-à-dire de la dominante, des aspects formés par la dite planète et de la situation des planètes maîtresses du signe où se trouve la dite planète. Il y aura donc toujours un « oui mais ».

Choisir son système de maisons :

Le mot domification et le verbe « domifier » ont été inventé pour dire « mettre en place les maisons ou secteurs astrologiques dans un thème astral, c'est-à-dire pour diviser l'espace du zodiaque en 12 parties en fonction d'une heure de naissance et d'un lieu de naissance. La domification, d'un point de vue astronomique, révèle en fait l'angle des ondes émises par une planète vers un individu situé quelque part sur la Terre. Le schéma 11, présent dans le livre, les bases pratique de l'astrologie, reproduit ici, donne une idée pour se représenter visuellement les secteurs ou maisons astrologiques.

Schéma 11 bis : Représentation graphique du schéma 11.

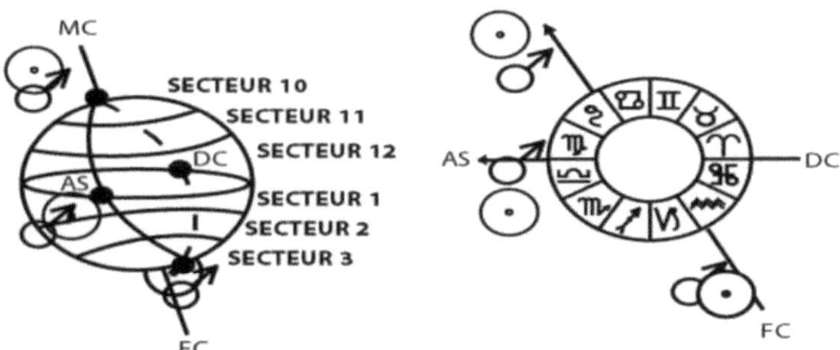

Les érudits d'Alexandrie ont inventé le système des maisons astrologiques à partir du « signe Ascendant ». Le tout premier système des maisons démarre à zéro degré du signe dans lequel se trouve le Soleil au moment précis de la naissance (la position du soleil au moment précis de la naissance est matérialisée par l'ascendant). Même si le Soleil se lève à 29 degrés du signe, on place alors l'ascendant à zéro degré du signe. Ce système est divisé en 12 maisons de 30 dégrées.

Les maisons se superposent donc aux signes et si votre Ascendant se trouvait par exemple à 26 degrés de la Balance, votre maison 2 se trouverait quand même dans le signe du Scorpion. Certains des premiers astrologues placèrent ensuite l'ascendant à la moitié du signe, c'est-à-dire à 15 degrés. D'autres astrologues plaçaient l'ascendant là où se trouve réellement le Soleil au moment de la naissance puis retiraient 5 dégréés ! Ces systèmes ont été rapidement abandonnés.

La domification à maisons égales aussi dit antique : Puis finalement l'ascendant à été placé là où se trouvait le Soleil au moment de la naissance et l'espace zodiacal a été divisé en 12 maisons égales. Ce dernier système à maison égales à partir de l'ascendant est le seul qui donne un résultat interprétable pour les naissances qui ont lieues dans le grand nord ou le grand sud de la planète. C'est sans doute le plus cohérent d'un point de vue symbolique. Il est pourtant assez rarement utilisé. Il est parfois utilisé quand l'heure de naissance est inconnue. On positionne alors l'ascendant au même endroit que le Soleil et on place 12 maisons égales à partir de ce nouvel ascendant.

Pour effectuer des prévisions astrologiques, certains astrologues comme Ptolémée utilisaient une méthode de division de l'espace qui dépendait de la latitude et de la longitude du lieu et du temps de mettait le Soleil à traverser chaque espace. Du fait que la Terre est inclinée sur son axe un corps céleste met un temps différent pour traverser chacun des 12 espaces ou secteurs astrologiques et suivant la localisation géographique d'une personne, la planète ne se trouve pas, pour une même journée, à son plus haut point dans le ciel au même moment. C'est cette volonté de tenir compte de la latitude qui a incité certains astrologues à créer de nouvelles méthodes de domification.

La domification arabe aussi appelé Porphyre : L'astrologie a ensuite, après le massacre des érudits d'Alexandrie par les barbares romains et son éviction d'Europe par les religieux chrétiens, trouvé sa place au sein de la civilisation musulmane. Ainsi, du septième siècle au quinzième siècle après Jésus-Christ, les astrologues arabes utilisent un système de domification où ils notent le moment où le Soleil se lève et le temps où il est le plus haut dans le ciel, convertissent ce temps en degrés sur le zodiaque puis répartissent l'espace entre ces deux temps en trois parties égales. Ce système aurait été créé par le philosophe, historien et astrologue libanais Porphyre (234-305).

La domification selon Campanus : Au treizième siècle, un dénommé Johannes Campanus de Novare dit Campanus (1219-1296) créé un nouveau système de domification basé sur une division de l'espace, et plus précisément sur une division en 12 parties égale du « premier vertical » qui est le grand cercle perpendiculaire à l'horizon.

L'expérience montre que cette méthode ne reflète pas la réalité vécue par les personnes. Ce système est donc abandonné.

La domification selon Regiomontanus : Au quinzième siècle, un dénommé Johannes Müller Von Königsberg (1436-1476), astronome, mathématicien et astrologue allemand plus connu sous son nom latin Regiomontanus, créé un nouveau système de domification basé sur une division de l'espace, et plus précisément sur une division de l'équateur en 12 parties égale. Ce système a beaucoup été utilisé aux seizièmes et dix-septièmes siècles après Jésus Christ, mais l'expérience montre qu'il ne reflète pas tout à fait la réalité vécue par les personnes. Ce système a donc ensuite été abandonné.

La domification selon Placidus : A la renaissance italienne, l'astrologue Placido de Titi dit Placidus (1603-1668) à mis au point une méthode de calcul basée sur une division du temps. Cette méthode a été reprise par les Rosicruciens, acteurs clefs de la diffusion de l'astrologie en Europe. Ils ont publié et publient encore des « tables des maisons », basées sur le système dit Placidus, qui permettent de domifier un thème astral. Avant l'arrivée des ordinateurs dans les années 80, les astrologues utilisaient ces tables là pour dresser une carte du ciel. Cela fonctionnait et fonctionne très bien pour les latitudes en dessous de 60 degrés, donc pour l'Italie et la France, mais dès que l'on monte un thème pour une naissance situés dans le grand nord, au nord de la Norvège ou de la Russie par exemple ou tout au sud de la planète, en Argentine par exemple, cela produit un résultat complètement bizarre, avec certaines maisons qui sont toute petites et d'autres gigantesques.

La domification selon koch : Ce système a été créé par l'astrologue allemand Walter Koch (1895-1970) dans les années 1950. C'est une adaptation de la méthode Placidus sauf que ce système se base sur l'équateur et non sur l'écliptique. Il prend en compte l'ascension oblique et non l'ascension droite. Ce système est beaucoup utilisé en Allemagne et en Amérique.

Les systèmes Placidus, Koch et antiques à maison égales donnent dans la pratique les meilleurs résultats.

LES PLANETES EN SECTEURS

Le Soleil en secteurs :

LE SOLEIL EN SECTEUR UN

Vous vous présentez comme une personne positive, joyeuse, chaleureuse, généreuse, claire, lumineuse, et fraternelle, capable d'être une source d'amour, de conscience, de lumière, d'énergie et de chaleur, pleine d'énergie et de vitalité, ayant du cœur et un grand besoin de Soleil, disponible pour partager, entrer dans le lien et le partenariat, motivée pour transmettre un savoir, pour éduquer et pour diriger, organisée, volontaire, dynamique et vivant selon un idéal, un modèle qui convient et les grandes lignes directrice qu'elle a défini. En avez-vous conscience ?

Dès lors qu'il s'agit d'oser, d'entreprendre, d'expérimenter sur le terrain, de vous affirmer, d'être opérationnel et efficace ou de travailler dans une entreprise, vous êtes particulièrement capable d'être bien centré dans votre cœur, de savoir ce que vous voulez, de trouver vos marques et des repères, de faire appel à des valeurs et à des principes, d'équilibrer votre masculin et votre féminin, de définir des objectifs précis, de vous donner les moyens pour les atteindre, de vous organiser, de vous mettre en valeur, d'être visible et d'occuper les devants de la scène, de gérer votre image et votre réputation, d'affirmer votre autorité et vos convictions, d'être opportuniste mais très réaliste, de vous imposer quand c'est nécessaire et de créer une situation d'entraide quand c'est possible, d'être optimiste, positif, digne, honorable, noble et majestueux, de réunir et rassembler tout ce qui est nécessaire, d'y mettre tout votre cœur et votre amour, de vous engager en faisant de votre mieux, de persévérer, d'être autonome, de créer des liens fraternels d'amour avec autrui et de travailler en équipe, de réussir et de rayonner.

Vous êtes aussi très capable de vous repérer et d'être clair, d'être soucieux de l'image que vous donnez et de votre réputation, d'incarner votre idéal, vos valeurs et vos principes, de vous fixer des objectifs et de déployer votre volonté pour les atteindre, d'être créatif, de vous engager en donnant le meilleur de vous-même, de vous imposer avec autorité, de maîtriser la situation, de réussir voir même de briller et de rayonner comme un Soleil.

L'important pour vous est d'avoir clairement conscience de qui vous êtes, mais aussi d'avoir une vision claire de vos interlocuteurs, de la situation dans laquelle vous vous trouvez et du monde en général. Vous avez besoin pour vous affirmer de prendre clairement position, de repères, de grandes lignes directrices, d'un idéal et d'une certaine organisation.

Inversement, ce sont vos expériences concrètes et ce que vous faites qui constituent vos principaux repères. Vous savez accorder vos idéaux à vos moyens et mobiliser toutes vos forces pour atteindre vos objectifs clairement définis. Cela vous confère une autorité naturelle, une confiance en vous et en vos moyens ainsi qu'un esprit conquérant voir dominateur qui entend être son propre maître et mener sa barque à sa manière.

Votre personnalité s'exprime à travers une volonté ferme, à travers un dynamisme conquérant, à travers un besoin de soumettre à votre volonté tout ce qui fait partie de la situation présente et à travers un certain rayonnement. Quand vous êtes là, ça se sait. Vous aimez jouer un rôle central, vous montrer sur les devants de la scène, régner, diriger et prendre les choses en main, être sollicité, connu, reconnu, mis en valeur et admiré.

Vous êtes soucieux de vous entretenir, de garder de nobles apparences et de préserver la sainte image que vous avez de vous-même. Si vous aimez vous comparer aux autres pour constater vos avantages, vous n'êtes en revanche pas très sensible à l'ambiance environnante ni à ce que pensent les autres. Vous affirmez avec force ce que vous considérez être comme la vérité absolue. Le chef a toujours raison dit-on !

Cette position indique souvent une certaine beauté extérieure durant la première moitié de la vie. Vous savez faire preuve de générosité, de noblesse et de bonté lorsque vous vous affirmer. On vous dit réaliste, ambitieux, clair, logique, bien organisé, opportuniste, extraverti et chaleureux.

Vous êtes le plus souvent préoccupé par votre réussite personnelle et par des réalisations visibles, concrètes et reconnues par tous. Vous aimez la culture et utilisez facilement la pensée positive comme moyen d'affirmation et d'auto thérapie. C'est à travers l'action, l'initiative personnelle, les situations de concurrence, le combat, l'entreprise, les créations, les réalisations et l'affirmation de votre personnalité pour exercer une empreinte sur le monde que vous prendrez conscience de votre identité.

Vos faiblesses éventuelles peuvent être un orgueil démesuré, un complexe de supériorité, une tendance à vous situer toujours en dominant exerçant une autorité sur un dominé, des réactions autoritaires, l'adhésion à des modèles et objectifs contraires à votre évolution, une tendance à être trop transparent dans vos intentions et décisions, une tendance à être excessivement centré sur vous-même dans un égoïsme narcissique et à vivre en conséquence dans un monde solitaire et une tendance à vouloir systématiquement définir des règles et prendre position dans toute situation nouvelle.

Il ne dépend que de vous d'effectuer un travail sur vous-même afin que s'exprime uniquement ce qu'il y a de meilleur en vous.

LE SOLEIL EN SECTEUR DEUX

Vous exprimez votre maison 2 dès lors qu'il s'agit de vous incarner, de satisfaire vos désirs, de vous faire plaisir, de gagner ou gérer de l'argent ou des biens matériels, de vous enrichir, de générer de l'abondance, d'attirer, de plaire et de séduire, de créer des liens affectifs, familiaux ou sociaux, d'utiliser votre intelligence relationnelle, de faire preuve d'harmonie, de douceur et de gentillesse, d'exprimer votre sens esthétique ou artistique, d'exprimer votre sensualité, de fonder une famille et de créer votre bonheur sur Terre.

Vous avez alors une tendance naturelle à être une personne positive, joyeuse, chaleureuse, généreuse mais exigeante, claire, lumineuse, fraternelle, loyale, capable d'être une source d'amour, de conscience, de lumière, d'énergie et de chaleur, pleine d'énergie et de vitalité, ayant du cœur et un grand besoin de Soleil, disponible pour partager, entrer dans le lien et le partenariat, motivée pour transmettre un savoir, pour éduquer et pour diriger, organisée, volontaire, dynamique et vivant selon un idéal, selon un modèle qui convient et selon des grandes lignes directrice qu'elle a défini.

Vous êtes alors particulièrement capable d'être bien centré dans votre cœur, de savoir ce que vous voulez, d'avoir confiance en vous, de trouver vos marques et des repères, de vous positionner clairement et d'aider ainsi l'autre à prendre sa place, de faire appel à des valeurs et à des principes, d'équilibrer votre masculin et votre féminin, de définir des objectifs précis, d'exprimer avec joie votre puissante créativité, d'accorder vos idéaux à vos moyens et de mobiliser toutes vos forces pour atteindre vos objectifs, de vous organiser en structurant ce qui doit l'être, de vous mettre en valeur, d'être visible et d'occuper un rôle central sur les devants de la scène.

Vous êtes aussi alors très capable de gérer votre image et votre réputation, d'affirmer votre autorité et vos convictions, d'être opportuniste mais très réaliste, de vous imposer quand c'est nécessaire et de créer une situation d'entraide quand c'est possible, d'être une personne optimiste, digne, honorable, noble, généreuse et majestueuse, de réunir et rassembler tout ce qui est nécessaire, d'y mettre tout votre cœur et votre amour, de vous engager en faisant de votre mieux, de persévérer, d'être autonome, de créer des liens fraternels d'amour avec autrui et de travailler en équipe, de réussir et de rayonner.

L'utilisation, la gestion et la rentabilisation d'objets, d'argent ou de ressources personnelles peuvent être pour vous des repères, un idéal, un centre d'intérêt majeur et une source principale de dépense d'énergie. Le défi vous est posé d'acquérir la pleine possession de vos avoirs, de vos biens et de vos capacités personnelles puis de les utiliser.

Vous avez besoin d'être le maître de votre portefeuille, de vos sens et de vos expériences sensorielles, de votre vie matérielle concrète, de votre existence terrestre dans son ensemble et savez faire preuve d'autorité, de volontarisme et parfois d'autoritarisme lorsque vous vivez ce type d'expériences. Une conscience aiguë de ce qui vous appartient, du «combien ça coûte et qu'est ce que ça rapporte» et de la valeur des choses, facilite votre capacité à gérer et maîtriser vos avoirs, vous permet d'entretenir une certaine image de vous-même et vous permet de vous aimer. Un besoin aigu de brasser, de gérer, d'accumuler ou d'exploiter de l'argent, des objets ou un capital ainsi qu'un besoin de sécurité matérielle peut vous conférer une puissance de travail pouvant vous permettre d'acquérir des gains réguliers et parfois importants. Votre porte feuille, vos avoir, votre capital et votre sens de la gestion peuvent jouer un rôle important dans vos relations amoureuses ou dans vos créations.

Vous aimez voir votre argent, le montrer, l'utiliser pour embellir votre image et pour affirmer votre autorité. Vous pouvez vous enrichir en utilisant votre volonté, vos valeurs, votre aptitude à diriger, votre rayonnement personnel, votre sens de l'organisation et de la synthèse ou votre image de marque. Vous pouvez aussi être attiré par les jeux et avoir tendance à dépenser au-delà de vos moyens, le plus souvent pour alimenter l'image que vous voulez donner, pour montrer aux autres que vous avez de l'argent ou pour conforter votre sentiment d'identité. L'expérience des plaisirs terrestres ou charnels est souvent pour vous un centre d'intérêt important. Vous avez besoin de toucher, de goûter, de renifler, de ressentir, de prendre du plaisir et d'affirmer votre volonté en utilisant vos sens.

Vos sens tendent à être en éveil et peuvent être particulièrement développés. Aussi tendez-vous à être sensuel, jouisseur, bon vivant et à savoir profiter des plaisirs qui agrémentent la vie. Le sens esthétique, le bon goût, le sens des formes et des nuances et la capacité à produire des formes ou à travailler la matière peuvent être développés chez vous.

Avec le Soleil en secteur deux, vous pouvez avoir des talents de gestionnaire, d'organisateur, d'agriculteur ou de jardinier, d'artiste, de chanteur, de décorateur, de coiffeur, de sculpteur, de potier, d'artisan, d'habilleur, de financier et de banquier. Les activités en rapport avec le signe du Taureau peuvent vous permettre de vous mettre en valeur. Vous pouvez avoir un coté persévérant, patient, prudent, prévoyant, calme, placide, paisible, gentil et très agréable à vivre. Vous aimez en général la nature et tout ce qu'elle produit.

Vos lacunes éventuelles peuvent provenir d'une tendance à vivre que pour et par l'argent ; d'une tendance à accorder trop d'importance aux sens, aux plaisirs de la vie et au monde de la matière au détriment d'expériences en rapport avec l'évolution psychologique et spirituelle; d'une gourmandise excessive pouvant aboutir à des prises de poids ou à des problèmes de santé; de dépenses financières au-dessus de vos moyens; d'excès sensuels; d'une difficulté à voir derrière les apparences; d'un manque de souplesse et d'ouverture d'esprit et des lacunes associées au signe du Taureau. Il ne dépend que de vous d'effectuer un travail sur vous-même afin que s'exprime uniquement ce qu'il y a de meilleur en vous.

LE SOLEIL EN SECTEUR TROIS

Vous exprimez votre maison 3 dès lors qu'il s'agit de communiquer, d'apprendre, d'exprimer vos idées, de vous mettre en mouvement, de vous informer, de faire du commerce, de propager des informations et de vous adapter à votre environnement.

Vous avez alors une tendance naturelle à être une personne positive, joyeuse, chaleureuse, généreuse mais exigeante, claire, lumineuse, fraternelle, loyale, capable d'être une source d'amour, de conscience, de lumière, d'énergie et de chaleur, pleine d'énergie et de vitalité, ayant du cœur et un grand besoin de Soleil, disponible pour partager, entrer dans le lien et le partenariat, motivée pour transmettre un savoir, pour éduquer et pour diriger, organisée, volontaire, dynamique et vivant selon un idéal, selon un modèle qui convient et selon des grandes lignes directrice qu'elle a défini.

Vous êtes particulièrement capable de vous repérer et d'être clair, d'être soucieux de l'image que vous donnez et de votre réputation, d'incarner votre idéal, vos valeurs et vos principes, de vous fixer des objectifs et de déployer votre volonté pour les atteindre, d'utiliser votre créativité, de vous engager en donnant le meilleur de vous-même, de vous imposer avec autorité, de maîtriser la situation, de réussir voir même de briller et de rayonner dès que quelque chose vous intéresse, lorsqu'il s'agit d'être informé, de comprendre, d'exprimer ou de défendre vos idées, de découvrir l'inconnu, d'explorer l'environnement, de communiquer, de négocier, de faire du commerce, de vous adapter et lorsque vous êtes entre copains ou avec des proches.

Les études, le savoir, les contacts, les échanges commerciaux, la communication écrite ou verbale, le mouvement et les petits déplacements peuvent être pour vous un centre d'intérêt majeur, une source principale de dépense d'énergie et un moyen essentiel pour vous mettre en valeur. L'autre est une part de vous-même et vous vous battez pour lui comme si c'était pour vous. Lorsque vous communiquez, vous faîtes appel à votre essence divine, à une pensée synthétique et à des idées lumineuses. Cela vous permet de toucher les cœurs et de communiquer clairement.

Votre pensée est rationnelle, synthétique, claire, bien organisée et très active. Vous recherchez facilement à atteindre un niveau d'étude élevé, à vous mettre en valeur par vos connaissances, vos diplômes ou vos contacts. Vous avez besoin de communiquer, de dialoguer et d'échanger des informations, en donnant parfois une certaine importance à ce que vous racontez. Vous cherchez parfois à éblouir par votre savoir et devez éviter de développer une forme d'orgueil intellectuel.

Les études, le savoir, les contacts, les échanges commerciaux, la communication et les échanges d'informations, le mouvement et les petits déplacements peuvent être pour vous un centre d'intérêt majeur, une source principale de dépense d'énergie et un moyen de vous mettre en valeur.

Très curieux, vous témoignez parfois une véritable frénésie pour apprendre, pour comprendre et pour communiquer. Vous êtes soucieux d'avoir de bonnes relations avec votre entourage, de donner une certaine image de vous. Vous recherchez parfois à soumettre votre entourage et devez veiller à ne pas développer un complexe de supériorité vis à vis de vos proches. Votre coté chaleureux et la générosité dont vous savez faire preuve vis à vis de vos proches vous permettent d'avoir un certain succès dans votre entourage.

Vous recherchez parfois l'admiration de votre entourage et vous vous efforcez de la mériter. Votre sens de l'adaptation, votre intelligence, vos capacités de communication, votre dextérité manuelle, vos capacités commerciales, vos facultés de communication et la qualité de votre environnement proche peuvent contribuer à votre réussite. Vous avez facilement besoin d'être le maître de votre savoir ou de votre environnement et savez faire preuve de volontarisme, d'autorité et parfois d'autoritarisme, de clarté, de conscience et de puissance lorsqu'il s'agit d'apprendre ou de vous adapter. Ce que vous savez ou le regard de vos relations peut vous aider à mieux vous aimer.

Dans toute situation essentielle, vous avez besoin d'être bien informé, de vous documenter, de comprendre, de parler autour de vous en instaurant un dialogue en faisant de vos affaires personnelles celles de votre environnement, d'aller voir comment les mêmes événements se passent ailleurs. Votre tendance à vouloir toujours comprendre et à tout intellectualiser peut néanmoins vous empêcher de vivre des expériences ou la pensée n'intervient pas. Le Soleil en maison trois peut vous conférer des aptitudes pour le commerce et les affaires, pour informer et retransmettre des informations, pour les activités nécessitant mobilité, dextérité manuelle ou souplesse intellectuelle et pour les activités impliquant de nombreux petits déplacements.

LE SOLEIL EN SECTEUR QUATRE

De part ce que vous portez de vos parents, vous êtes venu sur Terre avec la capacité innée d'être bien centré dans votre cœur, de savoir ce que vous voulez, d'avoir confiance en vous, de trouver vos marques et des repères, de vous positionner clairement et d'aider ainsi l'autre à prendre sa place, de faire appel à des valeurs et à des principes, d'équilibrer votre masculin et votre féminin, de définir des objectifs précis, d'exprimer avec joie votre puissante créativité, d'accorder vos idéaux à vos moyens et de mobiliser toutes vos forces pour atteindre vos objectifs, de vous organiser en structurant ce qui doit l'être, de vous mettre en valeur, d'être visible et d'occuper un rôle central sur les devants de la scène. Vous avez aussi la capacité de gérer votre image et votre réputation, d'affirmer votre autorité et vos convictions, d'être opportuniste mais très réaliste, de vous imposer quand c'est nécessaire et de créer une situation d'entraide quand c'est possible, d'être une personne optimiste, digne, honorable, noble, généreuse et majestueuse, de réunir et rassembler tout ce qui est nécessaire, d'y mettre tout votre cœur et votre amour, de vous engager en faisant de votre mieux, de persévérer, d'être autonome, de créer des liens fraternels d'amour avec autrui et de travailler en équipe, de réussir et de rayonner.

Ils ont fait de vous une personne positive, joyeuse, chaleureuse, généreuse mais exigeante, claire, lumineuse, fraternelle, loyale, capable d'être une source d'amour, de conscience, de lumière, d'énergie et de chaleur, pleine d'énergie et de vitalité, ayant du cœur et un grand besoin de Soleil, disponible pour partager, entrer dans le lien et le partenariat, motivée pour transmettre un savoir, pour éduquer et pour diriger, organisée, volontaire, dynamique et vivant selon un idéal, selon un modèle qui convient et selon des grandes lignes directrice qu'elle a défini. Mais peut-être portez-vous quelque part en vous une mémoire d'excès où de manque de présence, de reconnaissance ou d'amour paternel induisant une difficulté avec les symboles solaires. Comment exprimez-vous votre héritage ? Vos qualités, décrites précédemment, ne demandent qu'à être utilisées pour réaliser votre mission de vie et pour nourrir votre évolution mais elles sont aussi la cause de vos difficultés et de vos souffrances. Il vous est alors parfois difficile de les exprimer d'une manière sereine et constructive tant que vous ne parvenez pas à vous libérer de votre héritage.

Si votre héritage parental est problématique et mal intégré, vous risquez aussi alors d'avoir des difficultés importantes et récurrentes à vous repérer, à avoir confiance en vous, à vous aimer et à exprimer votre créativité. Vous pouvez alors parfois apparaître comme une personne arrogante, egocentrique, susceptible, mégalomane, rigide, manquant de vision, ayant un orgueil démesuré, un complexe de supériorité et une tendance à se situer toujours en dominant exerçant une autorité sur un dominé. Vous avez alors peut-être aussi tendance à croire que tout vous est du, à vous servir des autres pour atteindre vos objectifs, à adhérer à des modèles et des objectifs contraires à l'évolution, à être trop transparente dans vos intentions et décisions, à être excessivement centré sur l'image et la parure, à vouloir systématiquement définir les règles, à prendre position de façon théâtrale dans toute situation nouvelle, à avoir des réactions autoritaires et à vous comporter en dictateur.

Ces difficultés font alors obstacle à la réalisation de votre mission de vie et à votre évolution et elles doivent être transformées pour que vous soyez libre et heureux. Il ne dépend alors que de vous pour effectuer un travail sur vous-même afin que s'exprime uniquement ce qu'il y a de meilleur en vous. Pour les dépasser et pour avancer sur votre chemin, vous pouvez vous rendre compte que vous êtes un Soleil et qu'il y a au centre de votre cœur une source de vie, d'amour, de générosité, de clarté, de chaleur et de créativité et qu'il ne tient qu'à vous de l'exprimer positivement en faisant de votre mieux et en donnant le meilleur de vous-même.

Vous pouvez effectuer un travail et des prises de conscience sur votre image de vous, sur votre capacité à vous aimer et à voir le positif en vous, sur le sens et le rôle de l'identité, de l'amour, des objectifs, des projets, des valeurs, des repères, des grandes lignes directrices de votre vie, du pouvoir créateur, de la joie du cœur, de la générosité, de l'éducation, de la dignité, de la réussite, de l'autorité, de la capacité à rayonner et du père terrestre par rapport à la forme de vie, que l'on appelle souvent « la Source », qui nous a créé.

Lorsque vous parvenez à exprimer le côté positif du Soleil, vous avez alors une puissante créativité, une intelligence claire et puissante, d'importantes capacités d'organisation, un cœur plein d'amour et de générosité, un important potentiel de réussite et la capacité de rayonner comme un soleil. Ces qualités s'expriment d'autant plus dès lors qu'il s'agit de prendre soin de vous et de votre bien-être, de vous nourrir sur tous les plans, de créer un univers intime ressourçant, un foyer, une famille ou un clan, lorsqu'il s'agit d'acquérir, de préserver ou de défendre un patrimoine, des traditions, votre équilibre personnel ou votre progéniture.

Il est pour vous essentiel d'avoir un univers intime personnel vous servant de valeur refuge et en dehors duquel souvent rien n'existe, de créer votre propre clan ou famille et d'avoir des relations intenses avec votre entourage personnel ou familial. Vous aimez créer, meubler, personnaliser votre foyer vous-même pour qu'il y ait une ambiance sympathique, vivante, chaleureuse, ouverte et vous mettant en valeur, souvent avec des plantes, des animaux et beaucoup de lumière.

Vous avez besoin être le maître incontesté chez vous et pouvez aimer montrer votre foyer et y organiser des réunions où vous êtes un des centres d'intérêt. Vous pouvez être issu d'une famille appartenant à de hautes sphères sociales et avoir une prestigieuse galerie d'ancêtres. Le clan auquel vous vous sentez appartenir ou vos racines familiales peuvent fortement influencer votre volonté, soutenir cette volonté en vous aidant à réussir, mais aussi vos objectifs, vos idéaux et vos raisons de vivre. Vous pouvez être fortement sensibilisé au monde des clans, des clivages, des esprits partisans, aux intégrations et séparation envers toute communauté.

Dans certain cas le centre principal d'activité et la réussite peuvent se faire au foyer et cette position indique parfois un travail chez soi. Vous pouvez être attiré par la campagne. La direction d'une communauté ou le maintien de la cohésion d'une communauté peut être une source d'activité principale. On aime se sentir chef de clan.

Cette position vous donne des aptitudes pour maîtriser et vous exprimer par tout ce qui touche aux valeurs refuges qui permettent d'assurer la continuité et la bonne cohésion de la société comme par exemple la cuisine, la musique, les enfants, le dessin, la poésie et ce qui est en lien avec l'eau et la vie. Côté personnalité, le Soleil en secteur 4 vous rend plutôt sympathique, intime, craintif, indifférent à tout ce qui ne vous concerne pas, sensible et émotif, avec un côté bon enfant un peu rêveur et parfois irrationnel, instable et un peu lunatique. Un certain sentiment d'insécurité peut vous pousser à établir des bases stables, claires et bien définies à votre vie. Il ne dépend que de vous d'effectuer un travail sur vous-même afin que s'exprime uniquement ce qu'il y a de meilleur en vous.

LE SOLEIL EN SECTEUR CINQ

Vous êtes au fond une personne positive, joyeuse, chaleureuse, généreuse mais exigeante, claire, lumineuse, fraternelle, loyale, capable d'être une source d'amour, de conscience, de lumière, d'énergie et de chaleur, pleine d'énergie et de vitalité, ayant du cœur et un grand besoin de Soleil, disponible pour partager, entrer dans le lien et le partenariat, motivée pour transmettre un savoir, pour éduquer et pour diriger, organisée, volontaire, dynamique et vivant selon un idéal, selon un modèle qui convient et selon des grandes lignes directrice qu'elle a défini.

Vous avez au plus profond de vous le besoin et la capacité d'être bien centré dans votre cœur, de savoir ce que vous voulez, d'avoir confiance en vous, de trouver vos marques et des repères, de vous positionner clairement et d'aider ainsi l'autre à prendre sa place, de faire appel à des valeurs et à des principes, d'équilibrer votre masculin et votre féminin, de définir des objectifs précis, d'exprimer avec joie votre puissante créativité, d'accorder vos idéaux à vos moyens et de mobiliser toutes vos forces pour atteindre vos objectifs, de vous organiser en structurant ce qui doit l'être, de vous mettre en valeur, d'être visible et d'occuper un rôle central sur les devants de la scène. Vous avez aussi besoin de gérer votre image et votre réputation, d'affirmer votre autorité et vos convictions, d'être opportuniste mais très réaliste, de vous imposer quand c'est nécessaire et de créer une situation d'entraide quand c'est possible, d'être une personne optimiste, digne, honorable, noble, généreuse et majestueuse, de réunir et rassembler tout ce qui est nécessaire, d'y mettre tout votre cœur et votre amour, de vous engager en faisant de votre mieux, de persévérer, d'être autonome, de créer des liens fraternels d'amour avec autrui et de travailler en équipe, de réussir et de rayonner.

Vous êtes donc particulièrement capable de vous repérer et d'être clair, d'être soucieux de l'image que vous donnez et de votre réputation, d'incarner votre idéal, vos valeurs et vos principes, de vous fixer des objectifs et de déployer votre volonté pour les atteindre, d'être créatif(ve), de vous engager en donnant le meilleur de vous-même, de vous imposer avec autorité, de maîtriser la situation, de réussir voir même de briller et de rayonner dès lors qu'il s'agit de vous exprimer, de réussir ou lorsque l'Amour est en jeu.

L'expression de votre personnalité dans des œuvres et créations concrètes, l'expression de votre cœur, les relations amoureuses, l'affirmation de votre volonté et de vos valeurs, l'incarnation d'un certain idéal, de certaines valeurs, d'un absolu et de principes; l'amour, l'estime, l'admiration et les attentes d'autrui; l'image que vous donnez ; la mise en valeur de votre personnalité à travers un rôle central ou à travers des responsabilités peut être pour vous essentiel, constituer vos repères dans la vie, le centre de votre existence et être votre source principale de dépense d'énergie.

Vous aimez vous montrer et montrer des œuvres et créations dont vous vous puissiez être fier. Vos enfants peuvent prendre beaucoup de place dans votre vie. Ils peuvent parfois contribuer à votre réussite et vous aider à mieux situer votre identité. Vous pouvez être distant avec eux et avez besoin d'être le maître de la situation, mais comme vous avez besoin de les voir réussir, vous savez aussi chaleureux et généreux, en leur accordant l'attention, l'amour et la protection dont ils ont besoin.

Vous êtes en général doté d'une sensualité puissante et de besoins sexuels forts mais vécus sainement, comme un instinct naturel qui demande à s'exprimer librement. Vous aimez vous exprimer par le corps, de façon parfois théâtrale. Vos relations amoureuses peuvent être idéalisées ou chevaleresques. En amour, vous accordez une certaine importance au coté symbolique de votre vécu et tendez à mépriser toute vulgarité. Le Soleil en maison cinq facilite la réussite, les créations, le rayonnement personnel, les relations amoureuses, la mise en valeur de votre personnalité et la recherche du Soleil en soi, c'est-à-dire du « Dieu Vivant » qui réside au centre de votre cœur.

LE SOLEIL EN SECTEUR SIX

Initialement, le Soleil en maison six peut être synonyme de difficultés importantes et récurrentes, par exemple, à être bien centré dans votre cœur, à savoir ce que vous voulez, à avoir confiance en vous, à trouver vos marques et des repères clairs, à vous positionner et à aider ainsi l'autre à prendre sa place, à faire appel à des valeurs et à des principes, à équilibrer votre masculin et votre féminin, à définir des objectifs précis, à exprimer avec joie votre puissante créativité, à accorder vos idéaux à vos moyens et à mobiliser toutes vos forces pour atteindre vos objectifs, à vous organiser en structurant ce qui doit l'être, à vous mettre en valeur, à être visible et à occuper un rôle central sur les devants de la scène, à gérer votre image et votre réputation, à affirmer votre autorité et vos convictions, à être opportuniste et réaliste, à vous imposer quand c'est nécessaire et à créer une situation d'entraide quand c'est possible, à être une personne optimiste, digne, honorable, noble, généreuse et majestueuse, à réunir et rassembler tout ce qui est nécessaire, à y mettre tout votre cœur et votre amour, à vous engager en faisant de votre mieux, à persévérer, à être autonome et à travailler en équipe, à réussir et à rayonner.

Pourquoi avez-vous des difficultés à exprimer cette planète d'une façon positive ? Parce qu'au lieu d'être dans l'instant présent et dans l'action, vous pensez trop, vous « réfléchissez » et vous nourrissez la croyance que votre intelligence terrestre, celle qui accumule des connaissances, c'est-à-dire votre mental, va vous apporter toutes les solutions ! Vous êtes trop centré dans votre mental au lieu d'être centré dans votre ressenti, dans votre corps et dans votre cœur ! Il est également possible que vous ayez des souvenirs personnels, des « mémoires généalogiques » ou des «mémoires d'âmes » d'excès où de manque de présence, de reconnaissance ou d'amour paternel induisant une difficulté avec les symboles solaires.

Ces difficultés font alors obstacle à la réalisation de votre mission de vie et à votre évolution et elles doivent être transformées pour que vous soyez libre et heureux. Il ne dépend alors que de vous pour effectuer un travail sur vous-même afin que s'exprime uniquement ce qu'il y a de meilleur en vous. Pour les dépasser et pour avancer sur votre chemin, vous pouvez vous rendre compte que vous êtes un Soleil et qu'il y a au centre de votre cœur une source de vie, d'amour, de générosité, de clarté, de chaleur et de créativité et qu'il ne tient qu'à vous de l'exprimer positivement en faisant de votre mieux et en donnant le meilleur de vous-même.

Vous pouvez effectuer un travail et des prises de conscience sur votre image de vous, sur votre capacité à vous aimer et à voir le positif en vous, sur le sens et le rôle de l'identité, de l'amour, des objectifs, des projets, des valeurs, des repères, des grandes lignes directrices de votre vie, du pouvoir créateur, de la joie du cœur, de la générosité, de l'éducation, de la dignité, de la réussite, de l'autorité, de la capacité à rayonner et du père terrestre par rapport à la forme de vie, que l'on appelle souvent « la Source », qui nous a créé.

Lorsque vous parvenez à exprimer le côté positif du Soleil, vous êtes alors capable de le faire avec une grande intelligence et avec une certaine expertise. Vous avez alors une puissante créativité, une intelligence claire et puissante, d'importantes capacités d'organisation, un cœur plein d'amour et de générosité, un important potentiel de réussite et la capacité d'aider autrui à se repérer, à y voir clair, à trouver la joie et à réussir. Vous pouvez alors rayonner comme un soleil grâce à la maîtrise que vous avez sur l'information et la matière. Ces qualités s'expriment d'autant plus dès lors qu'il s'agit de travailler et de servir, de communiquer, d'effectuer des échanges commerciaux, de vous adapter, d'utiliser des outils et des techniques, de vous organiser, de traiter des questions d'hygiène ou de santé, d'être en sécurité ou d'utiliser des systèmes d'information.

Le travail, mais aussi tout ce qui concerne l'hygiène et la santé est pour vous un centre d'intérêt majeur et une source principale de dépense d'énergie. Vous savez faire preuve d'un dévouement honorifique envers votre profession, un idéal ou envers autrui, et pouvez faire preuve de qualité tel que le sens de l'analyse logique, l'organisation, la précision et la rigueur.

Le besoin de se placer sous les ordres d'autrui vous incite parfois à demeurer dans des rôles subordonnés. Vous avez en tout cas besoin d'un cadre de référence précis et bien définis pour réussir. Votre besoin naturel de rendre service et vos aptitudes pratiques pour organiser, gérer et pour trouver des solutions peuvent faire de vous un précieux collaborateur. Un besoin de préserver une certaine dignité alliée à un sentiment d'insécurité vous incite souvent à critiquer ce qui pourrait constituer une éventuelle menace.

Comme vous aimez garder la maîtrise de votre vie, vous préférez limiter vos expériences à des activités contrôlées. Vous avez un profond sens des détails, chaque chose devant être à sa place et se faire en son temps. Allié à un sens de la synthèse apporté par le soleil, cette position peut vous conférer une certaine lucidité empreinte d'objectivité. Vous pouvez avoir besoin d'exercer une autorité dans votre travail et être le seul responsable de ce que vous faites. Vous pouvez avoir besoin d'être reconnu et alimenter une certaine fierté professionnelle. Mais vous savez faire preuve aussi de beaucoup d'humilité. Vous acceptez difficilement les remarques et pouvez être victime des flatteries d'autrui. Vous aimez la satisfaction de vous rendre utile.

LE SOLEIL EN SECTEUR SEPT

Initialement, le Soleil en maison sept peut être synonyme de difficultés importantes et récurrentes, par exemple, à être bien centré dans votre cœur, à savoir ce que vous voulez, à avoir confiance en vous, à trouver vos marques et des repères clairs, à vous positionner et à aider ainsi l'autre à prendre sa place, à faire appel à des valeurs et à des principes, à équilibrer votre masculin et votre féminin, à définir des objectifs précis, à exprimer avec joie votre puissante créativité, à accorder vos idéaux à vos moyens et à mobiliser toutes vos forces pour atteindre vos objectifs et à vous organiser en structurant ce qui doit l'être.

Il peut aussi être synonyme de difficultés à vous mettre en valeur, à être visible et à occuper un rôle central sur les devants de la scène, à gérer votre image et votre réputation, à affirmer votre autorité et vos convictions, à être opportuniste et réaliste, à vous imposer quand c'est nécessaire et à créer une situation d'entraide quand c'est possible, à être une personne optimiste, digne, honorable, noble, généreuse et majestueuse, à réunir et rassembler tout ce qui est nécessaire, à y mettre tout votre cœur et votre amour, à vous engager en faisant de votre mieux, à persévérer, à être autonome et à travailler en équipe, à réussir et à rayonner. Ces difficultés à exprimer positivement cette planète font obstacle à la réalisation de votre mission de vie et à votre évolution. Pourquoi avez-vous des difficultés à exprimer cette planète d'une façon positive ? Parce qu'au lieu d'être centré dans votre corps, dans l'instant présent et dans l'action, vous avez tendance à vous décentrer et à compter sur les autres pour exprimer la planète à votre place.

C'est comme si vous rejetiez tout ou partie de la planète parce que vous la voyez comme étant perturbatrice. Elle tend alors à s'exprimer, depuis votre inconscient, sous sa forme inférieure et à s'associer avec votre ombre. Il est également possible que vous ayez des souvenirs personnels, des « mémoires généalogiques » ou des «mémoires d'âmes » d'excès où de manque de présence, de reconnaissance ou d'amour paternel induisant une difficulté avec les symboles solaires. Si cette planète est mal intégrée, vous refusez de vous aimer, d'être dans la joie, de partager vraiment et d'avoir une image positive de vous et vous cherchez activement des personnes qui incarnent ce que vous refusez. Votre bonheur dépend alors beaucoup des autres et vous êtes souvent décentrée. Vous pouvez alors parfois apparaître comme une personne arrogante, egocentrique, susceptible, mégalomane, rigide, manquant de vision, ayant un orgueil démesuré, un complexe de supériorité et une tendance à se situer toujours en dominant exerçant une autorité sur un dominé.

Vous avez alors peut-être aussi tendance à croire que tout vous est du, à vous servir des autres pour atteindre vos objectifs, à adhérer à des modèles et des objectifs contraires à l'évolution, à être trop transparente dans vos intentions et décisions, à être excessivement centré sur l'image *et la parure, à vouloir systématiquement définir les règles, à prendre position de façon théâtrale dans toute situation nouvelle, à avoir des réactions autoritaires et à vous comporter en dictateur.*

Ces difficultés font alors obstacle à la réalisation de votre mission de vie et à votre évolution et elles doivent être transformées pour que vous soyez libre et heureux. Il ne dépend alors que de vous pour effectuer un travail sur vous-même afin que s'exprime uniquement ce qu'il y a de meilleur en vous. Pour les dépasser et pour avancer sur votre chemin, vous pouvez vous rendre compte que vous êtes un Soleil et qu'il y a au centre de votre cœur une source de vie, d'amour, de générosité, de clarté, de chaleur et de créativité et qu'il ne tient qu'à vous de l'exprimer positivement en faisant de votre mieux et en donnant le meilleur de vous-même.

Vous pouvez effectuer un travail et des prises de conscience sur votre image de vous, sur votre capacité à vous aimer et à voir le positif en vous, sur votre capacité à vous centrer dans votre cœur, sur le sens et le rôle de l'identité, de l'amour, des objectifs, des projets, des valeurs, des repères, des grandes lignes directrices de votre vie, du pouvoir créateur, de la joie du cœur, de la générosité, de l'éducation, de la dignité, de la réussite, de l'autorité, de la capacité à rayonner et du père terrestre par rapport à la forme de vie, que l'on appelle souvent « la Source », qui nous a créé. Lorsque vous parvenez à exprimer le côté positif du Soleil, vous êtes alors capable de le faire avec une grande finesse.

Vous avez alors une puissante créativité, une intelligence claire et puissante, d'importantes capacités d'organisation, un cœur plein d'amour et de générosité, un important potentiel de réussite et la capacité d'aider autrui à se repérer, à y voir clair, à trouver la joie et à réussir. Vous pouvez alors rayonner comme un soleil grâce à votre intelligence relationnelle. Les qualités du Soleil s'expriment d'autant plus dès lors qu'il s'agit de trouver votre équilibre ou de le préserver, de créer des liens, de construire des relations sociales, d'utiliser votre intelligence relationnelle, de fonder un couple, de faire preuve d'harmonie, de douceur et de gentillesse, d'attirer, de plaire et de séduire, d'exprimer votre sens esthétique, artistique ou juridique, de coopérer et de participer à la civilisation.

Etablir des relations privilégiées, sociales ou sentimentales, est alors pour vous un centre d'intérêts majeur et une source principale de dépense d'énergie. Vous recherchez donc naturellement à créer des liens avec autrui, à trouver et vivre avec un partenaire et à participer à la vie du monde à travers de nombreuses associations. Vous pouvez avoir besoin de nombreuses relations pour réussir et celles-ci peuvent vous être d'un précieux soutien dans votre réussite. Vous pouvez aimer les relations intenses, claires avec des personnes évoluées, nobles, ayant du cœur et sortant de l'ordinaire.

Si vous savez faire preuve de chaleur, de générosité, de clarté et de nobles attitudes dans vos relations, vous pouvez aussi avoir tendance à vous imposer avec fierté, recherchant avant tout à vous mettre en valeur, à vous exprimer et à faire savoir que vous existez. Vous devez donc apprendre à écouter les autres et éviter d'être orgueilleux ou autoritaire.

Vous aimez que les choses soient claires dans votre couple et dans vos relations et avez horreur qu'on vous ridiculise ou qu'on porte atteinte à votre image. Vous devez néanmoins éviter une dépendance des autres pour dicter vos attitudes et comportements, mais aussi décider de votre bonheur. Souvent peu de choses essentielles peuvent se faire sans l'avis d'autrui ou sans la présence d'un partenaire.

 Vous pouvez facilement calquer votre image sur un tiers et vous définir à travers les autres. Vous êtes néanmoins particulièrement apte à créer des relations harmonieuses de part votre bonté, votre tolérance, votre diplomatie, un côté charmant et agréable et votre aptitude à faire plaisir. Votre idéal peut être d'avoir une vie harmonieuse et équilibrée, avec un partenaire et de nombreuses relations amicales et sociales.

LE SOLEIL EN SECTEUR HUIT

Votre chemin initiatique ou votre quête est une quête pour être une personne centrée, aimante et aimé, digne et qui a du cœur, qui est à la fois calme mais aussi énergique, passionnée et vibrante d'amour, tel un Soleil prêt à rayonner dans toute sa puissance. C'est une quête pour être une personne intensément présente à ce qui est, très observatrice, bien centré dans son corps, dans son cœur et dans sa joie, franche et sincère, solide, efficace et fiable, exprimant une force intérieure et une puissante volonté, à la fois très liée aux autres, très capable de travailler en équipe ou en groupe mais aussi très autonome, très sensible à son image et à tout rapport de forces, soucieuse d'être maîtresse de sa nature animale, de ses instincts mais aussi des situations, de préférence dans l'harmonie et sans contraintes.

Mais initialement, le Soleil en maison huit peut être synonyme de difficultés à avoir un idéal et des valeurs clairement définies, à définir des repères clairs et des objectifs réalistes, à prendre position, à jouer un rôle central, à vous centrer et à rassembler vos forces, à vous motiver et à avoir confiance en vous, à gérer votre énergie, à vous organiser efficacement avec les moyens nécessaires, à concentrer votre attention, à ouvrir votre cœur et à vous relier aux autres, à vivre de nombreuses relations privilégiées où vous êtes le centre de l'attention, à être une source de conscience et de force, à vibrer d'amour, à exprimer la puissance de l'amour, à transformer les événements, à améliorer ce qui doit l'être, à faire toujours de votre mieux, à maîtriser une discipline, à générer du progrès, de l'autonomie et de la conscience et à mettre votre force au service de la vie.

Pourquoi ? Parce qu'il y a une part de vous, votre part d'ombre ou votre saboteur, qui refuse ce que représente le Soleil, c'est-à-dire par exemple de définir vos objectifs à vous, de vous aimer et de vous donner les moyens de réussir. C'est alors comme si «le Soleil», en vous, était occulté. Vous avez alors parfois l'impression qu'il vous manque la maîtrise de vos émotions, de vos instincts, de vos pulsions et des événements et que vous manquez d'énergie, de confiance, d'harmonie, de volonté, de centrage, d'autonomie, de relations amicales et de liens avec autrui.

Vous avez aussi parfois la sensation que la vie terrestre n'est qu'une toute petite partie de votre vie éternelle, ce qui peut vous donner l'impression de vous sentir chez vous nul part sur Terre, de ne pas arriver à vous définir à travers ce qu'il y a autour de vous, d'avoir une difficulté à vous identifier à un personnage quelconque et une impression d'être comme un étranger sur une Terre étrange. Vous pouvez alors avoir tendance à vous réfugier dans une forme d'athéisme, de scepticisme ou de fatalisme, jusqu'à ce que vous lisiez des livres de développement personnel.

Pouvez-vous observer que ces difficultés font alors obstacle à la réalisation de votre mission de vie et à votre évolution ? Sans doute devez-vous apprendre à acquérir une vision plus positive de la Force, ce qui implique de modifier votre vision et vos perceptions des choses. Pour les dépasser et pour avancer sur votre chemin, vous pouvez effectuer des prises de conscience sur la nature et le rôle de l'Amour, du centrage dans le corps et dans le cœur, de la présence et donc un travail pour avoir pleinement conscience de votre corps, de votre force et de votre cœur, pour développer vos repères, vos objectifs, votre aptitude à réussir, à créer des relations harmonieuses et votre capacité à aimer.

Vos difficultés vous obligent à effectuer la démarche consciente d'apprendre à vous centrer, à vous aimer et à aimer, à voir l'aspect positif du pouvoir et de l'expression de soi et à donner le meilleur de vous-même. Vous êtes ainsi peut-être venu sur terre pour sortir du conflit et de la dualité, pour conquérir votre autonomie, pour exprimer votre spécificité et ce que vous dicte votre cœur, pour utiliser votre force constructivement en la mettant au service de la vie et pour vivre des relations intimes dans l'harmonie afin d'être une personne et heureuse. Le Tai-chi, les arts martiaux et le sport peuvent vous faire beaucoup de bien. Votre quête passe donc par une exploration de tout ce que représente « le Soleil » et vous mettez alors toute votre énergie et votre passion pour développer vos stratégie de réussite, une conscience corporelle et des choses subtiles, votre force d'amour, votre créativité et pour parcourir le chemin qui mène au centre de vous-même.

Vous devenez alors particulièrement capable de vous repérer et d'être clair, d'être soucieux de l'image que vous donnez et de votre réputation, d'incarner votre idéal, vos valeurs et vos principes, de vous fixer des objectifs et de déployer votre volonté pour les atteindre, d'être créatif(ve), de vous engager en donnant le meilleur de vous-même, de vous imposer avec autorité, de maîtriser la situation, de réussir voir même de briller et de rayonner lorsque vous vous engagez dans un combat, dès lors qu'il s'agit de transformer et vous transformer, de faire face à une situation difficile, à des crises ou des obstacles, à des pressions occultes, à des manipulations insidieuses ou des magouilles, lorsque votre sécurité et votre survie sont en jeu, lorsque vous êtes en temps de guerre ou face à l'ennemi, lorsqu'il s'agit d'élucider un mystère, d'influencer le cours des événements ou de parcourir les différentes étapes de l'initiation.

Cette position a un rôle initiatique dans le sens où elle a pour objectif de vous faire prendre conscience que votre vie terrestre n'est qu'une toute petite partie de votre vie éternelle et qu'à la fin de ce cours séjours terrestre vous irez dans un au-delà dont vous présentez parfois l'existence ; de vous apprendre les secrets de la vie et de la mort ; de vous faire prendre conscience de ce que vous avez à travailler pour évoluer, c'est à dire les déchets psychologiques qu'il vous faut purifier et évacuer, le vide qu'il vous faut remplir, les dettes karmiques qu'il vous faut payer et les pertes et transformations qui sont nécessaires à votre évolution. Si vous effectuez la prise de conscience et le travail sur votre personnalité qui sont nécessaire, cette position peut déboucher sur une puissante évolution intérieure et vous permettre d'initier autrui à ce qui leur est inconnu.

Ce travail peut consister à développer votre lucidité, à prendre de la distance par un détachement intérieur, à percer les secrets de la vie et de la mort, à vivre l'expérience de l'initiation, à vous situer par rapport à l'éternité et à vous transformer ou à transformer autrui. C'est alors ainsi que vous prendrez conscience de votre identité et acquerrez une claire conscience de vous-même. Dans le cas contraire, cet aspect peut indiquer un problème d'identité, une difficulté à vous investir dans un projet quelconque ou un sentiment d'exclusion. Vous pouvez avoir tendance à prendre du recul vis à vis de votre vie, de la vie, de la société, des gens et des valeurs qu'on a pu vous transmettre et à voir votre vie de très loin, un peu comme un spectacle dont vous seriez l'auteur, le spectateur ou la pantin.

Votre conscience du fait que la vie terrestre n'est qu'une toute petite partie de votre vie éternelle peut parfois cependant vous donner l'impression de vous sentir chez vous nul part sur Terre, de ne pas arriver à vous définir à travers ce qu'il y a autour de vous, une difficulté à vous identifier à un personnage quelconque et une impression d'être comme un étranger sur une Terre étrange.

Vous pouvez alors avoir tendance à vous réfugier dans une forme d'athéisme, de scepticisme ou de fatalisme. Vos repères, vos idéaux et votre vie ont pu être transformés par le décès d'une personne chère, par un héritage, par une mort et renaissance symbolique de votre être, par des crises et bouleversements.

Vous pouvez vivre une sorte d'échange médiumnique avec votre milieu et là où d'autre sont simplement éveillé, vous êtes lucide et subtil. La réalité invisible d'où naissent les causes qui engendrent la réalité visible peut avoir pour vous autant d'importance que la réalité visible.

La conscience que vous pouvez avoir des causes engendrant la réalité visible peut vous conférer un sens aigu de la justice et un juge moral impitoyable, vous faire croire que chacun a ce qu'il mérite, vous rendre dur et parfois intolérant. Vous pouvez avoir des facilités pour voir clair dans le noir ou dans l'invisible; pour disséquer et décortiquer tout ce qui atteint votre conscience; pour voir derrière les formes et les apparences; pour saisir le sens caché ou les causes des événements; pour cerner ce qui se passe dans les coulisses ou dans les profondeurs de votre inconscient; pour pressentir les non dits, les émotions et les craintes non exprimées.

Vous êtes également très conscient de ce qui ne va pas en vous ou à l'extérieur, des problèmes, des failles, des pertes et des sacrifices, des défauts potentiels de la nature humaine et des injustices, des lâchetés, des machinations et des hypocrisies qui existent là où vous êtes. Vous êtes aussi très conscient de tout ce qui est susceptible de menacer votre sécurité. Votre tendance à ne vivre qu'en fonction de perceptions subtiles peut parfois vous cacher l'essentiel, vous donner tendance à vous compliquer la vie ou vous donner un coté complexe ou tortueux.

Suivant la façon dont vous vivez cet aspect, votre conscience de ce qui ne va pas peu vous donner tendance à dramatiser, à dévaloriser, à transformer un détail sans importance en quelque chose d'essentiel, à voir des problèmes partout ou à vous mettre en valeur par vos problèmes, à n'être jamais content, à broyer du noir. Où vous pouvez au contraire à être particulièrement doué pour dédramatiser, pour relativiser la valeur de toute chose, pour transformer un événement essentiel en incident mineur, pour être conscient des failles en toute situation, pour voir clairement les problèmes et pour leur faire face de façon volontariste et énergique.

Votre volonté consciente et vos objectifs tendent à prendre la forme d'une nécessité impérieuse, de pulsions qui doivent être satisfaites à tout prix et de détermination farouche. Vous pouvez être prêt à utiliser tous les moyens pour parvenir à vos fins. Vous vous exprimez parfois en fonction d'une logique du "soit - soit ", en ayant recours à la menace et au chantage lorsque cela vous semble nécessaire. Vous avez besoin que votre vie, vos modèles, vos repères, vos idéaux, vos créations et les grandes lignes directrices de votre vie soient en accord avec votre réalité intérieure, avec votre vérité profonde et avec ce que vous êtes éternellement. Cela vous donne un coté très authentique.

Face à une crise, un bouleversement ou une transformation, vous avez surtout besoin de rester le maître de la situation, de rester centré sur vous-même ou de jouer le rôle central afin de ne pas vous laisser ballotter par les événements. Vous pouvez vivre des expériences fortes en rapport avec l'occulte, avec la mort et l'au-delà, ou plus simplement des expériences initiatiques. Vous avez parfois conscience des forces secrètes de la nature et d'entité terrestre invisible. Si vous parvenez à les dominer en dominant vos pulsions et vos instincts, à travers l'amour et à travers une bonne gestion de votre sexualité, vous pouvez acquérir un certain pouvoir sur vous-même et sur autrui. Dans le cas contraire, vous pouvez être angoissé et tourmenté.

Les rêves peuvent jouer un rôle important dans la prise de conscience de votre identité et dans votre vie en général. Votre plus grande force réside dans votre capacité à vous transformer et à transformer les événements. Vous pouvez être alors une personne qui initie autrui ou qui joue un rôle d'agent de transformation pour créer plus d'authenticité, de sécurité et de vérité.

LE SOLEIL EN SECTEUR NEUF

Vous êtes particulièrement capable de vous repérer et d'être clair, d'être soucieux de l'image que vous donnez et de votre réputation, d'incarner votre idéal, vos valeurs et vos principes, de vous fixer des objectifs et de déployer votre volonté pour les atteindre, d'être créatif, de vous engager en donnant le meilleur de vous-même, de vous imposer avec autorité, de maîtriser la situation, de réussir voir même de briller et de rayonner dès lors qu'il s'agit de vous insérer socialement, d'élargir vos horizons ou d'acquérir un certain confort matériel, de voyager ou de partir en expédition, d'exploiter une opportunité ou de provoquer la chance, de légiférer, de représenter, d'organiser, de coordonner, de gérer, d'administrer, de distribuer, d'éduquer, de conseiller, de guider, de faire des affaires, de vous rendre utile, d'exercer votre activité professionnelle, de réaliser votre mission de vie et de nourrir votre évolution.

L'insertion professionnelle, l'acquisition d'une culture, d'un système de normes et de conventions, d'un idéal philosophique, religieux ou métaphysique, d'un confort ainsi que l'élargissement de vos horizons tendent à contribuer à vous donner un sens de l'identité, des repères et idéaux. Ces valeurs peuvent constituer vos principaux centres d'intérêts et une source principale de dépenses d'énergie. Si vous aimez les voyages, vous aimez aussi apporter votre empreinte personnelle là où vous allez, y laisser des traces et vous mettre en valeur en racontant vos expéditions avec films et photos.

Vous pouvez vous faire valoir par votre culture, vos idéologies, votre activité, votre position socioprofessionnelle ou vos qualités d'optimisme, de générosité et d'autorité. Il est essentiel pour vous d'avoir votre espace et d'être en quelque sorte le maître de l'espace que vous occupez. Votre philosophie se veut claire et pratique, adaptée à vos intérêts et susceptible de vous aider à vous réaliser. Et vous préférez créer votre propre philosophie plutôt que de vous plier à celle des autres. Si votre idéal est souvent un idéal de participation à la société, vous devez néanmoins éviter de vous identifier totalement à votre rôle social ou de vous fuir dans le monde extérieur. Vous devez aussi éviter les abus de pouvoir et un côté colonialiste.

Sont développés chez vous le sens de l'organisation et de la gestion, de la loi et de la représentation, le sens des affaires, une conscience des opportunités et enjeux présents dans toute situation, le sens des relations sociales et la capacité à vous intégrer dans un groupe. Vous pouvez vous mettre en valeur et rayonner par votre culture, vos idéologies, votre activité, votre intelligence économique et environnementale, votre position socioprofessionnelle ou vos qualités d'optimisme, de joie, de générosité et d'autorité.

LE SOLEIL EN SECTEUR DIX

Vos possibilités de réalisation, la leçon majeure que vous devez apprendre et votre mission de vie sont liées à votre capacité d'être bien centré dans votre cœur, de savoir ce que vous voulez, d'avoir confiance en vous, de trouver vos marques et des repères, de vous positionner clairement et d'aider ainsi l'autre à prendre sa place, de faire appel à des valeurs et à des principes, d'équilibrer votre masculin et votre féminin, de définir des objectifs précis, d'exprimer avec joie votre puissante créativité, d'accorder vos idéaux à vos moyens et de mobiliser toutes vos forces pour atteindre vos objectifs, de vous organiser en structurant ce qui doit l'être, de vous mettre en valeur, d'être visible et d'occuper un rôle central sur les devants de la scène, de gérer votre image et votre réputation, d'affirmer votre autorité et vos convictions, d'être opportuniste mais très réaliste, de vous imposer quand c'est nécessaire et de créer une situation d'entraide quand c'est possible, d'être une personne optimiste, digne, honorable, noble, généreuse et majestueuse, de réunir et rassembler tout ce qui est nécessaire, d'y mettre tout votre cœur et votre amour, de vous engager en faisant de votre mieux, de persévérer, d'être autonome, de créer des liens fraternels d'amour avec autrui et de travailler en équipe, de réussir et de rayonner.

Vous êtes particulièrement capable de vous repérer et d'être clair, d'être soucieux de l'image que vous donnez et de votre réputation, d'incarner votre idéal, vos valeurs et vos principes, de vous fixer des objectifs et de déployer votre volonté pour les atteindre, d'être créatif(ve), de vous engager en donnant le meilleur de vous-même, de vous imposer avec autorité, de maîtriser la situation, de réussir voir même de briller et de rayonner dès lors qu'il s'agit de vous organiser, d'acquérir ou de préserver une certaine sécurité, lorsque vous êtes face à des difficultés, lorsqu'il s'agit de mettre de l'ordre, de construire, de structurer, de fournir des efforts ou de vous imposer une certaine discipline, lorsque vous abordez l'inconnu ou entreprenez une recherche, une quête ou une étude mais aussi lorsqu'il s'agit de cheminer, de gérer un chantier ou de parcourir les différentes étapes de l'évolution professionnelle et spirituelle.

Votre volonté, votre clarté de conscience, votre besoin de réussir et de jouer un rôle central, votre sens de l'organisation tendent à s'orienter vers la carrière, l'élévation et la réussite sociale. Il y a un fort besoin de dépasser votre condition sociale initiale pour vous élever vers une profession stable.

Le Soleil en secteur 10 est synonyme de rêve de gloire et de grandeur, d'un désir de puissance et de rayonnement, d'une ambition parfois démesurée, d'un sens de l'honneur et de comportements paternalistes au sein du milieu professionnel. Vous pouvez chercher à briller en société et donner l'image d'un moi élevé que tout le monde devrait admirer de part votre personnalité et votre originalité.

Comme vous aimez être pris au sérieux et que vous n'aimez pas qu'on se moque de vous, vous êtes sensible aux flatteries et aux blessures d'amour-propre. Vous pouvez avoir tendance à regarder les autres d'en haut et leur faire ressentir leur prétendue infériorité, d'où des relations pas toujours faciles avec autrui. Vous savez néanmoins faire preuve de loyauté, de noblesse et de générosité de cœur au sein de votre vie professionnelle.

Le but de la profession étant de vous réaliser, vous savez fournir les efforts nécessaires pour arriver à vos fins. Vous vous laissez difficilement dominé et avez besoin d'être le maître de votre destin, d'une certaine autonomie et d'être un donneur d'ordre plutôt que l'inverse. Cette position prédispose à accéder à des postes de directeur et de responsable. Elle vous permet aussi de diriger vous-mêmes les principaux événements de votre vie, d'être autonome et indépendant.

LE SOLEIL EN SECTEUR ONZE

Dans votre vie, les solutions passent par la nécessité d'être bien centré dans votre cœur, de savoir ce que vous voulez, d'avoir confiance en vous, de trouver vos marques et des repères, de vous positionner clairement et d'aider ainsi l'autre à prendre sa place, de faire appel à des valeurs et à des principes, d'équilibrer votre masculin et votre féminin, de définir des objectifs précis, d'exprimer avec joie votre puissante créativité, d'accorder vos idéaux à vos moyens et de mobiliser toutes vos forces pour atteindre vos objectifs, de vous organiser en structurant ce qui doit l'être, de vous mettre en valeur, d'être visible et d'occuper un rôle central sur les devants de la scène.

Elles passent aussi par la nécessité de gérer votre image et votre réputation, d'affirmer votre autorité et vos convictions, d'être opportuniste mais très réaliste, de vous imposer quand c'est nécessaire et de créer une situation d'entraide quand c'est possible, d'être une personne optimiste, digne, honorable, noble, généreuse et majestueuse, de réunir et rassembler tout ce qui est nécessaire, d'y mettre tout votre cœur et votre amour, de vous engager en faisant de votre mieux, de persévérer, d'être autonome, de créer des liens fraternels d'amour avec autrui et de travailler en équipe, de réussir et de rayonner. Elles passent donc enfin par la nécessité d'être une personne positive, joyeuse, chaleureuse, généreuse mais exigeante, claire, lumineuse, fraternelle, loyale, capable d'être une source d'amour, de conscience, de lumière, d'énergie et de chaleur, pleine d'énergie et de vitalité, ayant du cœur et un grand besoin de Soleil, disponible pour partager, entrer dans le lien et le partenariat, motivée pour transmettre un savoir, pour éduquer et pour diriger, organisée, volontaire, dynamique et vivant selon un idéal, selon un modèle qui convient et selon des grandes lignes directrice qu'elle a défini.

Vous êtes donc particulièrement capable de vous repérer et d'être clair, d'être soucieux de l'image que vous donnez et de votre réputation, d'incarner votre idéal, vos valeurs et vos principes, de vous fixer des objectifs et de déployer votre volonté pour les atteindre, d'être créatif(ve), de vous engager en donnant le meilleur de vous-même, de vous imposer avec autorité, de maîtriser la situation, de réussir voir même de briller et de rayonner dès lors qu'il s'agit de concrétiser vos projets, lorsqu'il s'agit de vivre des expériences inconnues ou d'explorer de nouveaux horizons, lorsqu'il s'agit de trouver des solutions ou faire des réformes visant à améliorer les situations, lorsqu'il s'agit d'utiliser les nouvelles technologies et de vous adapter à la vie moderne où lorsque vous êtes dans un groupe ou avec des ami(e)s.

Les relations amicales, les projets, la participation au progrès collectif, l'aide à autrui, les activités originales et sortant de l'ordinaire, mais aussi le groupe et les activités en groupe peuvent constituer vos centres d'intérêts principaux et une source principale de dépenses d'énergie. Votre sensibilité idéaliste vous incite à donner le meilleur de vous-mêmes, à croire aux vertus de l'amitié et de l'amour universel.

Votre idéal peut être de transformer l'existence des êtres pour leur redonner espoir et un avenir meilleur. Vous vous situez facilement en sauveur. Vous recherchez des amis nobles de cœur, clairs, fidèles, brillants avec qui vous pouvez avoir des relations authentiques.

Vous aimez être mis en valeur grâce à vos relations et à votre réseau qui peuvent jouer un rôle important dans votre vie. Vous dépassez facilement vos instincts égoïstes pour vivre des relations transparentes et épanouissantes. Vous aimez mettre vos amis en valeur ou jouer un rôle central au sein d'un groupe d'amis. Vous vous projetez dans l'avenir comme quelqu'un qui a réussi, qui joue un rôle central dans son domaine d'activité et qui s'est réalisé. Vous pouvez avoir une certaine chance en amitié et bénéficier de piston ou d'une protection efficace. La liberté, l'indépendance, l'espoir, la propreté physique et morale, la libération du passé, des attaches familiales, des influences socioculturelles et des préjugés peuvent être pour vous des valeurs importantes. Cette position peut vous conférer des talents pour gérer des projets, pour trouver des solutions techniques ou psychologiques à toute situation, pour anticiper et pour diriger un groupe.

LE SOLEIL EN SECTEUR DOUZE

Votre objectif de vie à long terme, ce que vous pouvez faire de mieux de votre vie, votre moyen d'accéder à la transcendance, vos possibilités de guérir et ce que vous laisserez à la postérité est lié au Soleil, c'est-à-dire à votre capacité d'être bien centré dans votre cœur, de savoir ce que vous voulez, d'avoir confiance en vous, de trouver vos marques et des repères, de vous positionner clairement et d'aider ainsi l'autre à prendre sa place, de faire appel à des valeurs et à des principes, d'équilibrer votre masculin et votre féminin, de définir des objectifs précis, d'exprimer avec joie votre puissante créativité, d'accorder vos idéaux à vos moyens et de mobiliser toutes vos forces pour atteindre vos objectifs, de vous organiser en structurant ce qui doit l'être, de vous mettre en valeur, d'être visible et d'occuper un rôle central sur les devants de la scène.

C'est aussi lié à votre capacité de gérer votre image et votre réputation, d'affirmer votre autorité et vos convictions, d'être opportuniste mais très réaliste, de vous imposer quand c'est nécessaire et de créer une situation d'entraide quand c'est possible, d'être une personne optimiste, digne, honorable, noble, généreuse et majestueuse, de réunir et rassembler tout ce qui est nécessaire, d'y mettre tout votre cœur et votre amour, de vous engager en faisant de votre mieux, de persévérer, d'être autonome, de créer des liens fraternels d'amour avec autrui, de travailler en équipe, de réussir et de rayonner.

Vous êtes particulièrement capable de vous repérer et d'être clair, d'être soucieux de l'image que vous donnez et de votre réputation, d'incarner votre idéal, vos valeurs et vos principes, de vous fixer des objectifs et de déployer votre volonté pour les atteindre, d'être créatif(ve), de vous engager en donnant le meilleur de vous-même, de vous imposer avec autorité, de maîtriser la situation, de réussir voir même de briller et de rayonner dès lors qu'il s'agit d'avoir la foi et de lâcher prise, de soulager les souffrances et les misères du monde, de vous évader, de fuir ou d'accéder à d'autres états de conscience, de transcender la réalité, de donner du sens, de rêver et de faire rêver, d'inspirer et d'être inspiré, d'utiliser votre clairvoyance, votre ressenti et votre imagination, de communier et de participer à une entreprise collective.

L'évasion, l'évolution spirituelle, le soulagement de la souffrance d'autrui, la participation à un idéal collectif ou le dévouement envers une cause peuvent faire partie de vos centres d'intérêts, être pour vous essentiel et constituer une source principale de dépense d'énergie. Les valeurs et expériences de vos ancêtres ou de vos vies passées peuvent marquer les grandes lignes de votre destinée, vos repères et vos idéaux. Il peut donc être important pour vous de faire votre arbre généalogique et d'avoir conscience de vos vies passées afin de découvrir qui vous êtes.

Vous avez souvent besoin, pour vous connaître, pour trouver votre identité et le sens de votre vie, de vous perfectionner ou accéder à un idéal spirituel ou mystique. Et c'est le plus souvent à travers une démarche spirituelle que vous trouverez le sens de votre vie et que vous prendrez conscience de votre identité. Vos repères et votre idéal, parce qu'ils ne se situent pas en fonction de valeurs matérielles, peuvent vous causer quelques difficultés d'adaptation à la vie pratique. Votre besoin d'évolution et d'auto-perfectionnement pour tendre vers un absolu font que vous ne pardonnez pas toujours facilement vos faiblesses et insuffisances, et les faiblesses d'autrui. Votre juge moral coloré par des croyances religieuses, Judéo-chrétienne ou autres, tend à être particulièrement développé.

Il vous incite à avoir un regard clair et éveillé sur ce qui se déroule dans votre conscience, à vous juger et à juger les autres. Vous savez néanmoins faire preuve de compassion et d'amour inconditionnel, vous dévouer pour une cause noble et sacrifier votre ego pour vous consacrer à un idéal.

La Lune en secteurs :

LA LUNE EN SECTEUR UN

Vous vous présentez comme une personne pleine de vie et d'émotions, sensible et toujours un peu inquiète, intuitive, parfois clairvoyante, naturelle, débordant d'imagination, intimiste, sympathique, rêveuse, mystérieuse, un peu poète, attachée à son passé, à ses traditions, à son foyer et à sa famille, vivant dans sa bulle, dans son univers et changeant souvent d'état d'âme. En avez-vous conscience ?

Dès lors qu'il s'agit de définir des objectifs, de vous donner les moyens pour les atteindre, d'oser, d'entreprendre, d'expérimenter sur le terrain, de vous affirmer, de vous mettre en valeur, d'être opérationnel et efficace ou de travailler dans une entreprise, vous êtes particulièrement capable d'être détendu, d'écouter et d'être réceptif à ce qui se passe, de ressentir les émotions, les vibrations et les énergies présentes, d'écouter votre intuition, de prendre la température puis de vous mettre dans le bain, d'exprimer vos émotions et de faire preuve d'intelligence émotionnelle, d'être naturel, convivial, sympathique et populaire, de gérer vos préoccupations et vos angoisses, de vous sentir rassuré, de respecter vos rythmes naturels, de générer de la fluidité, de la cohésion et d'éviter toute surchauffe, de créer des ambiances intimistes où chacun se sent bien, de veiller à votre bien-être personnel et au bien-être d'autrui, de vous ressourcer à travers des valeurs refuges et d'aider autrui à se ressourcer, de créer des liens émotionnels forts avec autrui et de préserver votre équilibre naturel.

Vous êtes aussi particulièrement capable de vous nourrir correctement sur tous les plans et d'aider autrui à bien se nourrir, d'utiliser votre imagination créatrice, votre imaginaire, votre créativité et la force magique de la foi, d'être inspiré et d'inspirer autrui, de raconter des histoires qui stimulent l'imagination, de tenir compte du passé et de faire appel à votre mémoire, d'exprimer votre enfant intérieur, de vous créer un univers personnel ou un monde familier que vous protégez de tout ce qui n'en fait pas partie, de créer ou perpétuer la vie ou une vie familiale, de perpétuer des traditions, d'être mère ou d'assumer un rôle de mère, de faire preuve d'une douceur toute maternelle, de prendre soin de votre foyer et de la vie, de contribuer à loger des personnes, de vivre dans la joie et dans l'abondance, de porter les choses jusqu'à leur éclosion et leur épanouissement et de vivre selon vos rêves.

La sympathie, l'intimité, l'intuition, l'émotion, l'imagination, les valeurs refuges et parfois la musique ou le dessin sont vos moyens d'expression et d'affirmation. Face à une situation nouvelle, vos réactions sont avant tout sensorielles et émotionnelles. Dans toute situation nouvelle, vous ressentez fortement les vibrations et l'ambiance qu'il y a dans l'air.

Vous avez besoin de ressentir et de vous imprégner du courant qui passe ou de l'ambiance, de prendre la température, de digérer les éléments extérieurs pour fusionner avec eux et vous avez besoin de créer un climat intimiste, chaleureux et accueillant, où chacun puisse s'exprimer naturellement et se sentir à l'aise, et où vous pouvez vous sentir à l'aise, en sécurité et imbibé d'une sensation de bien être. Vous avez l'art de vous mettre rapidement dans le bain, de ne faire qu'un avec ce que vous faites et d'être complètement identifié au présent de façon machinale et instinctive. Avec vous, chassez le naturel et il revient au galop ! Vous avez besoin de respecter les cycles et les rythmes de votre corps lorsque vous vous affirmer afin de préserver en toutes circonstances votre équilibre naturel. Vous pouvez également être très sensible au temps et aux saisons, aux variations d'ambiance et aux courants qui passent entre les personnes.

Une sensation fréquente d'insécurité due à votre forte émotivité vous incite à vous créer un univers personnel, un cocon intime vous servant de valeur refuge vis à vis du monde extérieur. Vous pouvez ainsi être très attaché à votre famille, à un cercle d'intime, à votre milieu natal et à vos origines. Vous situez d'ailleurs facilement votre identité à travers votre appartenance à tel clan, famille ou nation, à travers votre monde intime, vos origines ou votre milieu natal et vous n'avez pas toujours clairement conscience de qui vous êtes en tant qu'individu. Une tendance à vivre dans la rêverie peut vous donner l'apparence d'un somnambule à moitié éveillé. Vous devez souvent faire un effort pour sortir de votre bulle familiale, pour vous adapter au monde extérieur et à la réalité qui peut être durement ressentie.

L'expression de votre personnalité dans le monde est avant tout une affaire de sensibilité et d'émotions. Et vous pouvez être doué pour servir de miroir à l'autre tel qu'il puisse se reconnaître à travers vous mais aussi pour susciter chez autrui des réactions émotionnelles de sympathie et d'attendrissement qui vous permettent d 'ailleurs de vous faire pardonner vos étourderies. Votre capacité à imaginer les choses avant de les vivre et à laisser votre inconscient s'occuper de la question fait que vous pouvez obtenir des résultats en fournissant moins d'efforts que d'autres.

Si tout va bien quand vous vous sentez baigner dans l'ambiance, vous avez par contre parfois trop facilement tendance à paniquer, à fuir ou à vous réfugier dans votre bulle dès que des éléments étrangers ou imprévus viennent troubler le calme et votre quiétude.

Votre tendance à avoir besoin d'être en sécurité et d'éprouver du bien être pour agir peut être parfois un handicap et limiter votre force de frappe et vos réalisations lorsque que des tensions, des situations exigeant de faire face à des obstacles ou des difficultés avec courage, ou des situations où il faut garder la tête froide, mettre de coté les émotions et l'imagination et prendre du recul se présentent. Vos faiblesses éventuelles peuvent provenir d'une émotivité et d'une sensibilité excessive, d'une tendance à prendre vos rêves pour la réalité, d'une difficulté à sortir de votre monde intérieur pour vous extérioriser dans le monde extérieur, d'une certaine paresse et d'une difficulté à être autonome.

Il ne dépend que de vous d'effectuer un travail sur vous-même afin que s'exprime uniquement ce qu'il y a de meilleur en vous. Vous pouvez découvrir votre force et votre identité en assurant bonne cohésion d'un groupe, en utilisant des valeurs refuges pour détendre les gens, pour éviter la surchauffe et pour préserver une continuité de la vie.

LA LUNE EN SECTEUR DEUX

Vous exprimez votre maison 2 dès lors qu'il s'agit de vous incarner, de satisfaire vos désirs, de vous faire plaisir, de gagner ou gérer de l'argent ou des biens matériels, de vous enrichir, de générer de l'abondance, d'attirer, de plaire et de séduire, de créer des liens affectifs, familiaux ou sociaux, d'utiliser votre intelligence relationnelle, de faire preuve d'harmonie, de douceur et de gentillesse, d'exprimer votre sens esthétique ou artistique, d'exprimer votre sensualité, de fonder une famille et de créer votre bonheur sur Terre.

Vous avez alors une tendance naturelle à être une personne pleine de vie et d'émotions, sensible et toujours un peu inquiète, intuitive, parfois clairvoyante, naturelle, débordant d'imagination, intimiste, sympathique, rêveuse, mystérieuse, un peu poète, attachée à son passé, à ses traditions, à son foyer et à sa famille, vivant dans sa bulle, dans son univers et changeant souvent d'état d'âme.

Vous êtes alors particulièrement capable d'être détendu, d'écouter et d'être réceptif à ce qui se passe, de ressentir les émotions, les vibrations et les énergies présentes, d'écouter votre intuition, de prendre la température puis de vous mettre dans le bain, d'exprimer vos émotions et de faire preuve d'intelligence émotionnelle, d'être naturel, convivial, sympathique et populaire, de gérer vos préoccupations et vos angoisses, de vous sentir rassuré, de respecter vos rythmes naturels, de générer de la fluidité, de la cohésion et d'éviter toute surchauffe, de créer des ambiances intimistes où chacun se sent bien, de veiller à votre bien-être personnel et au bien-être d'autrui, de vous ressourcer à travers des valeurs refuges et d'aider autrui à se ressourcer, de créer des liens émotionnels forts avec autrui et de préserver votre équilibre naturel.

Vous êtes aussi particulièrement capable de vous nourrir correctement sur tous les plans et d'aider autrui à bien se nourrir, d'utiliser votre imagination créatrice, votre imaginaire, votre créativité et la force magique de la foi, d'être inspiré et d'inspirer autrui, de raconter des histoires qui stimulent l'imagination, de tenir compte du passé et de faire appel à votre mémoire, d'exprimer votre enfant intérieur, de vous créer un univers personnel ou un monde familier que vous protégez de tout ce qui n'en fait pas partie, de créer ou perpétuer la vie ou une vie familiale, de perpétuer des traditions, d'être mère ou d'assumer un rôle de mère, de faire preuve d'une douceur toute maternelle, de prendre soin de votre foyer et de la vie, de contribuer à loger des personnes, de vivre dans la joie et dans l'abondance, de porter les choses jusqu'à leur éclosion et leur épanouissement et de vivre selon vos rêves.

Ces richesses sont autant de qualités que vous devez exprimer pour réaliser votre mission de vie et pour nourrir votre évolution. Vous pouvez également accroître la richesse de la Lune en vous fixant des objectifs, en mettant en place l'organisation adaptée pour les atteindre, en développant votre logique, votre sens des valeurs et votre sens des limites, en apprenant à vous structurer et en vous engageant dans une démarche d'insertion professionnelle afin de canaliser votre émotionnel, par exemple dans des relations avec un public, dans un travail en lien avec les enfants et les femmes ou dans une activité en lien avec les valeurs refuges que sont les liquides, la musique, la maison, le foyer, l'alimentation, la vie et le vivant.

C'est souvent en mettant votre aptitude à nourrir, à materner, à protéger, à gérer de l'argent et des ressources et à perpétuer la vie, en créant des liens émotionnels, en générant du bien-être et des ambiances intimes que vous donnez le meilleur de vous-même.

Vous êtes très sensible à l'état de votre porte feuille, au « combien ça coûte et qu'est ce que ça rapporte », à la valeur matérielle des objets et sentez intuitivement les situations où vous pouvez faire un profit.

Vous avez tendance à gagnez et à dépenser votre argent en fonction de vos humeurs et de vos inspirations, en fonction de l'ambiance dans laquelle vous êtes ou de l'air du temps et parfois aussi en fonctions de vos craintes et de vos angoisses. L'argent tend à être pour vous quelque chose de naturel. Si vous pouvez faire preuve d'inspiration et de ténacité dans les affaires matérielles, vous pouvez aussi avoir tendance à être incohérent, irrationnel et instable lorsque vous gérez votre porte feuille. Votre situation financière peut donc être fluctuante.

L'argent peut être pour vous une valeur refuge, un moyen de vos ressourcer, de vous sentir bien ou de préserver votre équilibre naturel. Vous recherchez en général à vous enrichir ou à acquérir des biens pour combler un sentiment d'insécurité, pour subvenir aux besoins de votre famille, pour vous loger ou pour vous créer un univers personnel. Parfois, une certaine paresse, une tendance au laissez aller et une difficulté à vous battre pour gagner de l'argent peut engendrer, volontairement ou involontairement une situation de dépendance financière envers une personne qui vous nourrit financièrement. Vos enfants, votre famille, des enfants, des femmes ou un public peuvent vous soutenir financièrement, alimenter votre porte feuille ou développer votre sens de la gestion des biens et des finances. Vous pouvez vous enrichir à travers des activités en rapports avec un public, une collectivité, des enfants et des valeurs refuges ou tout ce qui permet d'assurer la continuité de la vie (alimentation, musique, dessin et l'eau.

La Lune en maison deux vous permet de vous sentir bien dans votre corps, d'avoir une relation intime avec la nature, de vivre vos sens et votre sens esthétique de façon naturelle, d'avoir une facilité pour profiter des plaisirs de la vie et pour éprouver du plaisir, d'aimer la nourriture et la boisson et de vous sentir bien dans le monde de la matière. Le calme, la placidité, un coté paisible, la patience, la persévérance, la prudence, la gentillesse, la douceur, la bonté, la sensualité, le sens esthétique ou artistique, le sens de la gestion et de l'organisation sont des traits psychologiques qui peuvent faire partie de votre seconde nature, de votre personnalité. De même, des activités liées à l'utilisation des sens, à l'esthétique, à l'artisanat, au plaisir, à l'art et au chant, à la gestion et l'organisation financière, à la nature ou à toute forme de nourriture peuvent être une source de bien-être et une manière de vous ressourcer. Vos lacunes éventuelles peuvent provenir d'une difficulté à être autonome financièrement, d'une tendance à abuser des plaisirs de la chair, d'une difficulté à voir derrière les apparences et d'une certaine naïveté. Il ne dépend que de vous d'effectuer un travail sur vous-même afin que s'exprime uniquement ce qu'il y a de meilleur en vous.

LA LUNE EN SECTEUR TROIS

Vous exprimez votre maison 3 dès lors qu'il s'agit de communiquer, d'apprendre, d'exprimer vos idées, de vous mettre en mouvement, de vous informer, de faire du commerce, de propager des informations et de vous adapter à votre environnement. Vous avez alors une tendance naturelle à être une personne pleine de vie et d'émotions, sensible et toujours un peu inquiète, intuitive, parfois clairvoyante, naturelle, débordant d'imagination, intimiste, sympathique, rêveuse, mystérieuse, un peu poète, attachée à son passé, à ses traditions, à son foyer et à sa famille, vivant dans sa bulle, dans son univers et changeant souvent d'état d'âme. Vous êtes alors particulièrement capable d'être détendu, d'écouter et d'être réceptif à ce qui se passe, de ressentir les émotions, les vibrations et les énergies présentes, d'écouter votre intuition, de prendre la température puis de vous mettre dans le bain, d'exprimer vos émotions et de faire preuve d'intelligence émotionnelle, d'être naturel, convivial, sympathique et populaire, de gérer vos préoccupations et vos angoisses, de vous sentir rassuré, de respecter vos rythmes naturels, de générer de la fluidité, de la cohésion et d'éviter toute surchauffe, de créer des ambiances intimistes où chacun se sent bien, de veiller à votre bien-être personnel et au bien-être d'autrui, de vous ressourcer à travers des valeurs refuges et d'aider autrui à se ressourcer, de créer des liens émotionnels forts avec autrui et de préserver votre équilibre naturel.

Vous êtes aussi particulièrement capable de vous nourrir correctement sur tous les plans et d'aider autrui à bien se nourrir, d'utiliser votre imagination créatrice, votre imaginaire, votre créativité et la force magique de la foi, d'être inspiré et d'inspirer autrui, de raconter des histoires qui stimulent l'imagination, de tenir compte du passé et de faire appel à votre mémoire, d'exprimer votre enfant intérieur, de vous créer un univers personnel ou un monde familier que vous protégez de tout ce qui n'en fait pas partie, de créer ou perpétuer la vie ou une vie familiale, de perpétuer des traditions, d'être mère ou d'assumer un rôle de mère, de faire preuve d'une douceur toute maternelle, de prendre soin de votre foyer et de la vie, de contribuer à loger des personnes, de vivre dans la joie et dans l'abondance, de porter les choses jusqu'à leur éclosion et leur épanouissement et de vivre selon vos rêves.

Pour communiquer, apprendre et vous adapter, vous avez besoin de ressentir, d'exprimer vos émotions, de gérer vos préoccupations et vos angoisses, d'écouter votre intuition, d'utiliser votre intelligence émotionnelle, d'exprimer votre enfant intérieur, votre imaginaire et votre créativité, de créer des liens émotionnels forts avec autrui, d'être dans une ambiance intime, de veiller à votre bien-être et de préserver votre équilibre naturel. Et pour vous sentir bien, vous avez besoin de mouvement et de satisfaire votre grande curiosité. Vous avez donc parfois du mal à rester sur place et vous avez besoin d'aller voir ailleurs ce qui s'y passe d'une façon irrationnelle, en fonction de vos humeurs ou de l'ambiance du moment. Les études, les livres ou les contacts, les échanges et le dialogue que vous avez avec votre environnement peuvent constituer chez vous des valeurs refuges et des moyens de vous ressourcer.

La communication et l'information vous sont nécessaires pour atteindre ou préserver votre équilibre. Vous pouvez avoir des dons pour la littérature, pour la poésie, pour les langues ou pour le commerce.

Vous pouvez vous sentir particulièrement à l'aise, naturel et spontané lorsque vous communiquez, lorsque vous étudiez ou lorsque vous vous adaptez à votre environnement. Vous avez parfois du mal à rester sur place car vous avez besoin d'une mobilité permanente, de bouger et d'aller voir ailleurs ce qui s'y passe, et ce d'une façon irrationnelle, en fonction de vos humeurs ou de l'ambiance du moment.

Votre sensibilité, votre intuition, votre bonne mémoire, votre capacité à être sympathique et à mettre les autres à l'aise, votre sens de l'intimité et votre capacité à vous habituer à votre interlocuteur peut faciliter votre développement intellectuel, vos contacts, vos échanges et vos transactions et votre faculté d'adaptation à votre environnement proche.

Vous êtes très sensible à ce qui se passe dans votre environnement et vous savez être à l'écoute des personnes qui s'y trouve. On vous trouve facilement naturel et sympathique. Vous êtes aussi très sensible à l'énergie des mots et avez besoin de sentir les idées, de les digérer, puis de les assimiler pour les comprendre. Vous pouvez aussi avoir des facilités pour intellectualiser votre ressenti, vos croyances, vos rêves ou vos images intérieures. Votre bien être peut dépendre de la qualité de votre vie relationnelle tandis que la communication et l'information vous sont nécessaire pour atteindre ou préserver votre équilibre. Vous pouvez donc avoir du mal à supporter la solitude et avoir un besoin instinctif d'emmagasiner des connaissances, d'être bien informé et de faire de multiples rencontres.

Votre sens de la famille s'élargit facilement à vos voisins, à vos proches, à vos collègues et à l'ensemble de votre environnement. Vos proches peuvent constituer une seconde famille tandis que vos connaissances peuvent vous protéger des aléas du monde extérieur.

Vous pouvez avoir quelques difficultés à vous organiser et à vous concentrer dans vos études et devez éviter une tendance à la rêverie, à l'étourderie ou à la paresse intellectuelle. Vous pouvez aussi avoir tendance à être dépendant des autres pour être bien informé ou pour vous adapter à votre environnement proche. Vous pouvez avoir tendance à changer fréquemment de relations ou d'idées et pouvez passer facilement du coq à l'âne. Vous gardez en revanche longtemps en mémoire vos connaissances et votre vécu relationnel.

Vous pouvez avoir des dons pour la littérature, pour la poésie, pour les langues ou pour le commerce. Vous pouvez avoir un excellent sens des contacts quand vous n'êtes pas gêné par une certaine timidité voire par un complexe d'infériorité vis à vis de vos proches. La Lune en secteur trois peut vous donner le besoin et la tendance à changer fréquemment de lieu de résidence de part votre besoin naturel de mobilité.

LA LUNE EN SECTEUR QUATRE

De part ce que vous portez de vos parents, vous êtes venu sur Terre avec la capacité innée d'être détendu, d'écouter et d'être réceptif à ce qui se passe, de ressentir les émotions, les vibrations et les énergies présentes, d'écouter votre intuition, de prendre la température puis de vous mettre dans le bain, d'exprimer vos émotions et de faire preuve d'intelligence émotionnelle, d'être naturel, convivial, sympathique et populaire, de gérer vos préoccupations et vos angoisses, de vous sentir rassuré, de respecter vos rythmes naturels, de générer de la fluidité, de la cohésion et d'éviter toute surchauffe, de créer des ambiances intimistes où chacun se sent bien, de veiller à votre bien-être personnel et au bien-être d'autrui, de vous ressourcer à travers des valeurs refuges et d'aider autrui à se ressourcer, de créer des liens émotionnels forts avec autrui et de préserver votre équilibre naturel.

Vos parents vous ont aussi rendu capable de vous nourrir correctement sur tous les plans et d'aider autrui à bien se nourrir, d'utiliser votre imagination créatrice, votre imaginaire, votre créativité et la force magique de la foi, d'être inspiré et d'inspirer autrui, de raconter des histoires qui stimulent l'imagination, de tenir compte du passé et de faire appel à votre mémoire, d'exprimer votre enfant intérieur, de vous créer un univers personnel ou un monde familier que vous protégez de tout ce qui n'en fait pas partie, de créer ou perpétuer la vie ou une vie familiale, de perpétuer des traditions, d'être mère ou d'assumer un rôle de mère, de faire preuve d'une douceur toute maternelle, de prendre soin de votre foyer et de la vie, de contribuer à loger des personnes, de vivre dans la joie et dans l'abondance, de porter les choses jusqu'à leur éclosion et leur épanouissement et de vivre selon vos rêves. Ils ont fait de vous une personne pleine de vie et d'émotions, sensible et toujours un peu inquiète, intuitive, parfois clairvoyante, naturelle, débordant d'imagination, intimiste, sympathique, rêveuse, mystérieuse, un peu poète, attachée à son passé, à ses traditions, à son foyer et à sa famille, vivant dans sa bulle, dans son univers et changeant souvent d'état d'âme.

Vous êtes particulièrement capable d'être en accord avec l'ensemble de votre personnalité, de vous ressourcer, de vous détendre et vous reposer, de vivre selon vos rythmes naturels et vos habitudes, d'être naturel, convivial et sympathique, de vous créer un univers personnel ou un monde familier que vous protégez de tout ce qui n'en fait pas partie, de créer du lien émotionnel, de ressentir l'ambiance, de vous nourrir et d'être nourri(e), de véhiculer des émotions et de gérer les émotions présentes, d'exprimer votre sensibilité, votre imagination mais aussi vos craintes, bref, d'exprimer votre seconde nature au quotidien mais aussi dès lors qu'il s'agit de votre univers intime, de votre foyer, d'une famille ou d'un clan, et lorsqu'il s'agit d'acquérir, de préserver ou de défendre votre cadre de vie, votre bien être, votre équilibre personnel ou votre progéniture.

Vous avez des facilités, dans vos comportements quotidiens, pour vous accorder aux êtres et aux événements en vous identifiant à eux, pour adhérer au milieu ambiant en vous mettant naturellement dans le bain, pour créer des ambiances intimes et sympathiques, pour vous ressourcer et préserver votre équilibre naturel. Vous pouvez avoir un côté pantouflard dans la mesure où vous vous sentez très à l'aise au foyer, en famille, ou entouré d'un cercle d'intimes.

Votre côté très nature et sympathique peut vous rendre populaire auprès d'autrui. La recherche d'un équilibre à travers des valeurs refuges, la recherche du bien-être à travers la tranquillité et la quiétude joue un rôle important dans vos comportements quotidiens. Pour vous protéger de l'extérieur et contre vos propres angoisses intérieures, vous pouvez chercher à créer ou à adhérer à un univers maternel, intime et protecteur. Vous avez parfois un goût pour échapper au monde extérieur. Aucun élément étranger ne doit troubler la sécurité de votre bulle, de votre univers privé et personnel. Vous êtes sensible à l'ambiance des lieux, suggestible et impressionnable et pouvez croire trop facilement ce qu'on vous dit. L'esprit de famille est développé chez vous et vous pouvez être attaché à vos racines, vos traditions, votre mère et certaines valeurs refuges.

Vous pouvez avoir des facilités pour l'histoire, la généalogie, la musique, la cuisine, le folklore, la poésie et le dessin. Vous pouvez avoir une confiance primitive en la vie et vous laissé porter, aidé par le sentiment qu'une certaine chance vous soutient. Vous aimez créer une ambiance vivante et intime au foyer grâce aux enfants, aux plantes et animaux, à la musique et la visite d'intimes. Vous pouvez avoir quelques difficultés à vous dégager de l'influence maternelle et vous inquiéter facilement pour l'avenir. Vous devez éviter une tendance excessive à vous réfugier dans des mondes imaginaires et à refuser la confrontation au monde extérieur, à vous lier à des clans exerçant une influence négative, à faire preuve d'une subjectivité délirante ainsi que les excès de nourriture et de boissons. Il ne dépend que de vous d'effectuer un travail sur vous-même afin que s'exprime uniquement ce qu'il y a de meilleur en vous.

Si votre héritage parental est problématique et mal intégré, vous pouvez alors parfois apparaître comme une personne stressée émotionnellement, lunatique, perturbée et instable, paniquant facilement à la moindre tension ou dès un élément nouveau vient troubler votre quiétude, ayant tendance à vivre dans la rêverie tel un somnambule à moitié éveillé, prenant ces rêves pour la réalité, excessivement sensible et émotive, naïve, crédule et pleine d'illusions, lente, incohérente, ignorante, esclave de ses peurs et de ses sens, soumise, ayant des difficultés à faire circuler l'énergie dans son corps, manquant d'énergie, d'autonomie, de courage et d'enthousiasme, excessivement décontractée, dilettante, paresseuse, abusant des plaisirs terrestres, ayant des difficultés à se nourrir correctement, nourrissant des situations de dépendance ou accordant trop d'importance aux relations émotionnelles et à la famille au point d'avoir des difficultés à sortir du cocon familial.

Ces difficultés font alors obstacle à la réalisation de votre mission de vie et à votre évolution et elles doivent être transformées pour que vous soyez libre et heureux. Il ne dépend alors que de vous pour effectuer un travail sur vous-même afin que s'exprime uniquement ce qu'il y a de meilleur en vous. Pour les dépasser et pour avancer sur votre chemin, vous pouvez vous rendre compte que vous êtes la vie, que la vie coule en vous, qu'elle prend soin de tout et que partout les courants d'amour remplissent l'univers. Vous pouvez effectuer des prises de conscience sur le sens et le rôle de la vie, des valeurs refuge, de l'amour maternel, des émotions, des enfants, de l'enfant intérieur, de l'eau, de l'argent, de l'abondance, de la famille, de la nation et du bien-être.

En développant la conscience que vous avez de vos rythmes naturels, de votre amour maternel, du pouvoir de votre foi, de votre intuition et de votre imagination créatrice, de ce qui vous nourrit vraiment, en les exprimant pleinement de manière positive et en les mettant au service de la vie, vous permettez aux autres d'en faire autant.

LA LUNE EN SECTEUR CINQ

Vous êtes au fond une personne pleine de vie et d'émotions, sensible et toujours un peu inquiète, intuitive, parfois clairvoyante, naturelle, débordant d'imagination, intimiste, sympathique, rêveuse, mystérieuse, un peu poète, attachée à son passé, à ses traditions, à son foyer et à sa famille, vivant dans sa bulle, dans son univers et changeant souvent d'état d'âme. Vous avez au plus profond de vous le besoin et la capacité d'être détendu, d'écouter et d'être réceptif à ce qui se passe, de ressentir les émotions, les vibrations et les énergies présentes, d'écouter votre intuition, de prendre la température puis de vous mettre dans le bain, d'exprimer vos émotions et de faire preuve d'intelligence émotionnelle, d'être naturel, convivial, sympathique et populaire, de gérer vos préoccupations et vos angoisses, de vous sentir rassuré, de respecter vos rythmes naturels, de générer de la fluidité, de la cohésion et d'éviter toute surchauffe, de créer des ambiances intimistes où chacun se sent bien, de veiller à votre bien-être personnel et au bien-être d'autrui, de vous ressourcer à travers des valeurs refuges et d'aider autrui à se ressourcer, de créer des liens émotionnels forts avec autrui et de préserver votre équilibre naturel.

Vous avez aussi le besoin et la capacité de vous nourrir correctement sur tous les plans et d'aider autrui à bien se nourrir, d'utiliser votre imagination créatrice, votre imaginaire, votre créativité et la force magique de la foi, d'être inspiré et d'inspirer autrui, de raconter des histoires qui stimulent l'imagination, de tenir compte du passé et de faire appel à votre mémoire, d'exprimer votre enfant intérieur, de vous créer un univers personnel ou un monde familier que vous protégez de tout ce qui n'en fait pas partie, de créer ou perpétuer la vie ou une vie familiale, de perpétuer des traditions, d'être mère ou d'assumer un rôle de mère, de faire preuve d'une douceur toute maternelle, de prendre soin de votre foyer et de la vie, de contribuer à loger des personnes, de vivre dans la joie et dans l'abondance, de porter les choses jusqu'à leur éclosion et leur épanouissement et de vivre selon vos rêves.

Vous êtes particulièrement capable d'être en accord avec l'ensemble de votre personnalité, de vous ressourcer, de vous détendre et vous reposer, de vivre selon vos rythmes naturels et vos habitudes, d'être naturel, convivial et sympathique, de vous créer un univers personnel ou un monde familier que vous protégez de tout ce qui n'en fait pas partie, de créer du lien émotionnel, de ressentir l'ambiance, de vous nourrir et d'être nourri(e), de véhiculer des émotions et de gérer les émotions présentes, d'exprimer votre sensibilité, votre imagination mais aussi vos craintes, bref, d'exprimer votre seconde nature dès lors qu'il s'agit de vous repérer et d'être clair, de l'image que vous donnez et de votre réputation, d'incarner votre idéal, vos valeurs et vos principes, de vous fixer des objectifs et de déployer votre volonté, d'être créatif(ve), de vous engager en donnant le meilleur de vous-même, de vous imposer avec autorité, de maîtriser la situation, de réussir voir même de briller et de rayonner, de vous exprimer, de vous réaliser ou lorsque l'Amour est en jeu.

Vous pouvez être particulièrement naturel, spontané et sympathique quand vous vous exprimez à travers des œuvres et créations, que vous êtes l'objet d'attention où que vous jouer un rôle central. Votre sens créatif peut être soutenu par une certaine inspiration, par votre imagination, votre foi et votre intuition. Les relations amoureuses et les enfants peuvent jouer un rôle important dans votre vécu quotidien.

Vos liaisons peuvent être nombreuses, instables et cycliques. Vous avez plutôt tendance à faire preuve de réceptivité et de passivité dans la relation, en recevant plus facilement que vous donnez. Cette position indique une grande fécondité et de fortes tendances maternelles. Vous pouvez néanmoins avoir du mal à vous engager à fond dans une liaison et pouvez avoir une vie émotionnelle instable car trop ouverte à des impulsions subjectives et aux influences ambiantes. Vous avez une certaine avidité sensuelle et recherchez dans la relation une sécurité, un bien-être, une intimité synonyme de refuge et de satisfaction de vos besoins physiologiques. Vous pouvez être attiré par les fêtes publiques, les excursions de groupe et ne vous amuser vraiment que dans l'intimité. Le monde des enfants vous est particulièrement accessible et s'occuper d'enfants peut être pour vous un moyen de vous ressourcer et une valeur refuge. Vous pouvez aussi avoir des dons pour le dessin, la musique et la cuisine.

LA LUNE EN SECTEUR SIX

Initialement, la Lune en maison six peut être synonyme de difficultés importantes et récurrentes, par exemple, à être détendu, à écouter et à être réceptif à ce qui se passe, à ressentir les émotions, les vibrations et les énergies présentes, à écouter votre intuition, à prendre la température puis à vous mettre dans le bain, à exprimer vos émotions et à faire preuve d'intelligence émotionnelle, à être naturel, convivial, sympathique et populaire, à gérer vos préoccupations et vos angoisses, à respecter vos rythmes naturels, à générer de la fluidité, de la cohésion et à éviter toute surchauffe, à créer des ambiances intimistes où chacun se sent bien, à veiller à votre bien-être personnel et au bien-être d'autrui, à vous ressourcer à travers des valeurs refuges et à aider autrui à se ressourcer, à créer des liens émotionnels forts avec autrui et à préserver votre équilibre naturel.

Vous pouvez initialement avoir également un fort besoin mais aussi des difficultés à vous nourrir correctement sur tous les plans, à aider autrui à bien se nourrir, à utiliser votre imagination créatrice, votre imaginaire, votre créativité et la force magique de la foi, à être inspiré et à inspirer autrui, à raconter des histoires qui stimulent l'imagination, à tenir compte du passé et à faire appel à votre mémoire, à exprimer votre enfant intérieur, à vous créer un univers personnel ou un monde familier que vous protégez de tout ce qui n'en fait pas partie, à une vie familiale, à perpétuer des traditions, à être mère ou à assumer un rôle de mère, à faire preuve d'une douceur toute maternelle, à prendre soin de votre foyer et de la vie, à vivre dans la joie et dans l'abondance, à porter les choses jusqu'à leur éclosion et leur épanouissement et à vivre selon vos rêves. Pourquoi avez-vous des difficultés à exprimer cette planète d'une façon positive ? Parce qu'au lieu d'être dans l'instant présent et dans l'action, vous pensez trop, vous « réfléchissez » et vous nourrissez la croyance que votre intelligence terrestre, celle qui accumule des connaissances, c'est-à-dire votre mental, va vous apporter toutes les solutions !

Vous êtes trop centré dans votre mental au lieu d'être centré dans votre ressenti, dans votre corps et dans votre cœur ! Il est également possible que vous ayez des souvenirs personnels, des « mémoires généalogiques » ou des «mémoires d'âmes » d'excès où de manque de présence ou d'amour maternel, d'abus de nourritures, d'une richesse matérielle conduisant à l'oisiveté et au non épanouissement, d'un attachement excessif à l'argent et aux biens matériels ou de relations familiales qui furent tellement fortes et excessives que votre bien-être, votre joie, votre équilibre, votre autonomie et la fluidité de votre évolution dans la vie en furent fortement affectés.

Si cette planète est mal intégrée, vous pouvez alors parfois apparaître comme une personne stressée émotionnellement, lunatique, perturbée et instable, paniquant facilement à la moindre tension ou dès un élément nouveau vient troubler votre quiétude, ayant tendance à vivre dans la rêverie tel un somnambule à moitié éveillé, prenant ces rêves pour la réalité, excessivement sensible et émotive, naïve, crédule et pleine d'illusions, lente, incohérente, ignorante, esclave de ses peurs et de ses sens, soumise, ayant des difficultés à faire circuler l'énergie dans son corps, manquant d'énergie, d'autonomie, de courage et d'enthousiasme, excessivement décontractée, dilettante, paresseuse, abusant des plaisirs terrestres, ayant des difficultés à se nourrir correctement, nourrissant des situations de dépendance ou accordant trop d'importance aux relations émotionnelles et à la famille au point d'avoir des difficultés à sortir du cocon familial.

Ces difficultés font alors obstacle à la réalisation de votre mission de vie et à votre évolution et elles doivent être transformées pour que vous soyez libre et heureux. Il ne dépend alors que de vous pour effectuer un travail sur vous-même afin que s'exprime uniquement ce qu'il y a de meilleur en vous. Pour les dépasser et pour avancer sur votre chemin, vous pouvez vous rendre compte que vous êtes la vie, que la vie coule en vous, qu'elle prend soin de tout et que partout les courants d'amour remplissent l'univers. Vous pouvez effectuer des prises de conscience sur le sens et le rôle de la vie, des valeurs refuge, de l'amour maternel, des émotions, des enfants, de l'enfant intérieur, de l'eau, de l'argent, de l'abondance, de la famille, de la nation et du bien-être.

En développant la conscience que vous avez de vos rythmes naturels, de votre amour maternel, du pouvoir de votre foi, de votre intuition et de votre imagination créatrice, de ce qui vous nourrit vraiment, en les exprimant pleinement de manière positive et en les mettant au service de la vie, vous permettez aux autres d'en faire autant.

Lorsque vous parvenez à exprimer le côté positif de la Lune, vous exprimez alors une très grande intelligence émotionnelle, musicale, culinaire et créatrice, une intelligence des rythmes et des cycles et une compréhension intuitive de la vie, de la fluidité et de la nature.

Vous êtes alors particulièrement capable d'être en accord avec l'ensemble de votre personnalité, de vous ressourcer, de vous détendre et vous reposer, de vivre selon vos rythmes naturels et vos habitudes, d'être naturel, convivial et sympathique, de vous créer un univers personnel ou un monde familier que vous protégez de tout ce qui n'en fait pas partie, de créer du lien émotionnel, de ressentir l'ambiance, de vous nourrir et d'être nourri(e), de véhiculer des émotions et de gérer les émotions présentes, d'exprimer votre sensibilité, votre imagination mais aussi vos craintes, bref, d'exprimer votre seconde nature dès lors qu'il s'agit de servir, de communiquer, d'effectuer des échanges commerciaux, de vous adapter aux réalités matérielles en utilisant des outils et des techniques, de vous organiser, de traiter des questions d'hygiène ou de santé, d'être en sécurité, ou d'utiliser des systèmes d'information.

Travailler, utiliser votre cerveau et votre intelligence technique est pour vous une source de bien-être. Votre travail peut vous coller à la peau, comme une seconde nature. Le travail quotidien est le domaine où s'exerce le plus facilement votre créativité, votre imagination, votre intuition, votre capacité à adhérer au mouvement, à vous mettre dans le bain, à créer des liens intimes et à faire preuve d'une sympathie naturelle. Intelligence technique et faculté d'adaptation allant chez vous de pair avec intuition et imagination, vous pouvez être remarquablement bien adapté.

Vous pouvez être beaucoup plus à l'aise en travaillant dans un petit groupe, dans une entreprise familiale, là où il y a une ambiance familiale, avec un public ou des enfants. Vous devez par contre éviter d'être trop rêveur, de trop céder à vos humeurs, de vous endormir en travaillant, de changer trop fréquemment d'emploi et de manquer de discipline dans le réglage des petites corvées quotidiennes. Comme vous avez facilement un sentiment d'insécurité dans le travail quotidien, vous pouvez avoir besoin qu'on vous dise que le travail soit bien fait, qu'on vous rassure, ou d'être simplement dans une ambiance intime et sympathique. Votre estomac peut être délicat et votre santé sensible aux variations de climats ou d'atmosphères.

Le travail quotidien peut être pour vous une valeur refuge et un moyen de vous ressourcer. Cette position peut porter l'homme vers les femmes de condition subalternes ou agissant dans une activité de services. Vous pouvez être attiré par les chats et vous sentir très complice avec les petits animaux.

LA LUNE EN SECTEUR SEPT

Initialement, la Lune en maison sept peut être synonyme de difficultés importantes et récurrentes, par exemple, à être détendu, à écouter et à être réceptif à ce qui se passe, à ressentir les émotions, les vibrations et les énergies présentes, à écouter votre intuition, à prendre la température puis à vous mettre dans le bain, à exprimer vos émotions et à faire preuve d'intelligence émotionnelle, à être naturel, convivial, sympathique et populaire, à gérer vos préoccupations et vos angoisses, à respecter vos rythmes naturels, à générer de la fluidité, de la cohésion et à éviter toute surchauffe, à créer des ambiances intimistes où chacun se sent bien, à veiller à votre bien-être personnel et au bien-être d'autrui, à vous ressourcer à travers des valeurs refuges et à aider autrui à se ressourcer, à créer des liens émotionnels forts avec autrui et à préserver votre équilibre naturel.

Vous pouvez initialement avoir également un fort besoin mais aussi des difficultés à vous nourrir correctement sur tous les plans, à aider autrui à bien se nourrir, à utiliser votre imagination créatrice, votre imaginaire, votre créativité et la force magique de la foi, à être inspiré et à inspirer autrui, à raconter des histoires qui stimulent l'imagination, à tenir compte du passé et à faire appel à votre mémoire, à exprimer votre enfant intérieur, à vous créer un univers personnel ou un monde familier que vous protégez de tout ce qui n'en fait pas partie, à une vie familiale, à perpétuer des traditions, à être mère ou à assumer un rôle de mère, à faire preuve d'une douceur toute maternelle, à prendre soin de votre foyer et de la vie, à vivre dans la joie et dans l'abondance, à porter les choses jusqu'à leur éclosion et leur épanouissement, à vivre selon vos rêves et à être une personne pleine de vie et d'émotions.

Vos difficultés à exprimer positivement cette planète font obstacle à la réalisation de votre mission de vie et à votre évolution. Pourquoi avez-vous des difficultés à exprimer cette planète d'une façon positive ? Parce qu'au lieu d'être centré dans votre corps, dans l'instant présent et dans l'action, vous avez tendance à vous décentrer et à compter sur les autres pour exprimer cette planète à votre place. C'est comme si vous rejetiez tout ou partie de la planète parce que vous la voyez comme étant perturbatrice. Elle tend alors à s'exprimer, depuis votre inconscient, sous sa forme inférieure et à s'associer avec votre ombre.

Il est également possible que vous ayez des souvenirs personnels, des « mémoires généalogiques » ou des «mémoires d'âmes » d'excès où de manque de présence ou d'amour maternel, d'abus de nourritures, d'une richesse matérielle conduisant à l'oisiveté et au non épanouissement, d'un attachement excessif à l'argent et aux biens matériels ou de relations familiales qui furent tellement fortes et excessives que votre bien-être, votre joie, votre équilibre, votre autonomie et la fluidité de votre évolution dans la vie en furent fortement affectés.

Si cette planète est mal intégrée, vous pouvez alors parfois apparaître comme une personne stressée émotionnellement, lunatique, perturbée et instable, paniquant facilement à la moindre tension ou dès un élément nouveau vient troubler votre quiétude, ayant tendance à vivre dans la rêverie tel un somnambule à moitié éveillé, prenant ces rêves pour la réalité, excessivement sensible et émotive, naïve, crédule et pleine d'illusions, lente, incohérente, ignorante, esclave de ses peurs et de ses sens, soumise, ayant des difficultés à faire circuler l'énergie dans son corps, manquant d'énergie, d'autonomie, de courage et d'enthousiasme, excessivement décontractée, dilettante, paresseuse, abusant des plaisirs terrestres, ayant des difficultés à se nourrir correctement, nourrissant des situations de dépendance ou accordant trop d'importance aux relations émotionnelles et à la famille au point d'avoir des difficultés à sortir du cocon familial.

Ces difficultés font alors obstacle à la réalisation de votre mission de vie et à votre évolution et elles doivent être transformées pour que vous soyez libre et heureux. Il ne dépend alors que de vous pour effectuer un travail sur vous-même afin que s'exprime uniquement ce qu'il y a de meilleur en vous. Pour les dépasser et pour avancer sur votre chemin, vous pouvez vous rendre compte que vous êtes la vie, que la vie coule en vous, qu'elle prend soin de tout et que partout les courants d'amour remplissent l'univers.

Vous pouvez effectuer des prises de conscience sur le sens et le rôle de la vie, des valeurs refuge, de l'amour maternel, des émotions, des enfants, de l'enfant intérieur, de l'eau, de l'argent, de l'abondance, de la famille, de la nation et du bien-être.

En développant la conscience que vous avez de vos rythmes naturels, de votre amour maternel, du pouvoir de votre foi, de votre intuition et de votre imagination créatrice, de ce qui vous nourrit vraiment, en les exprimant pleinement de manière positive et en les mettant au service de la vie, vous permettez aux autres d'en faire autant.

Lorsque vous parvenez à exprimer le côté positif de la Lune, vous exprimez alors une très grande intelligence émotionnelle, musicale, culinaire et créatrice, une intelligence des rythmes et des cycles et une compréhension intuitive de la vie, de la fluidité et de la nature.

Vous êtes particulièrement capable d'être en accord avec l'ensemble de votre personnalité, de vous ressourcer, de vous détendre et vous reposer, de vivre selon vos rythmes naturels et vos habitudes, d'être naturel, convivial et sympathique, de vous créer un univers personnel ou un monde familier que vous protégez de tout ce qui n'en fait pas partie, de créer du lien émotionnel, de ressentir l'ambiance, de vous nourrir et d'être nourri(e), de véhiculer des émotions et de gérer les émotions présentes, d'exprimer votre sensibilité, votre imagination mais aussi vos craintes, bref, d'exprimer votre seconde nature dès lors qu'il s'agit de trouver votre équilibre ou de le préserver, de créer des liens, de construire des relations sociales, d'utiliser votre intelligence relationnelle, de fonder un couple, d'exprimer votre sens esthétique, artistique ou juridique et lorsqu'il s'agit de coopérer et de participer à la civilisation.

La vie de couple et les associations sont les secteurs où vous êtes particulièrement aptes à créer une ambiance sympathique et des liens intimes. Se lier au monde est pour vous avant tout une affaire de feeling. Vous avez besoin de sentir un courant passer, une certaine familiarité, une ambiance agréable et rassurante, et de vous sentir à l'aise, tranquille.

Emotion va chez vous de pair avec relation et vice versa. Etre en lien avec autrui et vous constituer une seconde famille au sein de la civilisation peut être indispensable à votre équilibre émotionnel. Vous pouvez rechercher une sécurité protectrice auprès de vos relations ou de votre conjoint qui peuvent être pour vous une valeur refuge et un moyen de vous ressourcer. Vous avez besoin de vous accorder à autrui et le faîte surtout envers les personnes qui vous procurent un sentiment de bien-être et qui vous inspirent confiance.

Vous pouvez être ainsi très personnel et parfois irrationnel ou illogique dans votre vécu relationnel, vos humeurs et une instabilité pouvant créer des fluctuations dans vos relations. Cette position est néanmoins très propice à la vie de couple. L'homme recherche souvent une partenaire féminine, ayant un côté enfant. Il est sensible aux qualités affectives, intimes, intuitives et maternelle de la femme. La femme aspire à l'union qui est pour elle une sécurité et un moyen d'accomplissement de sa féminité et de ses tendances maternelles.

Dans les deux cas l'être est attiré par une personne sensible, émotive, intime, naturelle où vivre une relation de tendre complicité basée sur un accord des sensibilités vibrant sur la même longueur d'onde est essentiel. Les relations sociales sont indispensables à votre bien-être et tendent à jouer un rôle important dans votre vie quotidienne. Et vous savez faire preuve d'une grande flexibilité dans vos rapports avec les autres, votre sensibilité vous permettant de vous adapter aux besoins et attentes de l'autre. D'après la tradition astrologique, vos lacunes éventuelles peuvent provenir de réactions instables ou d'humeurs et de caprices pouvant affecter les relations, d'un conjoint lunatique, de rivalités féminines et de procès avec la famille.

LA LUNE EN SECTEUR HUIT

Initialement, la Lune en maison huit peut être synonyme de difficultés importantes et récurrentes, par exemple, à être détendu, à écouter et à être réceptif à ce qui se passe, à ressentir les émotions, les vibrations et les énergies présentes, à écouter votre intuition, à prendre la température puis à vous mettre dans le bain, à exprimer vos émotions et à faire preuve d'intelligence émotionnelle, à être naturel, convivial, sympathique et populaire, à gérer vos préoccupations et vos angoisses, à respecter vos rythmes naturels, à générer de la fluidité, de la cohésion et à éviter toute surchauffe, à créer des ambiances intimistes où chacun se sent bien, à veiller à votre bien-être personnel et au bien-être d'autrui, à vous ressourcer à travers des valeurs refuges et à aider autrui à se ressourcer, à créer des liens émotionnels forts avec autrui et à préserver votre équilibre naturel.

Vous pouvez initialement avoir également un fort besoin mais aussi des difficultés à vous nourrir correctement sur tous les plans, à aider autrui à bien se nourrir, à utiliser votre imagination créatrice, votre imaginaire, votre créativité et la force magique de la foi, à être inspiré et à inspirer autrui, à raconter des histoires qui stimulent l'imagination, à tenir compte du passé et à faire appel à votre mémoire, à exprimer votre enfant intérieur, à vous créer un univers personnel ou un monde familier que vous protégez de tout ce qui n'en fait pas partie, à une vie familiale, à perpétuer des traditions, à être mère ou à assumer un rôle de mère, à faire preuve d'une douceur toute maternelle, à prendre soin de votre foyer et de la vie, à vivre dans la joie et dans l'abondance, à porter les choses jusqu'à leur éclosion et leur épanouissement, à vivre selon vos rêves et à être une personne pleine de vie et d'émotions.

Vos difficultés à exprimer positivement cette planète font obstacle à la réalisation de votre mission de vie et à votre évolution. Pourquoi ? Parce qu'il y a une part de vous, votre part d'ombre ou votre saboteur, qui refuse d'être en silence, dans les profondeurs de la vérité, de voiler ou de dévoiler les secrets de votre vie et de la vie, de vous nourrir sur tous les plans, d'être une mère pour vous-même ou pour autrui, de vous sentir en vie et d'accéder au bien-être. C'est comme si « La Lune » en vous était occultée. C'est comme si vous rejetiez tout ou partie de la planète parce que vous la voyez comme étant perturbatrice. Elle tend alors à s'exprimer, depuis votre inconscient, sous sa forme inférieure et à s'associer avec votre ombre, c'est-à-dire vos peurs.

Il est également possible que vous ayez des souvenirs personnels, des « mémoires généalogiques » ou des «mémoires d'âmes » d'excès où de manque de présence ou d'amour maternel, d'abus de nourritures, d'une richesse matérielle conduisant à l'oisiveté et au non épanouissement, d'un attachement excessif à l'argent et aux biens matériels ou de relations familiales qui furent tellement fortes et excessives que votre bien-être, votre joie, votre équilibre, votre autonomie et la fluidité de votre évolution dans la vie en furent fortement affectés.

Si cette planète est mal intégrée, vous pouvez alors parfois apparaître comme une personne stressée émotionnellement, lunatique, perturbée et instable, paniquant facilement à la moindre tension ou dès un élément nouveau vient troubler votre quiétude, ayant tendance à vivre dans la rêverie tel un somnambule à moitié éveillé, prenant ces rêves pour la réalité, excessivement sensible et émotive, naïve, crédule et pleine d'illusions, lente, incohérente, ignorante, esclave de ses peurs et de ses sens, soumise, ayant des difficultés à faire circuler l'énergie dans son corps, manquant d'énergie, d'autonomie, de courage et d'enthousiasme, excessivement décontractée, dilettante, paresseuse, abusant des plaisirs terrestres, ayant des difficultés à se nourrir correctement, nourrissant des situations de dépendance ou accordant trop d'importance aux relations émotionnelles et à la famille au point d'avoir des difficultés à sortir du cocon familial.

Ces difficultés font alors obstacle à la réalisation de votre mission de vie et à votre évolution et elles doivent être transformées pour que vous soyez libre et heureux. Il ne dépend alors que de vous pour effectuer un travail sur vous-même afin que s'exprime uniquement ce qu'il y a de meilleur en vous. Pour les dépasser et pour avancer sur votre chemin, vous pouvez vous rendre compte que vous êtes la vie, que la vie coule en vous, qu'elle prend soin de tout et que partout les courants d'amour remplissent l'univers.

Vous êtes particulièrement capable d'être en accord avec l'ensemble de votre personnalité, de vous ressourcer, de vous détendre et vous reposer, de vivre selon vos rythmes naturels et vos habitudes, d'être naturel, convivial et sympathique, de vous créer un univers personnel ou un monde familier que vous protégez de tout ce qui n'en fait pas partie, de créer du lien émotionnel, de ressentir l'ambiance, de vous nourrir et d'être nourri(e), de véhiculer des émotions et de gérer les émotions présentes, d'exprimer votre sensibilité, votre imagination mais aussi vos craintes, bref, d'exprimer votre seconde nature lorsque vous vous engagez dans un combat, dès lors qu'il s'agit de transformer et vous transformer, de faire face à une situation difficile, à des » crises ou des obstacles, à des pressions occultes, à des manipulations insidieuses ou des magouilles, lorsque votre sécurité et votre survie sont en jeu, lorsque vous êtes en temps de guerre ou face à l'ennemi, lorsqu'il s'agit d'élucider un mystère, d'influencer le cours des événements ou de parcourir les différentes étapes de l'initiation.

Vous avez besoin, pour vous sentir bien d'intensité, d'authenticité, de passion sexuelle ou spirituelle, de transformation, d'expériences initiatiques et d'une part de mystère. Sinon rien ne va plus. Vous êtes particulièrement intuitif et pouvez avoir une forte réceptivité à l'au-delà, aux forces secrètes de la nature, à l'envers du décor, à ce qui se cache derrière les apparences, aux sous-entendus et non-dits, aux énigmes, aux mystères et aux problèmes de l'existence.

Vous pouvez avoir besoin de vous situer par rapport à l'au-delà ou à l'invisible pour combler un sentiment d'insécurité et développer une certaine intimité avec. Cela peut donner des croyances sur la vie après la mort, une certaine superstition, une croyance aux esprits, et un univers peuplé de fantasmes, de créatures, de fantômes et parfois d'obsessions ou de cauchemars.

La tradition attribue à cette position un héritage familial, des décès marquant dans la famille, des transformations, crises et bouleversements dans la vie privée, une sensibilité médiumnique parfois tourmentée ou morbide, une influence importante de l'argent venant de morts, des associations ou du conjoint, des facilités pour se sentir à l'aise avec les sciences occultes mais aussi le risque de devenir victime du côté charmeur et fascinant de l'occulte.

Les crises dans votre existence sont en général relativement douces mais elles peuvent transformer subtilement votre univers quotidien en agissant sur votre équilibre de base, votre sentiment de quiétude et de bien être. En cas de crise, vous cherchez avant tout à vous protéger dans l'intimité de vos valeurs refuges.

Votre famille a pu contribuer à développer votre aptitude à faire face aux crises et transformation, mais aussi en engendrer. Cette position est propice aux rêves et sorties hors du corps. Vous pouvez au mieux vivre cette position en intégrant dans votre vie quotidienne une recherche spirituelle, une dimension, secrète et cachée de l'existence, une dimension subtile inaccessible aux sens et à l'entendement.

Le côté sombre de cette position peut être une tendance à se sentir parfaitement à l'aise et à entretenir des situations glauques ou déséquilibrantes et à se sentir à l'aise avec l'horreur ! On naît avec une lune en maison huit pour se transformer et vivre l'expérience de la spiritualité et du développement personnel.

LA LUNE EN SECTEUR NEUF

Dans le but de sortir du rôle que vous ont légué vos parents, d'accéder à votre mission personnelle, de réaliser votre mission de vie, de trouver votre voie et de vous épanouir, vous ressentez un besoin compulsif et parfois excessif d'être détendu, d'écouter et d'être réceptif à ce qui se passe, de ressentir les émotions, les vibrations et les énergies présentes, d'écouter votre intuition, de prendre la température puis de vous mettre dans le bain, d'exprimer vos émotions et de faire preuve d'intelligence émotionnelle, d'être naturel, convivial, sympathique et populaire, de gérer vos préoccupations et vos angoisses, de vous sentir rassuré, de respecter vos rythmes naturels, de générer de la fluidité, de la cohésion et d'éviter toute surchauffe, de créer des ambiances intimistes où chacun se sent bien, de veiller à votre bien-être personnel et au bien-être d'autrui, de vous ressourcer à travers des valeurs refuges et d'aider autrui à se ressourcer, de créer des liens émotionnels forts avec autrui et de préserver votre équilibre naturel.

Vous avez aussi le besoin puissant de vous nourrir correctement sur tous les plans et d'aider autrui à bien se nourrir, d'utiliser votre imagination créatrice, votre imaginaire, votre créativité et la force magique de la foi, d'être inspiré et d'inspirer autrui, de raconter des histoires qui stimulent l'imagination, de tenir compte du passé et de faire appel à votre mémoire, d'exprimer votre enfant intérieur, de vous créer un univers personnel ou un monde familier que vous protégez de tout ce qui n'en fait pas partie, de créer ou perpétuer la vie ou une vie familiale, de perpétuer des traditions, d'être mère ou d'assumer un rôle de mère, de faire preuve d'une douceur toute maternelle, de prendre soin de votre foyer et de la vie, de contribuer à loger des personnes, de vivre dans la joie et dans l'abondance, de porter les choses jusqu'à leur éclosion et leur épanouissement et de vivre selon vos rêves. Vous percevez le monde à travers votre ressenti et vos émotions personnelles.

Lorsque vous parvenez à exprimer le côté positif de la Lune, vous exprimez alors une très grande intelligence émotionnelle, musicale, culinaire et créatrice, une intelligence des rythmes et des cycles et une compréhension intuitive de la vie, de la fluidité et de la nature.

Vous êtes particulièrement capable d'être en accord avec l'ensemble de votre personnalité, de vous ressourcer, de vous détendre et vous reposer, de vivre selon vos rythmes naturels et vos habitudes, d'être naturel, convivial et sympathique, de vous créer un univers personnel ou un monde familier que vous protégez de tout ce qui n'en fait pas partie, de créer du lien émotionnel, de ressentir l'ambiance, de vous nourrir et d'être nourri(e), de véhiculer des émotions et de gérer les émotions présentes, d'exprimer votre sensibilité, votre imagination mais aussi vos craintes, bref, d'exprimer votre seconde nature dès lors qu'il s'agit d'élargir vos horizons ou d'acquérir un certain confort matériel, de voyager, lorsqu'il s'agit d'exploiter une opportunité ou de provoquer la chance ou lorsqu'il s'agit de légiférer, de représenter, d'organiser, de coordonner, de gérer, d'administrer, de distribuer, d'éduquer, de conseiller, de guider, de faire des affaires ou de vous rendre utile.

Les voyages, la culture, une philosophie ou une religion peuvent jouer un rôle important dans votre vie quotidienne. Ils peuvent vous aider à préserver votre équilibre de base en servant de valeur refuge, vous aider à combler un sentiment d'insécurité et vous permettre de vous ressourcer.

Vous pouvez participer de façon naturelle et sans arrière-pensées à un courant socioculturel, idéologique ou philosophique, et vous imprégner facilement à une culture d'entreprise. Vous pouvez néanmoins être assez instable idéologiquement et changer facilement de culture. Vous avez besoin que votre philosophie prenne corps et qu'elle soit mise en application dans la vie quotidienne. Vous cherchez plutôt à expérimenter émotionnellement la vie socioprofessionnelle, la culture, les idéologies ou religions qu'à les définir ou les intellectualiser. Vous pouvez être attiré par les voyages en groupe ou en famille, par une vie quotidienne menée à l'étranger et par les activités de groupe en général. Votre sens de l'expansion se manifeste souvent de façon inconsciente et intuitive.

Vous avez particulièrement besoin d'espace pour vous sentir bien et pouvez vous sentir plus chez vous à l'étranger que sur votre terre natale. Vous pouvez vous sentir très à l'aise en voyage, en réunion, en conférence et dans tout processus de participation sociale de part une aptitude à vous ressourcer, préserver votre équilibre de base et créer une ambiance sympathique autour de vous. Vous avez besoin d'élargir vos horizons intimes, de relier l'étranger au familier et vous pouvez voir le monde comme une gigantesque famille.

LA LUNE EN SECTEUR DIX

Vos possibilités de réalisation, la leçon majeure que vous devez apprendre et votre mission de vie sont liées à votre capacité d'être détendu, d'écouter et d'être réceptif à ce qui se passe, de ressentir les émotions, les vibrations et les énergies présentes, d'écouter votre intuition, de prendre la température puis de vous mettre dans le bain, d'exprimer vos émotions et de faire preuve d'intelligence émotionnelle, d'être naturel, convivial, sympathique et populaire, de gérer vos préoccupations et vos angoisses, de vous sentir rassuré, de respecter vos rythmes naturels, de générer de la fluidité, de la cohésion et d'éviter toute surchauffe, de créer des ambiances intimistes où chacun se sent bien, de veiller à votre bien-être personnel et au bien-être d'autrui, de vous ressourcer à travers des valeurs refuges et d'aider autrui à se ressourcer, de créer des liens émotionnels forts avec autrui et de préserver votre équilibre naturel.

Elles sont aussi liées à votre capacité de vous nourrir correctement sur tous les plans et d'aider autrui à bien se nourrir, d'utiliser votre imagination créatrice, votre imaginaire, votre créativité et la force magique de la foi, d'être inspiré et d'inspirer autrui, de raconter des histoires qui stimulent l'imagination, de tenir compte du passé et de faire appel à votre mémoire, d'exprimer votre enfant intérieur, de vous créer un univers personnel ou un monde familier que vous protégez de tout ce qui n'en fait pas partie, de créer ou perpétuer la vie ou une vie familiale, de perpétuer des traditions, d'être mère ou d'assumer un rôle de mère, de faire preuve d'une douceur toute maternelle, de prendre soin de votre foyer et de la vie, de contribuer à loger des personnes, de vivre dans la joie et dans l'abondance, de porter les choses jusqu'à leur éclosion et leur épanouissement et de vivre selon vos rêves.

Le fait d'exprimer ces qualités nourrit votre évolution. Vous pouvez également nourrir votre évolution en vous fixant des objectifs, en mettant en place l'organisation adaptée pour les atteindre, en développant votre logique, votre sens des valeurs et votre sens des limites, en apprenant à vous structurer et en vous engageant dans une démarche d'insertion professionnelle afin de canaliser votre émotionnel, par exemple dans des relations avec un public, dans un travail en lien avec les enfants et les femmes ou dans une activité en lien avec les valeurs refuges que sont les liquides, la musique, la maison, le foyer, l'alimentation, la vie et le vivant. C'est souvent en mettant votre aptitude à nourrir, à materner, à protéger, à gérer de l'argent et des ressources et à perpétuer la vie, en créant des liens émotionnels, en générant du bien-être et des ambiances intimes que vous donnez le meilleur de vous-même.

Vous êtes particulièrement capable d'être en accord avec l'ensemble de votre personnalité, de vous ressourcer, de vous détendre et vous reposer, de vivre selon vos rythmes naturels et vos habitudes, d'être naturel, convivial et sympathique, de vous créer un univers personnel ou un monde familier que vous protégez de tout ce qui n'en fait pas partie, de créer du lien émotionnel, de ressentir l'ambiance, de vous nourrir et d'être nourri(e), de véhiculer des émotions et de gérer les émotions présentes, d'exprimer votre sensibilité, votre imagination mais aussi vos craintes, bref, d'exprimer votre seconde nature dès lors qu'il s'agit d'acquérir ou de préserver une certaine sécurité, lorsque vous êtes face à des difficultés, lorsqu'il s'agit de mettre de l'ordre, de structurer ou de vous imposer une certaine discipline, lorsque vous abordez l'inconnu ou entreprenez une recherche, une quête ou une étude mais aussi lorsqu'il s'agit de parcourir les différentes étapes de l'évolution professionnelle et spirituelle.

C'est dans le domaine professionnel et de la carrière, de l'élévation morale ou sociale que tend à se manifester votre besoin d'intimité, de créer un univers personnel rassurant et protecteur en dehors duquel rien n'existe, de vivre dans une ambiance ou peut s'exercer votre sympathie, votre imagination où peuvent s'exprimer vos émotions, votre spontanéité et votre besoin de changement.

Cette position incite à s'appuyer sur des racines traditionnelles et familiales pour s'élever socialement. Vous pouvez avoir besoin de travailler en groupe, en famille, d'avoir un soutien familial et d'avoir une ambiance sécurisante autour de vous. Cette position incite fréquemment à exercer une activité en rapport avec un public, des enfants, des valeurs refuges telles l'alimentation, la musique, le dessin et toutes les activités où il y a de la variété, des contacts et des déplacements fréquents, fut-ce t'ils réels ou à travers l'imagination.

Vous êtes plutôt fait pour le travail pratique et relationnel que pour des activités intellectuelles. Dans la mesure où vous avez quelques difficultés à prendre des décisions individuelles et à diriger votre propre vie, vous avez plus de faciliter pour recevoir des ordres que pour en donner. Comme vous aimez vivre en fonction de l'air du temps ou de vos humeurs, votre destinée sociale peut être sujette à de fréquents changements de situations avec des hauts et des bas dans la carrière. Les femmes peuvent jouer un rôle important dans la destinée et contribuer à votre réussite. Votre rôle social peut être d'assurer la continuité, le bien-être de la société à travers la promotion de valeurs refuges, de l'intimité, de la sympathie et de jouer un rôle auprès d'un public.

Vous pouvez avoir dans ce but des aptitudes pour la cuisine et tout ce qui touche à l'alimentaire, pour tout ce qui touche aux enfants, au dessin, à la musique, et pour tout ce qui nécessite un contact avec le public. Vous devez éviter une dépendance excessive envers autrui dans votre destin, de vous borner à imiter, d'être victime de paresse, de négligence et de timidité excessive et de vous borner à imiter plutôt que de créer. Vous devez aussi éviter de fuir la vie professionnelle dans votre monde imaginaire ou de vous fuir dans la vie professionnelle.

Exemple de métiers : Activités à domicile, métiers de l'immobilier, constructeur de maisons individuelles, écrivain en littérature, conteur, poète, romancier, cuisinier, restaurateur, musicien, dessinateur, métiers en rapports avec les enfants, nourrice, sage femme, mère au foyer, institutrice, pédiatre, métiers en lien avec la sécurité sociale, la famille et le foyer, employé des HLM ou de l'OPAC, métiers en lien avec le public, avec les valeurs refuges (eau, sommeil, alimentation, musique, foyer) permettant de se ressourcer, métiers en lien avec l'alimentation, les liquides et l'eau (boulangers, brasseurs, barman, négociant en vin), le sommeil, le passé, la relaxation, la biologie et la vie. Activités ayant un lien avec les animaux domestiques. Métiers en lien avec le bien-être, avec l'inconscient et thérapies émotionnelles.

LA LUNE EN SECTEUR ONZE

Dans votre vie, les solutions passent par la nécessité d'être détendu, d'écouter et d'être réceptif à ce qui se passe, de ressentir les émotions, les vibrations et les énergies présentes, d'écouter votre intuition, de prendre la température puis de vous mettre dans le bain, d'exprimer vos émotions et de faire preuve d'intelligence émotionnelle, d'être naturel, convivial, sympathique et populaire, de gérer vos préoccupations et vos angoisses, de vous sentir rassuré, de respecter vos rythmes naturels, de générer de la fluidité, de la cohésion et d'éviter toute surchauffe, de créer des ambiances intimistes où chacun se sent bien, de veiller à votre bien-être personnel et au bien-être d'autrui, de vous ressourcer à travers des valeurs refuges et d'aider autrui à se ressourcer, de créer des liens émotionnels forts avec autrui et de préserver votre équilibre naturel.

Elles passent aussi par la nécessité de vous nourrir correctement sur tous les plans et d'aider autrui à bien se nourrir, d'utiliser votre imagination créatrice, votre imaginaire, votre créativité et la force magique de la foi, d'être inspiré et d'inspirer autrui, de raconter des histoires qui stimulent l'imagination, de tenir compte du passé et de faire appel à votre mémoire, d'exprimer votre enfant intérieur, de vous créer un univers personnel ou un monde familier que vous protégez de tout ce qui n'en fait pas partie, de créer ou perpétuer la vie ou une vie familiale, de perpétuer des traditions, d'être mère ou d'assumer un rôle de mère, de faire preuve d'une douceur toute maternelle, de prendre soin de votre foyer et de la vie, de contribuer à loger des personnes, de vivre dans la joie et dans l'abondance, de porter les choses jusqu'à leur éclosion et leur épanouissement et de vivre selon vos rêves.

Vous êtes particulièrement capable d'être en accord avec l'ensemble de votre personnalité, de vous ressourcer, de vous détendre et vous reposer, de vivre selon vos rythmes naturels et vos habitudes, d'être naturel, convivial et sympathique, de vous créer un univers personnel ou un monde familier que vous protégez de tout ce qui n'en fait pas partie, de créer du lien émotionnel, de ressentir l'ambiance, de vous nourrir et d'être nourri(e), de véhiculer des émotions et de gérer les émotions présentes, d'exprimer votre sensibilité, votre imagination mais aussi vos craintes, bref, d'exprimer votre seconde nature dès lors qu'il s'agit de concrétiser vos projets, lorsqu'il s'agit de vivre des expériences inconnues ou d'explorer de nouveaux horizons, lorsqu'il s'agit de trouver des solutions ou faire des réformes visant à améliorer les situations, lorsqu'il s'agit d'utiliser les nouvelles technologies et de vous adapter à la vie moderne où lorsque vous êtes dans un groupe ou avec des ami(e)s.

Pour vous sentir bien et vous ressourcez, vous avec besoin d'amitié(e)s, de projets, de surprises, d'espoir, de faire partie d'un groupe ou peut-être des technologies qu'offre la vie moderne. La vie est pour vous une affaire de connexions et vous avez besoin d'être connecté(e) pour vous sentir bien. C'est à travers l'intimité, la sympathie, l'imagination, et la création d'ambiances sympathiques que vous vivez vos relations amicales. Vous avez besoin de donner vie à vos relations amicales, aimez une certaine variété en amitié et pouvez vous sentir très l'aise en groupe, surtout quand il y a de l'ambiance. Cela vous permet d'être très apprécié(e).

Vous avez besoin pour qu'il y ait relation qu'il y ait un courant qui passe, qu'il y ait un accord de sensibilité, et de vous sentir en confiance voir en sécurité. Vos amis constituent une seconde famille, ils vous rassurent et ils peuvent jouer un rôle de valeur refuge. Ils peuvent être votre moyen de vous ressourcer, de vous recharger et de préserver votre équilibre de base. D'où parfois une certaine avidité relationnelle. Vous n'avez pas toujours une image claire de l'avenir et vous projetez dans l'avenir de façon incertaine, d'où parfois une peur de l'avenir et une inquiétude de vieillir. Vous pouvez avoir tendance à subir l'influence des amis, à vous laissez choisir, influencer et parfois absorber par vos amis envers qui vous pouvez être assez dépendant.

Vos relations peuvent parfois être instables et fluctuantes car vous éprouvez l'amitié comme un sentiment spontané, irraisonné, changeant et parfois capricieux, variant en fonction de vos humeurs et de l'ambiance du moment. Si votre imagination peut vous être d'un précieux soutien dans la réalisation de vos projets, vous devez surmonter un manque de volonté et de persévérance et éviter une subjectivité excessive. Bien vécue, cette position permet d'être sensible aux synchronicités et aux coïncidences qui jalonnent la vie et d'avoir un sens naturel de la psychologie.

LA LUNE EN SECTEUR DOUZE

Votre objectif de vie à long terme, ce que vous pouvez faire de mieux de votre vie, votre moyen d'accéder à la transcendance, vos possibilités de guérir et ce que vous laisserez à la postérité est lié à la Lune, c'est-à-dire à votre capacité d'être détendu, d'écouter et d'être réceptif à ce qui se passe, de ressentir les émotions, les vibrations et les énergies présentes, d'écouter votre intuition, de prendre la température puis de vous mettre dans le bain, d'exprimer vos émotions et de faire preuve d'intelligence émotionnelle, d'être naturel, convivial, sympathique et populaire, de gérer vos préoccupations et vos angoisses, de vous sentir rassuré, de respecter vos rythmes naturels, de générer de la fluidité, de la cohésion et d'éviter toute surchauffe, de créer des ambiances intimistes où chacun se sent bien, de veiller à votre bien-être personnel et au bien-être d'autrui, de vous ressourcer à travers des valeurs refuges et d'aider autrui à se ressourcer, de créer des liens émotionnels forts avec autrui et de préserver votre équilibre naturel.

Votre objectif de vie à long terme, ce que vous pouvez faire de mieux de votre vie, votre moyen d'accéder à la transcendance, vos possibilités de guérir et ce que vous laisserez à la postérité est aussi lié à votre capacité de vous nourrir correctement sur tous les plans et d'aider autrui à bien se nourrir, d'utiliser votre imagination créatrice, votre imaginaire, votre créativité et la force magique de la foi, d'être inspiré et d'inspirer autrui, de raconter des histoires qui stimulent l'imagination, de tenir compte du passé et de faire appel à votre mémoire, d'exprimer votre enfant intérieur, de vous créer un univers personnel ou un monde familier que vous protégez de tout ce qui n'en fait pas partie, de créer ou perpétuer la vie ou une vie familiale, de perpétuer des traditions, d'être mère ou d'assumer un rôle de mère, de faire preuve d'une douceur toute maternelle, de prendre soin de votre foyer et de la vie, de contribuer à loger des personnes, de vivre dans la joie et dans l'abondance, de porter les choses jusqu'à leur éclosion et leur épanouissement et de vivre selon vos rêves.

Et vous êtes particulièrement capable de le faire dès lors qu'il s'agit d'avoir la foi et de lâcher prise, de soulager les souffrances et les misères du corps, de l'âme et du monde, de vous évader ou d'accéder à d'autres états de conscience, de transcender la réalité, de donner du sens, de rêver et de faire rêver, d'inspirer et d'être inspiré, d'utiliser votre clairvoyance, votre ressenti et votre imagination, de communier ou de participer à une entreprise collective. Vous êtes extrêmement sensible et émotif, notamment en ce qui concerne le regard des autres et les éventuelles critiques. Comme tout ce qui va à l'encontre de l'idée que vous avez de vous est durement ressentie, vous avez besoin d'être rassuré(e) de part cette angoisse de la critique.

Vous avez un tempérament spontané, avez tendance à vivre en fonction de vos humeurs, au jour le jour et pouvez témoigner de manifestations affectives qui peuvent s'éclipser aussi rapidement qu'elles apparaissent. Vous pouvez avoir quelques difficultés à maîtriser vos émotions de part un manque d'autorité sur soi.

Vous pouvez avoir un côté assez secret dans votre vie quotidienne, un jardin secret, des aptitudes pour tout ce qui touche au psychisme et un dévouement exemplaire. Vous devez dépasser une éventuelle tendance à la fuite dans la maladie, l'épreuve ou la souffrance, de vous lier excessivement à autrui et de vous enfermer dans la solitude. La Lune en maison 12 vous prédispose à percevoir des informations qui ne viennent pas de vous mais de l'inconscient collectif, de vos mémoires généalogiques, de vos vies passées ou de votre entourage.

Il peut-être pour vous très bénéfique de faire votre arbre généalogique, des constellations familiales et de rendre à vos ancêtres ce qui leur appartient. Vous devez donc apprendre à faire le tri dans ce que vous ressentez afin d'éviter une certaine confusion et utiliser constructivement votre hypersensibilité. Bien utilisée, votre énorme sensibilité peut être mise au service d'activités permettant d'aider autrui et de soulagez les souffrances et les misères d'autrui.

Si cette planète n'est pas correctement intégrée, vous pouvez alors parfois apparaître, par exemple, comme une personne stressée émotionnellement, lunatique, perturbée et instable, paniquant facilement à la moindre tension ou dès un élément nouveau vient troubler votre quiétude, ayant tendance à vivre dans la rêverie tel un somnambule à moitié éveillé, prenant ces rêves pour la réalité, excessivement sensible et émotive, naïve, crédule et pleine d'illusions, lente, incohérente, ignorante, esclave de ses peurs et de ses sens, soumise, ayant des difficultés à faire circuler l'énergie dans son corps, manquant d'énergie, d'autonomie, de courage et d'enthousiasme, excessivement décontractée, dilettante, paresseuse, abusant des plaisirs terrestres, ayant des difficultés à se nourrir correctement, nourrissant des situations de dépendance ou accordant trop d'importance aux relations émotionnelles et à la famille au point d'avoir des difficultés à sortir du cocon familial.

Pour avancer sur votre chemin, vous pouvez vous rendre compte que vous êtes la vie, que la vie coule en vous, qu'elle prend soin de tout et que partout les courants d'amour remplissent l'univers. Vous pouvez effectuer des prises de conscience sur le sens et le rôle de la vie, des valeurs refuge, de l'amour maternel, des émotions, des enfants, de l'enfant intérieur, de l'eau, de l'argent, de l'abondance, de la famille, de la nation et du bien-être. En développant la conscience que vous avez de vos rythmes naturels, de votre amour maternel, du pouvoir de votre foi, de votre intuition et de votre imagination créatrice, de ce qui vous nourrit vraiment, en les exprimant pleinement de manière positive et en les mettant au service de la vie, vous permettez aux autres d'en faire autant.

Quand vous avez bien intégré votre Lune, vous êtes particulièrement capable d'être en accord avec l'ensemble de votre personnalité, de vous ressourcer, de vous détendre et vous reposer, de vivre selon vos rythmes naturels et vos habitudes, d'être naturel, convivial et sympathique, de vous créer un univers personnel ou un monde familier que vous protégez de tout ce qui n'en fait pas partie, de créer du lien émotionnel, de ressentir l'ambiance, de vous nourrir et d'être nourri(e), de véhiculer des émotions et de gérer les émotions présentes, d'exprimer votre sensibilité, votre imagination mais aussi vos craintes, bref, d'exprimer votre seconde nature dès lors qu'il s'agit d'avoir la foi et de lâcher prise, de soulager les souffrances et les misères du monde, de vous évader, de fuir ou d'accéder à d'autres états de conscience, de transcender la réalité, de donner du sens, de rêver et de faire rêver, d'inspirer et d'être inspiré, d'utiliser votre clairvoyance, votre ressenti et votre imagination, de communier et de participer à une entreprise collective.

Vous êtes extrêmement sensible et émotif, notamment en ce qui concerne le regard des autres et les éventuelles critiques. Comme tout ce qui va à l'encontre de l'idée que vous avez de vous est durement ressentie, vous avez besoin d'être rassuré(e) de part cette angoisse de la critique. La vieillesse peut être difficilement vécue de part l'impression que vous serez moins bien accepté(e).

Vous avez un tempérament spontané, avez tendance à vivre en fonction de vos humeurs, au jour le jour et pouvez témoigner de manifestations affectives qui peuvent s'éclipser aussi rapidement qu'elles apparaissent. Vous pouvez avoir quelques difficultés à maîtriser vos émotions de part un manque d'autorité sur vous. Vous pouvez être très sensible aux courants collectifs, aux ambiances, à l'énergie des lieux, à la souffrance et parfois à vos vies antérieures. L'évasion, la rêverie, la contemplation, les grandes étendues, la mer et l'eau, la musique, la spiritualité peuvent être pour vous synonyme de valeurs refuges et un moyen de vous ressourcer. Vous pouvez avoir un côté assez secret dans votre vie quotidienne, un jardin secret, des aptitudes pour tout ce qui touche au psychisme et un dévouement exemplaire. Vous devez dépasser une éventuelle tendance à la fuite dans la maladie, l'épreuve ou la souffrance, de vous lier excessivement à autrui et de vous enfermer dans la solitude.

La Lune en secteur 12 vous prédispose à percevoir des informations qui ne viennent pas de vous mais de l'inconscient collectif, de vos mémoires généalogiques, de vos vies passées ou de votre entourage. Il peut-être pour vous très bénéfique de faire votre arbre généalogique, des constellations familiales et de rendre à vos ancêtres ce qui leur appartient. Vous devez donc apprendre à faire le tri dans ce que vous ressentez afin d'éviter une certaine confusion et utiliser constructivement votre hypersensibilité. Bien utilisée, votre énorme sensibilité peut être mise au service d'activités permettant d'aider autrui et de soulager les souffrances et les misères d'autrui.

Mercure en secteurs :

MERCURE EN SECTEUR UN

Vous êtes particulièrement capable d'aborder votre entourage, de faire des rencontres, de communiquer, d'être informé et de comprendre, d'exprimer ou de défendre vos idées, de découvrir l'inconnu, d'explorer l'environnement, de négocier et de faire du commerce, de vous adapter et de faire preuve d'intelligence dès lors qu'il s'agit d'entreprendre, d'expérimenter sur le terrain, de vous affirmer et de vous mettre en valeur, d'être opérationnel et efficace, de faire du sport ou de travailler dans une entreprise. Votre personnalité peut être celle d'un être double ou multiple, instable et insaisissable car capable de singer tous les rôles et de s'adapter de manière spontanée à votre interlocuteur. Si vous n'arrivez pas toujours à définir clairement qui vous êtes, vous pouvez en revanche utiliser vos facultés mentales pour découvrir votre identité.

Vous pouvez aussi vous différencier des autres par vos idées ou par une vision intellectuelle des choses. Vous savez rester à la surface des choses, prendre toute situation avec humour et ne concevez guère une journée sans rires et plaisanteries. De part l'ouverture d'esprit, la souplesse et la spontanéité qui vous accompagne tout au long de votre vie, vous paraissez souvent jeune. Vous pouvez vous définir comme un intermédiaire, un trait d'union, un transmetteur d'idées ou de biens et vous affirmer à travers un savoir, des écrits ou des connaissances, à travers des contacts, des échanges, des transactions commerciales et à travers la communication en général. La raison et l'intellect tendent à dominer chez vous au profit de l'instinct. C'est à travers cela ou en fonction de cela que vous prendrez conscience de qui vous êtes ou de ce que vous n'êtes pas.

Votre intelligence, votre habileté parfois rusée, votre capacité à comprendre rapidement ce qui se passe dans toute situation, votre éloquence, votre sens de la négociation et votre capacité à voir l'utilité et les avantages que vous pouvez personnellement tirer de toute situation vous permettent de récolter votre part du gâteau et de vous adapter au monde extérieur. Vous savez vous affirmer intelligemment et utiliser votre intelligence, votre sens de l'humour, votre sens de la communication et de la négociation pour vous affirmer.

Face à une situation nouvelle, votre réaction est de découvrir pour en savoir plus, de vous informer, d'apprendre, d'échanger des informations ou des biens, d'établir des contacts, d'instaurer un dialogue et de faire preuve de souplesse pour vous adapter. Et vous avez besoin pour vous affirmer d'être bien informé, de comprendre, de communiquer et de garder une liberté de mouvement. Toute expérience vous parait intéressante et susceptible de vous apprendre quelque chose, et il peut être utile pour vous d'apprendre à trier et sélectionner les expériences à vivre afin d'éviter de vous disperser.

Très curieux, vous aimez expérimenter, découvrir des lieux et des idées, faire de nouvelles rencontres et vous amuser. Votre besoin de mouvement fait que vous tenez difficilement en place. Vos expériences vécues et votre vie en générale sont parfois vécues comme un jeu dont les règles vous paraissent faciles à comprendre et à adapter pour votre meilleur profit. Vous êtes débrouillard et pouvez être expert dans l'art de manier le système D. L'intelligence est un outil qui fait partie de vous et qui est très utile pour vous adapter à la vie extérieure. Mais si cet outil merveilleux prend plus de place qu'il ne devrait, il peut devenir votre plus redoutable ennemi.

Si votre disponibilité permanente, votre habileté intellectuelle et verbale, votre ouverture d'esprit, votre capacité à rester à la surfaces des choses et votre absence de limites vous permettent de vivre des expériences très variées voire parfois n'importe quoi, elles peuvent en revanche vous empêcher de voir les choses en profondeur, d'aller au-delà de l'intellect vers l'expérience spirituelle, d'être sérieux, intègre et responsable et d'être en fin de compte en paix avec vous-même.

MERCURE EN SECTEUR DEUX

Votre intelligence est chez vous une richesse majeure et vous avez une intelligence de la gestion matérielle, du corps et de la forme. Vous êtes particulièrement capable d'aborder votre entourage, de des rencontres, de communiquer, d'être informé et de comprendre, d'exprimer ou de défendre vos idées, de découvrir l'inconnu, d'explorer l'environnement, de négocier et de faire du commerce, de vous adapter et de faire preuve d'intelligence dès lors qu'il s'agit de vous incarner dans la vie et dans la matière, d'exprimer votre sensualité, de créer des relations et une vie de couple, d'utiliser votre sens esthétique ou artistique, de faire fructifier un patrimoine ou de gérer de l'argent, de satisfaire vos désirs, de conquérir votre bonheur ou de fonder une famille.

Vous pouvez avoir un sens inné des affaires et des transactions commerciales ainsi qu'un sens commercial développé. Vous pouvez avoir des facilités pour comprendre les mécanismes d'une bonne gestion financière, pour utiliser intelligemment vos avoirs et votre porte - feuille, pour vous adapter en fonction de votre situation financière et pour être bien informé en ce qui concerne vos finances, en ce qui concerne le mode de fonctionnement des banques et des marchés financiers ou en ce qui concerne la valeur des biens et services en circulation dans votre environnement.

Vous voyez parfois l'argent et les possessions plus comme un jeu ou comme un moyen d'échange que comme un moyen d'action et de réussite. Si vous pouvez faire preuve d'intelligence, de souplesse, de débrouillardise lorsqu'il s'agit de gagner de l'argent, le contenu de votre porte feuille peut être amoindri par des attitudes légères et insouciantes, par une tendance à l'éparpillement de vos biens, par un manque de sérieux, de maturité, d'organisation ou de persévérance dans la gestion de vos recettes et de vos dépenses. Mais vous arrivez le plus souvent à vous tirer d'affaire et à joindre les deux bouts.

Votre opportunisme naturel et votre sens commercial peuvent faire de vous un bon vendeur tandis que vos capacités intellectuelles peuvent vous conférer des aptitudes pour la comptabilité, la gestion financière, les placements et les transactions financières.

Vous pouvez être doué pour communiquer, pour vous adapter, pour négocier ou pour ruser lorsque des intérêts matériels sont en jeux. L'apprentissage de l'échange, de la communication et de l'adaptation à l'environnement proche peut être favorisée par l'acquisition ou la gestion d'un capital matériel, intellectuel, spirituel ou financier; mais aussi par des expériences d'ordre sensorielles ou esthétiques. Votre intelligence peut être utilisée pour faire fortune ou pour accumuler et gérer un capital ou des biens ayant une valeur marchande. Vous pouvez vous enrichir à travers des échanges ou des transactions commerciales; à travers des écrits; à travers la communication, l'usage de la parole ou une dextérité manuelle; à travers une capacité à analyser, à organiser, à critiquer; parfois à travers le jeu ou l'aptitude à faire rire ou à travers des occupations nécessitant des déplacements, des contacts, des échanges et des démarches multiples.

L'expérience des sens et du plaisir des sens et l'expérience du monde matérielle tend chez vous à être abordé à travers l'intellect, la raison et un besoin de mobilité. Cela peut vous donner tendance à intellectualiser les plaisirs et à éprouver du plaisir envers tout ce qui est intellectuel et envers tout ce qui vous amuse, vous distrait, vous informe ou vous intéresse. Vous pouvez aussi avoir besoin d'être intéressé, d'être amusé, de jouer ou d'être informé pour éprouver du plaisir. Mercure en secteur deux peut vous donner un goût pour les jeux amoureux. Vos lacunes éventuelles peuvent provenir d'une tendance à intellectualiser les plaisirs au lieu de les vivre, d'une tendance à dilapider vos biens en jouant et d'un manque de sérieux en matière de gestion financière. Il ne dépend que de vous d'effectuer un travail sur vous-même afin que s'exprime uniquement ce qu'il y a de meilleur en vous.

MERCURE EN SECTEUR TROIS

Vous êtes particulièrement capable d'aborder votre entourage, de des rencontres, de communiquer, d'être informé et de comprendre, d'exprimer ou de défendre vos idées, de découvrir l'inconnu, d'explorer l'environnement, de négocier et de faire du commerce, de vous adapter et de faire preuve d'intelligence. La communication, l'information et l'entourage ont pour vous une certaine importance.

Vous avez continuellement besoin d'expérimenter de nouvelles idées et de faire de nouvelles connaissances, mais sans trop approfondir. Vous pouvez avoir une certaine facilité d'expression, un goût prononcé pour les contacts, une grande disponibilité et beaucoup d'ouverture d'esprit.

Vous comprenez vite et assimilez bien. Votre curiosité naturelle, votre sens de l'adaptation et votre souplesse d'esprit peuvent vous permettre de comprendre et de vous adapter à toutes sortes de situations et d'informations, mais aussi de vous sentir à l'aise n' importe où et avec n'importe qui. Votre sens de la communication écrite et orale, votre souplesse de raisonnement et votre aptitude à exposer puis à retransmettre l'information peut vous conférer des facilités dans les études ou vous donner des aptitudes pour la littérature, pour le journalisme, pour le commerce, pour les métiers de communication ou pour les activités nécessitant une dextérité manuelle. Plus simplement, ces aptitudes vous permettent d'avoir de nombreuses relations.

Vous aimez explorer les alentours, faire des ballades ou des petits déplacements, rencontrer des gens nouveaux et brasser des informations. L'opportunisme et le sens de l'improvisation peuvent être très développés chez vous.

Vos proches peuvent jouer un rôle important dans votre évolution intellectuelle et dans le développement de votre capacité à vous adapter à votre environnement. Votre esprit curieux et studieux est susceptible d'acquérir de nombreuses connaissances dans tous les domaines et peut vous permettre d'acquérir une bonne instruction.

Dans un sens négatif, vous devez éviter une tendance à vouloir apprendre trop de choses à la foi sans faire le tri entre ce qui est important et ce qui ne l'est pas, une tendance à la dispersion et au bavardage inutile, une tendance à raconter n'importe quoi ou à fréquenter n'importe qui, une tendance à la désinformation ou à vous approvisionner auprès de mauvaises sources de renseignements. Vous devez également apprendre à structurer vos idées et à organiser vos informations. Il ne dépend que de vous d'effectuer un travail sur vous-même afin que s'exprime uniquement ce qu'il y a de meilleur en vous.

MERCURE EN SECTEUR QUATRE

De part ce que vous portez de vos parents, vous êtes venu sur Terre avec des capacités innées pour écouter, pour entendre, pour maîtriser votre communication, pour synchroniser vos pensées, vos paroles et vos actes, pour maîtriser la forme en donnant une forme intelligente à chaque chose, pour être toujours en mouvement avec fluidité, pour exprimer et faire respecter votre autorité, pour gérer et administrer avec souplesse et pour vous adapter intelligemment à votre environnement.

Comment exprimez-vous votre héritage ? Les qualités décrites ne demandent qu'à être utilisées pour réaliser votre mission de vie et pour nourrir votre évolution. Si votre héritage parental est problématique, vous avez alors des difficultés importantes et récurrentes à écouter, à entendre, à maîtriser votre communication, à synchroniser vos pensées, vos paroles et vos actes, à sortir de votre mental, à maîtriser la forme en donnant une forme intelligente à chaque chose, à gérer les choses, à vous mettre en mouvement avec fluidité, à exprimer et faire respecter votre autorité et à vous adapter intelligemment à votre environnement.

Peut-être avez-vous alors été trop pris par vos jeux de pouvoir, par vos masques, par une tendance à vivre dans le mensonge en déformant la réalité selon votre convenance, par un refus d'écouter et d'entendre ou par un besoin excessif de tout analyser, comprendre et contrôler?

Ces difficultés, qui font obstacle à la réalisation de votre mission de vie et à votre évolution, doivent être transformées pour que vous soyez libre et heureux. Lorsque vous parvenez à aller d'une expression inconsciente à une expression consciente grâce au travail approprié, vous passez d'un mal-être à un bien-être et vous pouvez alors utiliser les qualités de Mercure pour réaliser votre mission de vie et pour nourrir votre évolution. Vous êtes particulièrement capable d'aborder votre entourage, de des rencontres, de communiquer, d'être informé et de comprendre, d'exprimer ou de défendre vos idées, de découvrir l'inconnu, d'explorer l'environnement, de négocier et de faire du commerce, de vous adapter et de faire preuve d'intelligence dès lors qu'il s'agit de créer votre univers intime, un foyer, une famille ou un clan, lorsqu'il s'agit d'acquérir, de préserver ou de défendre votre cadre de vie, votre bien être, votre équilibre personnel ou votre progéniture.

Votre entourage familial peut contribuer largement à votre développement intellectuel, et contribuer à vous rendre débrouillard, à vous adapter à votre environnement et à faire éclore vos facultés de communication. Un cercle d'intimes peut également vous soutenir dans vos études. Les relations avec la famille et les intimes se font sous le signe de la compréhension, du dialogue, de l'échange et en bonne camaraderie. Votre sens de l'adaptation et vos facultés de communication s'exercent particulièrement bien dans le cadre bien définis d'un groupe, d'un clan ou d'une cellule familiale et ne donne leur pleine mesure que lorsqu'un climat de sympathie et d'intimité est établi.

Vos qualités relationnelles font alors merveille. Vous possédez un sens aigu des relations et connexions existant entre les êtres et les choses et pouvez être doué pour pénétrer l'origine, le rythme et l'énergie des mots.

Votre image du foyer est celle d'un lieu ouvert et où peuvent défiler un va-et-vient de copains et de relations de toutes sortes. Votre foyer peut être assez désordonné, mais ingénieux et pratique. Vous pouvez le quitter assez facilement, tout comme votre famille, pour aller explorer le monde. Vous pouvez avoir un goût des déménagements et des résidences secondaires. Le foyer peut être vécu comme un lieu d'échanges ou de développement intellectuel. Vos idées sont souvent influencées par l'entourage familial ou par des personnes faisant partie de votre cercle d'intimes. Votre intelligence peut vous être utile dans les placements immobiliers ou dans le commerce de biens, mais aussi dans tout ce qui touche à l'alimentaire, la musique et le dessin.

En développant la conscience que vous avez de votre faculté d'adaptation et de votre intelligence relationnelle, en les exprimant pleinement de manière positive, en les mettant au service de la vie et en prenant votre place dans le monde vous permettez aux autres d'en faire autant.

MERCURE EN SECTEUR CINQ

Vous avez au plus profond de vous le besoin et les compétences pour écouter, pour entendre, pour maîtriser votre communication et pour doser votre parole, pour synchroniser vos pensées, vos paroles et vos actes, pour maîtriser la forme en donnant une forme intelligente pour chaque chose, pour exprimer votre autorité et pour vous adapter intelligemment à votre environnement. Vous êtes particulièrement capable d'aborder votre entourage, de des rencontres, de communiquer, d'être informé et de comprendre, d'exprimer ou de défendre vos idées, de découvrir l'inconnu, d'explorer l'environnement, de négocier et de faire du commerce, de vous adapter et de faire preuve d'intelligence dès lors qu'il s'agit de vous repérer et d'être clair, de l'image que vous donnez et de votre réputation, d'incarner votre idéal, vos valeurs et vos principes, de vous fixer des objectifs et de déployer votre volonté, d'être créatif(ve), de vous engager en donnant le meilleur de vous-même, de vous imposer avec autorité, de maîtriser la situation, de réussir voir même de briller et de rayonner, de vous exprimer, de vous réaliser ou lorsque l'Amour est en jeu.

Cette position indique de grandes facilités pour intellectualiser, assimiler et pour transmettre l'information. Une certaine ingéniosité, une débrouillardise, un sens oratoire peuvent soutenir votre pouvoir créatif et contribuer à votre réussite. Vos facultés de communication s'épanouissent plus facilement lorsqu'il y a relation amoureuse, sport, distraction et lorsque vous êtes l'objet d'attention et d'admiration.

Vous pouvez être attiré par les petites spéculations et les placements boursiers. La communication, le dialogue et le jeu peuvent jouer un rôle important dans la relation amoureuse qui tend à être fortement intellectualisée.

La relation sexuelle est plus vécue comme une curiosité, un jeu, une excitation nerveuse qu'à travers la tendresse. Le fait d'aimer une certaine nouveauté dans les relations amoureuses ne prédispose pas à une grande fidélité, et si les relations amoureuses peuvent être nombreuses, elles sont souvent peu profondes car basées sur une bonne camaraderie. Vous pouvez être attiré par la correspondance amoureuse et par les personnes jeunes, souples, communicatives, et ayant un sens de l'humour.

Une capacité de dialogue et d'échange peut néanmoins contribuer à votre réussite amoureuse. Les rapports avec les enfants sont basés sur la compréhension, le dialogue et une bonne camaraderie plus que sur le sentiment. Vous n'êtes pas spontanément attiré par la création d'une progéniture mais pouvez lui assurer une bonne éducation. Vous pouvez être attiré par les sports nécessitant une certaine adresse.

MERCURE EN SECTEUR SIX

Vous êtes particulièrement capable d'aborder votre entourage, de des rencontres, de communiquer, d'être informé et de comprendre, d'exprimer ou de défendre vos idées, de découvrir l'inconnu, d'explorer l'environnement, de négocier et de faire du commerce, de vous adapter et de faire preuve d'intelligence dès lors qu'il s'agit de servir, de communiquer, d'effectuer des échanges commerciaux, de vous adapter aux réalités matérielles en utilisant des outils et des techniques, de vous organiser, de traiter des question d'hygiène ou de santé, d'être en sécurité, ou d'utiliser des systèmes d'information.

Votre travail quotidien est le domaine où s'exerce le mieux votre sens de l'adaptation et de la communication. Vous pouvez évoluer facilement dans différents services et vos qualités pratiques alliées à un sens aigu de l'observation, de l'analyse et de l'organisation sont des atouts professionnels précieux. Vous avez aussi un bon sens commercial et vous vivez parfois le travail comme un jeu.

Vous pouvez vivre avec vos patrons, collègues ou subalternes des rapports de camaraderie teintés de complicité amusante. Vous savez rendre service intelligemment et avez besoin d'une certaine mobilité et de variété dans le travail. La routine vous ennuie.

Vous devez néanmoins éviter la critique systématique, un surmenage de votre système nerveux très sensible, une tendance à l'instabilité et à la dispersion. La communication, les échanges de toutes sortes et la transmission d'informations peuvent jouer un rôle important dans votre travail quotidien. Vous pouvez avoir des facilités de médiateur, pour coordonner des informations, ou pour jouer le rôle de système nerveux dans votre cadre d'activité. La carte gestionnaire, relationnelle ou commerciale peut être votre mode d'intégration privilégiée dans la vie socioprofessionnelle. Vous pouvez être attiré par le bricolage, les écrits, les plantes et médicaments, les petits animaux, le secrétariat et l'assistance aux personnes en difficulté.

MERCURE EN SECTEUR SEPT

Initialement, Mercure en maison sept peut s'exprimer, comme toute planète en maison 7, sous sa forme inférieure. Il peut alors être synonyme de difficultés importantes et récurrentes à cause d'une tendance à nourrir des mensonges, à vivre dans le monde de vos idées et à ne pas communiquer avec justesse. Vos difficultés peuvent provenir d'un déséquilibre au niveau de la communication pendant votre enfance; soit parce que les choses n'ont pas été dites, soit parce que vous ne vous êtes pas senti écouté et entendu, soit parce qu'il y avait un décalage perturbant entre la réalité et ce qui était dit. Cela a pu avoir un impact sur la qualité de votre respiration, de vos échanges entre votre intérieur et votre extérieur et donc de votre communication.

Vous avez ainsi pu avoir des difficultés à écouter, à entendre, à maîtriser votre communication, à doser votre parole, à dire les choses, à synchroniser vos pensées, vos paroles et vos actes, à sortir de votre mental, à maîtriser la forme, à vous exprimer et à vous adapter intelligemment à votre environnement. Pourquoi avez-vous des difficultés à exprimer cette planète d'une façon positive ? Parce qu'au lieu d'être centré dans votre corps, dans l'instant présent et dans l'action, vous avez tendance à vous décentrer et à compter sur les autres pour exprimer cette carte à votre place. C'est comme si vous rejetiez tout ou partie de la planète parce que vous la voyez comme étant perturbatrice.

Elle tend alors à s'exprimer, depuis votre inconscient, sous sa forme inférieure et à s'associer avec votre ombre.

Si vous refusez d'écouter votre voix intérieure, de communiquer avec amour, de penser ce que vous dites et de dire ce que vous pensez et de faire confiance aux autres, il devient alors difficile de trouver votre équilibre et votre joie, de créer de l'harmonie et de rassembler ce qui en vous est séparé de votre centre. Si vous exprimez l'ombre de Mercure, le risque est de vous enfermer dans une prison mentale, dans un abus de pouvoir personnel, dans des convictions qui vous empêchent d'accéder à votre vérité profonde mais aussi de garder un contrôle excessif de votre communication et de vos émotions, ce qui freine la création de liens authentiques, joyeux et profonds avec autrui.

Il est également possible que vous ayez des souvenirs et des croyances qui vous empêchent d'exprimer le meilleur de cette carte, en lien avec votre mère. Tant qu'un travail n'est pas effectué, les relations avec votre mère peuvent être tendues et marquées par des difficultés de communication. Pouvez-vous observer et reconnaitre ces difficultés et comment elles font obstacle à la réalisation de votre mission de vie et à votre évolution ? Sans doute devez-vous apprendre à acquérir une vision plus positive de Mercure, modifier vos croyances, apprendre à vous recentrer et vivre d'une manière positive cet « être de pouvoir et de communication » qui vous habite. Vos idées sont souvent soumises à vos sentiments, aussi ne comprenez-vous entièrement que ce qui vous procure un certain plaisir.

Vous pouvez surmonter cette difficulté en lien avec Mercure en effectuant un travail sur votre relation avec votre mère, sur votre capacité à écouter et à laisser parler votre cœur, sur votre sens de la fraternité, sur des actions qui vous permettent de retrouver la joie. Dès lors, la vie sociale, la vie de couple, les associations et les relations sont les secteurs d'activité où s'exercent naturellement votre besoin d'échange, de communication, de contacts, d'adaptation à l'environnement, de jeux et de transmission de l'information. Vous devenez alors particulièrement capable d'aborder votre entourage, de faire des rencontres, de communiquer, d'être informé et de comprendre, d'exprimer ou de défendre vos idées, de découvrir l'inconnu, d'explorer l'environnement, de négocier et de faire du commerce, de vous adapter et de faire preuve d'intelligence dès lors qu'il s'agit de trouver votre équilibre ou de le préserver, de créer des liens, de construire des relations sociales, d'utiliser votre intelligence relationnelle, de fonder un couple, d'exprimer votre sens esthétique, artistique ou juridique et lorsqu'il s'agit de coopérer et de participer à la civilisation.

La vie mondaine, la vie de couple, les associations et relations sont les secteurs d'activité où s'exercent naturellement votre besoin d'échange, de communication, de contacts, d'adaptation à l'environnement, de jeux et de transmission de l'information. Vous êtes le type même de l'être de contact. Les autres vous intéressent, vous étonnent, vous font rire, vous intriguent et stimulent votre curiosité. Aussi cherchez-vous à multiplier les rencontres, les relations privilégiées, les contacts et parfois aussi les aventures sentimentales. Vous aimez découvrir l'autre, l'analyser au point de parfois trop intellectualiser vos rapports, et vous découvrir dans son regard. Vous êtes attiré par l'inconnu que représente autrui, qu'il soit partenaire ou associé. Vous êtes opportuniste dans vos relations et avez en général peu d'inimitiés car vous savez être sympathique, diplomate et habile pour aplanir les difficultés et les divergences. Les rapports avec autrui sont plus vécus comme une bonne camaraderie, comme un jeu, un échange d'informations, une expérience intéressante qu'à travers des rapports purement affectifs.

Côté partenaire, vous êtes attiré par des personnes souriantes, communicatives, drôles, aimant l'échange et le dialogue, ayant un esprit jeune, un goût du jeu et des échanges. Si votre intelligence et vos facultés de communication sont spontanément mise au service du couple ou des associations, cette position prédispose souvent à des liens basés sur la raison, les affaires et sur le dialogue et échanges intellectuels plus que sur l'amour. Le conjoint ou les associations peuvent contribuer à développer vos facultés d'adaptation et de communication. La richesse de vos relations peut être due à une capacité à faire entrer en jeu vos sentiments ou à susciter ceux des autres lorsque vous communiquez. Vos idées sont souvent soumises à vos sentiments, aussi ne comprenez-vous entièrement que ce qui vous procure un certain plaisir. Vous pouvez être attiré par les situations affectives doubles et être assez superficiel dans vos engagements affectifs ou associatifs, ce qui peut parfois se faire au détriment de la stabilité et de la profondeur.

MERCURE EN SECTEUR HUIT

Votre chemin initiatique ou votre quête est une quête pour trouver les mots ou le langage approprié, pour trouver la légitimité, pour trouver et développer votre autorité et votre confiance en vous, pour apprendre à gérer, administrer et maîtriser les situations, pour faire preuve de discernement et de compréhension, pour exprimer ce que vous ressentez et pensez, pour communiquer avec pertinence, pour vous sentir écouté et entendu, pour parvenir à synchroniser vos pensées, vos paroles et vos actions et pour vous sentir adapté à votre environnement.

Mais initialement, vous risquez de ressentir des difficultés à exprimer les besoins et les capacités de l'Impératrice précédemment cités et avoir l'impression, par exemple, de ne pas être légitime, de ne pas trouver les mots ou le langage pour vous exprimer vraiment ou d'être inadapté. Pourquoi ? Parce qu'il y a une part de vous, votre part d'ombre ou votre saboteur, qui refuse d'être en silence, d'écouter et d'entendre, de vous mettre en mouvement, de faire appel à votre intelligence et de vous adapter. C'est comme si «Mercure », en vous, était occulté.

Vous devez d'ailleurs, avec cette position, éviter d'être obsédé par des idées morbides, des fantasmes sexuels, une méfiance systématique et des soupçons injustifiés. Vous devez aussi éviter de vous obscurcir l'esprit par des idées noires ou des ouvrages morbides et malsains. Votre quête passe donc par une exploration de tout ce que représente l'Impératrice et vous mettez alors toute votre énergie et votre passion pour, par exemple, être légitime, obtenir les bonnes informations, communiquer et vous adapter.

Vous devenez, au fur et à mesure que vous avancez dans la vie, de plus en plus capable de vous informer, de faire appel à votre intelligence, de communiquer, d'explorer l'environnement, de négocier, de faire du commerce, de vous adapter et de faire preuve d'intelligence dès lors que vous vous engagez dans un combat, dès lors qu'il s'agit de transformer et vous transformer, de faire face à une situation difficile, à des crises ou des obstacles, à des pressions occultes, lorsque votre sécurité et votre survie sont en jeu, lorsque vous êtes en temps de guerre ou face à l'ennemi, lorsqu'il s'agit d'élucider un mystère, d'influencer le cours des événements ou de parcourir les différentes étapes de l'initiation.

C'est dans le domaine du mystère, de l'au-delà, de l'occulte, de la résolution de problèmes, de l'élucidation d'énigmes, du décodage et décryptages de symboles, de la sexualité, du psychisme ou dans les questions concernant les crises et transformations que s'exprime et se développe au mieux vos facultés intellectuelles, votre sens de l'adaptation et vos facultés de communication.

Un certain dialogue peut s'instaurer entre vous et l'au-delà, l'occulte, les forces secrètes de la nature, sans préoccupations ni angoisses particulières, un peu comme une bonne camaraderie. Vous avez du mal à concevoir le sacré et l'infini et vivez l'occulte, l'au-delà comme une complicité permanente, un dialogue où les choses s'arrangent toujours.

Vous pouvez parfois avoir tendance à jouer avec la mort ou avec les crises ce qui peut engendrer des comportements risque-tout genre roulette russe. Vous jouez parfois aussi au devin. Vous pouvez avoir des aptitudes aux travaux d'investigations profondes, à la détection, au contrôle, à la surveillance, ou dans les assurances. Votre curiosité naturelle peut vous inciter à chercher à comprendre la face cachée des réalités invisibles, à percer les mystères et décrypter les énigmes.

Vous pouvez avoir la capacité d'intellectualiser vos rêves. Vos relations avec l'entourage peuvent parfois être piquantes, tendues mais très intenses. Cette position peut indiquer une crise ou des manipulations marquantes lors de l'adolescence. Vous devez avec cette position éviter de devenir obsédé par des idées morbides, des obsessions sexuelles, une méfiance systématique et des soupçons injustifiés. Vous devez aussi éviter de vous obscurcir l'esprit par des ouvrages policiers ou occultes morbides.

MERCURE EN SECTEUR NEUF

Dans la facette instinctive de la maison 9, vous pouvez parfois ressentir un besoin compulsif voire excessif d'écouter, d'entendre, de doser votre parole, de maîtriser votre communication, de synchroniser vos pensées, vos paroles et vos actes, de maîtriser la forme en donnant une forme intelligente à chaque chose, de générer du mouvement et de la fluidité et de vous adapter intelligemment à votre environnement. Vous êtes particulièrement capable d'aborder votre entourage, de des rencontres, de communiquer, d'être informé et de comprendre, d'exprimer ou de défendre vos idées, de découvrir l'inconnu, d'explorer l'environnement, de négocier et de faire du commerce, de vous adapter et de faire preuve d'intelligence dès lors qu'il s'agit d'élargir vos horizons ou d'acquérir un certain confort matériel, de voyager, lorsqu'il s'agit d'exploiter une opportunité ou de provoquer la chance ou lorsqu'il s'agit de légiférer, de représenter, d'organiser, de coordonner, de gérer, d'administrer, de distribuer, d'éduquer, de conseiller, de guider, de faire des affaires ou de vous rendre utile.

Votre intelligence, votre sens de l'adaptation et de la communication, votre curiosité naturelle tend à s'exercer naturellement envers tout ce qui vous permet d'élargir vos horizons ou de vous insérer socialement (voyages, culture, philosophie). De bonnes capacités intellectuelles peuvent vous permettre de faire de hautes études, d'avoir un esprit encyclopédique et une certaine érudition, d'acquérir un don des langues et une bonne connaissance des cultures, lois, conventions et mécanismes qui gèrent le monde extérieur.

Vous comprenez facilement les valeurs, lois et philosophies de votre système et vous savez en tirer profit intelligemment. La clarté de vos conceptions peut vous permettre de les exprimer avec aisance dans des cours ou conférences. Vous pouvez avoir des facilités pour la propagation d'informations, pour les affaires et pour l'enseignement.

Votre cadre socioculturel, votre religion, vos voyages peuvent contribuer à vous enrichir intellectuellement. Vos conceptions peuvent être assez rationnelles, cartésiennes et logiques. Elles peuvent aussi être sceptiques envers tout ce qui ne l'est pas. Vous pouvez aimer faire des reportages et rapporter un savoir de l'étranger. Votre habileté intellectuelle vous permet d'adapter les grandes idées, les philosophies et conventions à votre quotidien. Si vous avez l'esprit ouvert, vous passez facilement d'idée en idée et préférez les philosophies de surface, que l'on regarde par curiosité, quand on a le temps, sans y participer de manière approfondie. Vous avez besoin de multiplier vos expériences et de repousser sans cesse la limite de vos relations et de vos connaissances.

MERCURE EN SECTEUR DIX

Vos possibilités de réalisation, la leçon majeure que vous devez apprendre et votre mission de vie sont liées à la communication, aux échanges, à la gestion intelligence d'une organisation, à la synchronisation de vos pensées, de vos paroles et de vos actes, à la maîtrise de la forme en donnant une forme intelligente à chaque chose ou situation, à l'adaptation intelligente à votre environnement et à la gestion des affaires du monde.

Vous êtes particulièrement capable d'aborder votre entourage, de des rencontres, de communiquer, d'être informé et de comprendre, d'exprimer ou de défendre vos idées, de découvrir l'inconnu, d'explorer l'environnement, de négocier et de faire du commerce, de vous adapter et de faire preuve d'intelligence dès lors qu'il s'agit d'acquérir ou de préserver une certaine sécurité, lorsque vous êtes face à des difficultés, lorsqu'il s'agit de mettre de l'ordre, de structurer ou de vous imposer une certaine discipline, lorsque vous abordez l'inconnu ou entreprenez une recherche, une quête ou une étude mais aussi lorsqu'il s'agit de parcourir les différentes étapes de l'évolution professionnelle et spirituelle.

C'est à travers votre sens pratique, votre intelligence, vos facultés de communication et d'adaptation et votre ingéniosité que vous pouvez au mieux réussir socialement. Vous pouvez vous exprimer dans les métiers faisant appel au sens de l'analyse, à la transmission d'informations, aux échanges de nature commerciaux et aux petits déplacements.

Le besoin de changement et un refus de la routine vous attirent vers les activités où il y a du changement. Vous pouvez exercer deux métiers à la fois et avoir une ascension en zigzag, parsemée de pirouettes et de volte-face. Le sens des affaires peut vous permettre des gains multiples mais d'une importance en général limitée, ce qui ne vous empêche pas d'être un spécialiste des combines de tout genre.

La vie sociale est plutôt vécue comme un jeu et pas toujours prise au sérieux. Vous savez néanmoins vous adapter à votre vie sociale, jouer des rôles très différents et aplanir les conflits par le dialogue et la négociation. Votre vocation peut avoir une base intellectuelle ou commerciale. Votre entourage proche, frères et sœurs réels ou symboliques, votre famille et vos camarades peuvent jouer un rôle important dans votre ascension socioprofessionnelle. Vous préférez en général travailler avec des collaborateurs ou associés que seul. Vous devez éviter l'échec par la dispersion, une tendance à bricoler, et par une certaine instabilité et un manque de scrupules. Exemple de métiers : commerciale, attachée de presse, journaliste, conférencière, assistante, assistante de direction, hôtesse, transmission et coordination des informations, cadre d'entreprise, métiers de contacts avec le public, métiers liés au marketing.

MERCURE EN SECTEUR ONZE

Dans votre vie, les solutions passent par la nécessité de faire appel à votre intelligence, de communiquer, d'explorer l'environnement, de négocier, de faire du commerce, de vous adapter et de faire preuve d'intelligence. Vous êtes justement très capable d'aborder votre entourage, de des rencontres, de communiquer, d'être informé et de comprendre, d'exprimer ou de défendre vos idées, de découvrir l'inconnu, d'explorer l'environnement, de négocier et de faire du commerce, de vous adapter et de faire preuve d'intelligence dès lors qu'il s'agit de concrétiser vos projets, lorsqu'il s'agit de vivre des expériences inconnues ou d'explorer de nouveaux horizons, lorsqu'il s'agit de trouver des solutions ou faire des réformes visant à améliorer les situations, lorsqu'il s'agit d'utiliser les nouvelles technologies et de vous adapter à la vie moderne où lorsque vous êtes dans un groupe ou avec des ami(e)s.

Vous avez tendance à éprouver l'amitié comme une camaraderie, un dialogue de l'esprit, un échange intéressé ou un jeu. Vous êtes attiré par un milieu amical jeune, varié, susceptible de vous amuser ou de vous instruire, par les amitiés intellectuelles et les gens qui partagent les mêmes idées que vous et par la correspondance amicale.

Vous pouvez être très doué pour réfléchir sur l'avenir et concevoir des projets astucieux mais préférez saisir les occasions au vol et vous adapter en fonction des circonstances, sans organisation préalable. Vos projets peuvent être multiples et astucieux mais vous devez éviter une tendance à la dispersion.

Vous pouvez être particulièrement adroit pour exploiter vos relations et inciter vos amis à vous rendre service. Vos amitiés ne sont cependant pas toujours très profondes et peuvent être sujettes à de nombreuses fluctuations. Vous savez vous adapter à des milieux amicaux très différents.

MERCURE EN SECTEUR DOUZE

Votre objectif de vie à long terme, ce que vous pouvez faire de mieux de votre vie, votre moyen d'accéder à la transcendance, vos solutions pour guérir et ce que vous laisserez à la postérité sont liés à l'Impératrice.

Concrètement, cela passe par une nécessité de développer votre capacité à écouter, à entendre, à maîtriser votre communication, à doser vos paroles, à synchroniser vos pensées, vos paroles et vos actes, à sortir de votre mental pour vous centrer dans votre cœur et dans votre corps, à maîtriser la forme en donnant une forme intelligente à chaque chose, à exprimer et faire respecter votre autorité, à vous mettre en mouvement avec fluidité et à vous adapter intelligemment à votre environnement. Votre rôle est d'être bien ancré dans la matière, de participer à la création où à la vie d'un empire, quel qu'il soit et d'utiliser la « Magie de la Parole », des capacités à organiser l'information et une communication intelligente pour faire en sorte que « l'empire » fonctionne.

Vous êtes particulièrement capable d'aborder votre entourage, de des rencontres, de communiquer, d'être informé et de comprendre, d'exprimer ou de défendre vos idées, de découvrir l'inconnu, d'explorer l'environnement, de négocier et de faire du commerce, de vous adapter et de faire preuve d'intelligence dès lors dès lors qu'il s'agit d'avoir la foi et de lâcher prise, de soulager les souffrances et les misères du monde, de vous évader, de fuir ou d'accéder à d'autres états de conscience, de transcender la réalité, de donner du sens, de rêver et de faire rêver, d'inspirer et d'être inspiré, d'utiliser votre clairvoyance, votre ressenti et votre imagination, de communier et de participer à une entreprise collective. Vous avez tendance à faire preuve d'une auto-analyse permanente, d'un besoin de définir le comment et le pourquoi de chaque chose et d'un dédoublement de votre être.

Vous pouvez mener un monologue permanent pour mieux vous comprendre et vous dégager de votre corps pour y voir clair en vous-mêmes. Votre moralité tend à s'adapter aux circonstances d'où une difficulté à se donner des ordres, à faire des plans et à appliquer des théories morales qui changent tout le temps. Une tendance à vivre en fonction de ce que vous ressentez au fur et à mesure de la journée peut vous donner une apparente instabilité.

Une fusion entre l'intuition et l'esprit analytique peut vous permettre de comprendre l'inexplicable, de deviner les pensées des autres et de vous mettre à la place de n'importe qui. Dans la mesure où votre sens de la communication se détermine en fonction de votre sensibilité et que vous percevez souvent inconsciemment des pensées qui ne viennent pas de vous, vous pouvez parfois avoir des comportements qualifiés de bizarres ou contre nature. Vous pouvez être doué pour comprendre comment fonctionne les mémoires généalogiques et les mémoires des vies passées.

Cette position vous demande de vous servir de votre intellect, de votre logique, de votre sens de la communication et de la transmission d'informations pour participer à la vie collective et pour évoluer spirituellement. La tradition attribue à cette position une adolescence parfois solitaire et comportant des épreuves, des aptitudes à analyser l'inconscient et l'invisible ainsi qu'une aptitude à intellectualiser les processus d'évolution spirituelle. Vous pouvez aussi avoir d'importantes capacités à vous adapter aux coups du sort ou à l'influence de vos mémoires généalogiques et de vos vies passées.

Vénus en secteurs :

VÉNUS EN SECTEUR UN

Vous vous présentez comme une personne capable de se centrer à la fois sur ces propres désirs et sur ceux des autres. Vous êtes très sensible à l'esthétique, à la beauté, à l'harmonie des formes, des nuances et des couleurs, à la vibration du plaisir et aux différentes volontés présentes dans toute situation. Vous vous présentez aussi comme une personne bien incarnée dans son corps et dans la vie, à l'écoute de son corps et de ses désirs, kinesthésique, sensuelle, sensible, intuitive, pleine de vie et dotée d'un charme particulier. Vous montrez que vous êtes une personne souriante, ouverte, accueillante, harmonieuse, joyeuse, agréable, aimante, amicale, sincère, et tolérante.

Cela permet à votre personnalité de s'exprimer avec grâce et élégance. Votre capacité à écouter vos vrais désirs vous permet de vous orienter d'après ce qui vous procure du plaisir et de la joie, de faire les bons choix, d'être créateur de formes et d'agir en artiste pour faire de votre vie une œuvre d'art. En avez-vous conscience ?

Dès lors qu'il s'agit d'entreprendre, d'expérimenter sur le terrain, de vous affirmer et de vous mettre en valeur, d'être opérationnel et efficace, de faire du sport ou de travailler dans une entreprise, vous êtes particulièrement capable d'être à l'écoute de votre corps et de vos vrais désirs, d'utiliser vos cinq sens et d'exprimer votre sensualité, d'être bien dans votre corps féminin ou avec les femmes, de réguler votre énergie, de ressentir les besoins et désirs d'autrui, de voir l'aspect positif des valeurs féminines, de bien vivre le plaisir, de consacrer du temps à des loisirs, de trouver votre équilibre ou de le préserver, de vous dévouer, de donner tout ce que vous pouvez, de savoir pardonner, de créer des liens, de construire des relations sociales, d'utiliser votre intelligence relationnelle, de fonder un couple, de faire preuve d'harmonie, de douceur et de gentillesse, d'attirer, de plaire et de séduire, d'exprimer votre sens esthétique, artistique ou juridique, de coopérer et de participer à la civilisation, de gérer de l'argent et des biens matériels.

Votre charme, votre sens esthétique, votre force d'attraction, votre sens de la diplomatie, vos finances, votre sens de la gestion, vos sens, vos formes, votre aptitude à créer des relations de nature affectives ou sociale et votre finesse peuvent être vos principaux moyens d'expression et d'affirmation.

Vous cherchez spontanément à mettre de coté votre ego pour vous adapter à l'autre, pour plaire ou pour faire plaisir et pouvez avoir de grandes facilités relationnelles et une grande intelligence relationnelle. Vous êtes naturellement attiré par le sexe opposé avec qui vous pouvez avoir la cote et savez le plus souvent incarner les comportements susceptibles de favoriser l'épanouissement d'un couple.

Mais si vous attirez facilement les autres de part votre coté particulièrement agréable, vous pouvez avoir tendance à être possessif ou à vouloir systématiquement intégrer l'autre dans votre monde personnel.

Vous avez besoin des autres pour exister et pouvez avoir tendance à vous définir ou à vous affirmer à travers votre couple ou vos relations, en vous identifiant à l'autre.

Cela peut quelque fois vous causer un problème d'identité, et l'un des défis de cette position est de trouver un équilibre entre l'énergie que vous consacrez à vous même et celle que vous consacrez aux autres. Il peut émaner de vous un bien être affectif, une joie de vivre, une bonne humeur naturelle, beaucoup de douceur, une volupté, une sensualité, ainsi qu'un certain charme tandis que l'expression de votre personnalité peut se faire de manière gracieuse et élégante.

Vous aimez profiter des joies quotidiennes; agrémenter votre existence à travers des sorties, des loisirs et une intense activité relationnelle; vivre une vie paisible et sans histoires; et goûter à l'amour et aux plaisirs des sens. Vous avez par contre horreur des excès, des conflits, de la brutalité et tendez à tout faire pour éviter les confrontations. Vous êtes un apôtre de la non violence et avez parfois du mal à dire non par crainte des réactions d'autrui; par peur d'être rejeté, d'être agressé ou de décevoir.

Vénus en secteur 1 pose aussi le défi de ne pas faire dépendre votre bonheur et votre existence des réactions d'autrui. Vous réagissez par contre violemment lorsque vous éprouvez un sentiment d'injustice. Votre personnalité peut être faites d'équilibres raffinées mais fragiles.

L'effort parfois vous rebute et vous pouvez manquez d'audace, de dynamisme, de pulsions agressives et avoir du mal à prendre des initiatives. Face à une situation nouvelle, vos réactions sont avant tout affectives, sensorielles, sensuelles et émotionnelles. Avant de prendre un certain recul, vous obéissez parfois aveuglément à ce qui vous séduit et vous attire, à ce qui vous plaît ou vous déplaît et aux apparences.

Cette implication des sentiments dans tout processus d'affirmation vous rend parfois peu efficace lorsqu'il faut lutter pour faire face à des obstacles, lorsqu'il faut faire preuve de logique ou lorsqu'il faut prendre du recul. Par contre vous pouvez avoir des facilités pour vous affirmer lorsque votre équilibre est en jeux, lorsque vous êtes à deux, à plusieurs ou lorsqu'il s'agit de créer une relation.

VÉNUS EN SECTEUR DEUX

Vous êtes particulièrement capable d'être à l'écoute de votre corps et de vos vrais désirs, d'utiliser vos cinq sens et d'exprimer votre sensualité, d'être bien dans votre corps féminin ou avec les femmes, de réguler votre énergie, de ressentir les besoins et désirs d'autrui, de voir l'aspect positif des valeurs féminines, de bien vivre le plaisir, de consacrer du temps à des loisirs, de trouver votre équilibre ou de le préserver, de vous dévouer, de donner tout ce que vous pouvez, de savoir pardonner, de créer des liens, de construire des relations sociales, d'utiliser votre intelligence relationnelle, de fonder un couple, de faire preuve d'harmonie, de douceur et de gentillesse, d'attirer, de plaire et de séduire, d'exprimer votre sens esthétique, artistique ou juridique, de coopérer et de participer à la civilisation, de gérer de l'argent et des biens matériels, de satisfaire vos désirs, de conquérir votre bonheur ou de fonder une famille.

Votre sens esthétique, votre sociabilité, votre charme naturel, votre sens de la séduction et vos nombreuses associations peuvent contribuer à vous enrichir et développer votre aptitude à gérer la matière. Vous savez en général dépenser raisonnablement et sans excès parce que vous êtes soucieux de préserver un certain équilibre entre recettes et dépenses.

Vos richesses et votre situation financière sont très dépendantes de votre état affectif ou de vos relations. Votre richesse, c'est votre sociabilité, votre joie de vivre, votre côté artiste, votre sens de la beauté et de l'équilibre, et votre aptitude à habiller et vous habiller avec goût et élégance, votre gentillesse, votre charme, votre sensualité, votre volupté, votre tolérance, votre sens de l'harmonie, de la conciliation et de la diplomatie, votre aptitude à trouver les bons compromis, une capacité à vous exprimer avec grâce et élégance, votre capacité à coopérer et votre besoin de participer à la civilisation.

C'est à travers vos aptitudes relationnelles, votre couple, votre sens esthétique ou artistique, vos goûts, votre sensibilité corporelle ou vos talents d'artiste que vous réaliserez les meilleurs gains et que vous ressentirez joie et plaisir.

Vous aimez néanmoins dépenser pour votre plaisir ou pour celui des autres , pour embellir votre cadre de vie ou pour vous embellir et pour entretenir des relations auxquelles vous êtes attaché. Vous pouvez aimer faire des cadeaux, acheter des belles choses et présenter une apparence élégante. Vénus en secteur deux vous invite à développer des rapports et des attitudes justes, modérées et harmonieuses vis à vis de l'argent, des biens matérielles et des plaisirs des sens, et à gérer vos expériences en rapport avec les finances et les sens de façon équilibrée.

Elle peut vous conférer une sensualité développée, la capacité à vous sentir bien dans votre corps, l'amour de la nature et de la beauté ainsi qu'une personnalité calme, paisible, placide, gentille et très agréable à vivre. Vous pouvez aussi avoir un don inné pour évaluer la valeur matérielle d'un bien ou d'un service et pour tenir compte en toutes circonstances des gains réalisés par rapport à ce qui est investi.

Il peut exister chez vous un lien entre d'une part votre vie affective, vos sens, les plaisirs et le sentiment d'être heureux et d'autre par l'argent et les avoirs. Votre fortune peut être liée à votre mariage, à votre vie sentimentale, à des associations ou à des relations sociales.

Vous pouvez aussi vous enrichir par des activités relationnelles, par des activités en rapport avec la mode, la beauté, la décoration les plaisirs, l'utilisation de vos sens, l'art et la chanson, la réception, le conditionnement et l'accueil, la production et par l'ensemble des activités en rapport avec la planète Vénus. L'épanouissement sensoriel et sensuel, l'argent et les bien matériel peuvent être une condition nécessaire à votre bien être sentimental et peuvent contribuer à votre bien être affectif. Vous pouvez donc avoir tendance à attirer des personnes sensuelles ou aisées matériellement ou être d'autant plus séduit que votre partenaire a un porte feuille bien garni ou qu'il est susceptible de vous procurer un épanouissement sensoriel. D'après la tradition Vénus en secteur deux indique une certaine chance en ce qui concerne les finances et la vie matérielle.

Vos lacunes éventuelles peuvent provenir d'une difficulté à faire des efforts pour vous enrichir, une tendance à rechercher à subvenir à vos besoin par des moyens faciles mais douteux, d'une tendance à dépenser des sommes au dessus de vos moyens pour vous embellir ou pour éprouver du plaisir, d'une tendance à trop compter sur les autres pour subvenir à vos besoins et d'une tendance à trop vous laisser influencer par autrui pour gérer votre porte feuille ou pour exprimer votre sensualité. Il ne dépend que de vous d'effectuer un travail sur vous-même afin que s'exprime uniquement ce qu'il y a de meilleur en vous.

VÉNUS EN SECTEUR TROIS

Dès lors qu'il s'agit d'aborder votre entourage, de des rencontres, de communiquer, d'être informé et de comprendre, d'exprimer ou de défendre vos idées, de découvrir l'inconnu, d'explorer l'environnement, de négocier et de faire du commerce, de vous adapter et de faire preuve d'intelligence, vous êtes alors particulièrement capable d'être à l'écoute de votre corps et de vos vrais désirs, d'utiliser vos cinq sens et d'exprimer votre sensualité, d'être bien dans votre corps féminin ou avec les femmes, de réguler votre énergie, de ressentir les besoins et désirs d'autrui, de voir l'aspect positif des valeurs féminines, de bien vivre le plaisir, de consacrer du temps à des loisirs, de trouver votre équilibre ou de le préserver.

Vous êtes alors aussi très capable de vous dévouer, de donner tout ce que vous pouvez, de savoir pardonner, de créer des liens, de construire des relations sociales, d'utiliser votre intelligence relationnelle, de fonder un couple, de faire preuve d'harmonie, de douceur et de gentillesse, d'attirer, de plaire et de séduire, d'exprimer votre sens esthétique, artistique ou juridique, de coopérer et de participer à la civilisation, de gérer de l'argent et des biens matériels, de satisfaire vos désirs et de conquérir votre bonheur.

La communication, l'information et l'entourage ont pour vous une certaine importance car ils sont une source de plaisir. Vous avez continuellement besoin d'expérimenter de nouvelles idées et de faire de nouvelles connaissances, pour satisfaire votre curiosité, mais sans trop approfondir. Vous pouvez avoir une certaine facilité d'expression, un goût prononcé pour les contacts, une grande disponibilité et beaucoup d'ouverture d'esprit. Vous vivez une relation vibrante et sensuelle avec votre environnement et avec les informations ou les personnes qui s'y trouvent. Votre capacité à séduire, à attirer, à charmer et à faire entrer en jeu vos goûts et vos sentiments tend à s'exercer naturellement lorsque vous faites l'expérience de la communication, de l'échange et de l'adaptation à l'environnement proche.

Plus qu'un simple échange d'information, la communication est pour vous une expérience affective, sensorielle ou artistique ; un domaine où s'expriment vos goûts, vos sympathies et vos antipathies. Pour communiquer, apprendre et vous adapter, vous avez besoin de ressentir avec vos sens, d'écouter vos vrais désirs, d'établir des liens entre les différentes informations, de vous ouvrir à la beauté, de vous relier aux autres, de partager, d'éprouver de la joie et du plaisir et d'être entouré de couleurs, de beauté et d'harmonie. Vos performances intellectuelles sont fortement influencées par vos sentiments et vos émotions.

Vous n'apprenez vraiment ce qui vous plaît et pouvez avoir du mal à communiquer pleinement avec quelqu'un qui vous déplaît. Si votre pensée n'est pas toujours logique parce qu'elle est influencée par vos émotions et vos sentiments, vous pouvez en revanche avoir un sens des mots justes, un sens des nuances et des comparaisons, une certaine finesse et une souplesse d'esprit.

Votre sociabilité, votre joie de vivre, votre gentillesse, votre charme, votre sensualité, votre volupté, votre tolérance, votre sens de l'harmonie, de la conciliation et de la diplomatie, votre aptitude à trouver les bons compromis, une capacité à vous exprimer avec grâce et élégance, votre capacité à coopérer et votre besoin de participer à la civilisation vous aident à vous adapter. Cela peut vous être très utile dans vos démarches, vos études, vos examens et vos entretiens, dans les contacts de nature commerciales ou dans vos relations professionnelles.

Votre pensée peut être hésitante parce que plusieurs idées peuvent vous venir à l'esprit simultanément, parce que vous cherchez spontanément à adapter votre langage à l'autre et parce que votre souci de ne pas blesser autrui vous incite à être diplomate. Vous cherchez systématiquement à plaire dans votre entourage et à éviter les conflits. Vos relations avec votre entourage proche peuvent être agréable et source de plaisir. Vous pouvez éprouver des sentiments amoureux et parfois vivre une liaison avec un proche.

Vos élans amoureux peuvent prendre la forme de la camaraderie ou dominent les échanges intellectuels, la dialogue, le jeu et les déplacements fréquents. Vous avez besoin de communiquer pour aimer comme vous avez besoin d'aimer pour communiquer. Vous pouvez être attiré par les correspondances amoureuses, les romans, l'étude d'un art ou aimer donner à votre environnement une dimension esthétique. Vous aimez profiter des joies quotidiennes, agrémenter votre existence à travers des sorties, des loisirs et une intense activité relationnelle et vivre une vie où vous vous sentez en harmonie avec votre environnement.

VÉNUS EN SECTEUR QUATRE

De part ce que vous portez de vos parents, vous êtes venu sur Terre avec une grande sensibilité à la beauté et à la forme, mais aussi avec des capacités innées pour séduire et pour plaire, pour écouter vos vrais désirs et ceux d'autrui, pour être à l'écoute de ce qui vous apporte de la joie et du plaisir, pour vous relier aux autres, pour partager, pour être dans le service et pour exprimer une intelligence relationnelle ou artistique.

Votre famille peut vous être d'un soutien précieux dans l'apprentissage de l'art d'être heureux, dans la capacité à créer une vie de couple ou dans le développement de facultés relationnelles, esthétiques ou artistiques. Sans doute avez-vous grandi dans un cadre très agréable, au sein d'une famille unie, dans une maison avec jardin par exemple.

Cela vous confère des capacités innées pour expérimenter le lien et le couple, pour faire des choix en accord avec vos goûts et pour vous engager, pour vous orienter, pour accueillir, pour aimer, pour apporter du bonheur et du plaisir aux autres, pour cultiver l'harmonie et la sociabilité, pour pratiquer la diplomatie et la conciliation et pour vivre une vie relationnelle riche et intense. Mais peut-être portez-vous quelque part en vous une mémoire d'abus de plaisirs, d'une richesse matérielle conduisant à l'oisiveté et au non épanouissement, d'un attachement excessif à l'argent et aux biens matériels ou d'une relation avec votre mère ou avec une femme qui fut tellement forte et excessive, soit par sa présence soit par son absence, où à cause de son amour, que votre joie, votre équilibre, votre autonomie et la fluidité de votre évolution dans la vie en furent fortement affectés.

Comment exprimez-vous votre héritage en lien avec vénus ? Si votre héritage parental est problématique, vous avez alors des difficultés importantes et récurrentes à écouter vos vrais désirs, à voir au-delà des formes apparentes, à vivre une relation amoureuse stable, à vous relier aux autres de façon harmonieuse, à être dans le service, à utiliser votre intelligence relationnelle, à créer un couple, à faire des choix et à vous engager, à vous orienter, à accueillir, à aimer, à apporter du bonheur et du plaisir aux autres, à être sociable et diplomate et à vivre une vie relationnelle source de joie.

Vos difficultés, si vous en avez, peuvent alors être liées à un sentiment de n'être pas aimé comme vous l'auriez voulu, à une impression que l'on ne vous laisse pas faire des choix en accord avec vos vrais désirs. La conséquence peut être une tendance à vous couper des autres ou de vous-même, où à refuser de prendre en compte ce qui est au-delà des apparences. Vous générez alors votre propre isolement et des difficultés relationnelles.

Vous devez éviter des réceptions douteuses au foyer, un gaspillage du patrimoine pour vos plaisirs, une passivité en matière de logement ou de famille vous devez aussi veiller à ne pas rechercher systématiquement des relations de dépendance dans vos relations amoureuses et ne pas vous comporter comme un enfant qui s'attend à ce que tout arrive à sa porté sans qu'il fasse quoi que ce soit, autrement dit une certaine passivité dans la relation de couple, parfois aussi le besoin systématique d'être materné et une tendance à tellement vous plaire dans votre bulle que vous avez du mal à y sortir. Il ne dépend que de vous d'effectuer un travail sur vous-même afin que s'exprime uniquement ce qu'il y a de meilleur en vous.

Ces difficultés font alors obstacle à la réalisation de votre mission de vie et à votre évolution et elles doivent être transformées pour que vous soyez libre et heureux. Il ne dépend alors que de vous d'effectuer un travail sur vous-même afin que s'exprime uniquement ce qu'il y a de meilleur en vous.

En développant la conscience que vous avez de vos vrais désirs, de votre pouvoir d'attraction, de séduction et de création de bonheur, de la grande loi de l'équilibre, de vos capacités artistiques et de votre intelligence relationnelle, en les exprimant pleinement de manière positive et en les mettant au service de la vie tout en sachant associer un contenu à la forme mais aussi en apprenant à vous lier au sexe opposé sans systématiquement ressentir des émotions érotiques, vous permettez aux autres d'en faire autant.

Lorsque vous parvenez à exprimer le côté positif de Vénus, vous exprimez alors une très grande intelligence relationnelle ou artistique, de puissantes capacités à gérer la forme et à générer joie, plaisir, abondance et équilibre corporel. Vous êtes alors particulièrement capable de trouver votre équilibre ou de le préserver, de créer des liens, de construire des relations sociales, d'utiliser votre intelligence relationnelle, de fonder un couple, de faire preuve d'harmonie, de douceur et de gentillesse, d'attirer, de plaire et de séduire, d'exprimer votre sens esthétique, artistique ou juridique, de coopérer et de participer à la civilisation, de gérer de l'argent et des biens matériels et d'exprimer votre sensualité et d'utiliser vos cinq sens, de satisfaire vos désirs, de conquérir votre bonheur dès lors qu'il s'agit de créer votre univers intime, un foyer, une famille ou un clan, lorsqu'il s'agit d'acquérir, de préserver ou de défendre votre cadre de vie, votre bien être, votre équilibre personnel ou votre progéniture.

Votre foyer est très ouvert, les amis de vos amis étant souvent vos amis. Vous aimez recevoir avec sourire et douceur, discuter et parlementer, et vous détendre ensemble dans une ambiance agréable. Vous êtes très sensible à l'esthétique et à la décoration du foyer qui doit avant tout être un lieu agréable, souvent décoré et embelli par des photos et œuvres d'art, un lieu de plaisir et de bonheur en quelque sorte. Vous y maintenez un certain ordre, sans trop vous fatiguer.

Vous n'aimez cependant pas n'importe qui n'importe comment et préférez réserver vos élans affectifs à ceux qui vous semblent appartenir à votre cercle d'intimes. Et vous n'aimez pas recevoir des gens qui ne vous sont pas agréables, avec qui vous ne sentez pas d'affinités. Paradoxalement, si vous êtes ouvert, vos attitudes sentimentales sont assez sélectives et ont besoin d'une sécurité, d'un bien-être, d'une certaine quiétude pour se déployer pleinement. Votre affectivité peut donc s'épanouir et se révéler dans votre univers familial, au sein d'une communauté ou d'un cercle d'intimes. Cette position indique une certaine chance en matière de logement et peut vous donner la possibilité de jouir d'une habitation agréable et de vous plaire chez vous.

Elle peut indiquer un certain bonheur au foyer et une ambiance familiale calme, heureuse et épanouie. Vous pouvez aussi avoir une certaine chance dans les placements immobiliers et hériter d'un patrimoine familial. Vous pouvez avoir un côté pantouflard et rechercher que rarement des délassements en dehors de chez vous. Le couple et la famille, ou une activité artistique peut jouer un rôle important de valeur refuge synonyme de protection, de bien-être, de moyen de ressource, de quiétude et d'équilibre.

VÉNUS EN SECTEUR CINQ

Vous avez au plus profond de vous le besoin et les compétences pour exprimer vos cinq sens, pour générer de la beauté, de l'harmonie, du plaisir et de la joie de vivre, pour attirer, plaire et séduire, pour écouter vos vrais désirs et pour faire des choix justes, pour vous relier aux autres et pour partager et pour être dans le service. Votre beauté, votre côté très agréable, votre joie de vivre et votre intelligence relationnelle sont des moyens naturels pour vous exprimer. Une relation privilégiée avec une personne célèbre ou ayant de belles qualités de cœur peut jouer un rôle important dans votre vie. Cela vous rend capable d'exprimer votre sensualité et d'être très à l'aise avec votre corps, de profiter des joies quotidiennes et d'agrémenter votre existence à travers des activités agréables. Cela vous permet d'être une personne sociable, aimante, ouverte, joyeuse, passionnée, agréable, harmonieuse, charmante, gracieuse, séduisante, sincère, conciliante, diplomate et tolérante, de vous exprimer avec grâce et élégance, d'apporter du bonheur et du plaisir aux autres, de cultiver l'harmonie et la sociabilité, de vivre une vie relationnelle riche et intense et de participer à la civilisation.

Vous êtes particulièrement capable de trouver votre équilibre ou de le préserver, de créer des liens, de construire des relations sociales, d'utiliser votre intelligence relationnelle, de fonder un couple, de faire preuve d'harmonie, de douceur et de gentillesse, d'attirer, de plaire et de séduire, d'exprimer votre sens esthétique, artistique ou juridique, de coopérer et de participer à la civilisation, de gérer de l'argent et des biens matériels et d'exprimer votre sensualité et d'utiliser vos cinq sens, de satisfaire vos désirs, de conquérir votre bonheur dès lors qu'il s'agit de vous repérer et d'être clair, de l'image que vous donnez et de votre réputation, d'incarner votre idéal, vos valeurs et vos principes, de vous fixer des objectifs et de déployer votre volonté, d'être une personne créative, de vous engager en donnant le meilleur de vous-même, de vous imposer avec autorité, de maîtriser la situation, de réussir voir même de briller et de rayonner, de vous exprimer, de vous réaliser ou lorsque l'Amour est en jeu.

Vous avez des facilités pour séduire, accueillir, pour exprimer vos sentiments et pour créer des objets ou un décor susceptible d'embellir (bijoux, vêtements, décoration, etc.). Vous pouvez réaliser des œuvres à caractère social nécessitant diplomatie, capacité d'écoute et d'accueil ; œuvres susceptibles de favoriser les relations entre les gens. Votre bonté, votre caractère agréable et conciliant, votre sens social et esthétique peuvent soutenir votre pouvoir créatif et contribuer à votre réussite.

Vos sentiments, votre sociabilité ou votre sens esthétique s'épanouit plus facilement dans les circonstances touchant au sport, au jeu, aux loisirs, aux enfants, dans le cadre d'une relation amoureuse ou lorsque vous faite l'objet d'attention, d'admiration et de mise en valeur. L'affectivité, la sociabilité et le sens esthétique sont des moyens privilégiés pour vous exprimer. Vos relations amoureuses sont vécues dans le plaisir, la tendresse et les caresses. Vous cherchez spontanément à vous adapter aux désirs de l'autre et à combler ses attentes. Une facilité pour exprimer vos sentiments vous prédispose à de nombreux succès sentimentaux auprès de partenaires que vous recherchez agréables, séduisants, raffinés, beaux et un peu artistes.

Vous savez vous abandonner entièrement aux attachements du cœur et aux relations amoureuses au point parfois de ne vivre que pour l'autre. Vous avez aussi tendance à rechercher l'union idéale et parfaite ce qui peut vous exposer à des déceptions. Une capacité à vous dépasser pour combler l'autre ainsi qu'une certaine générosité de cœur vous prédispose à l'épanouissement affectif. Vos relations avec les enfants sont vécues sous le signe de la bonté, de la séduction et des sentiments plus que sur le mode de la raison. Vous aimez leur donner une certaine liberté, éduquer leur sociabilité, leur sens esthétique et faire le nécessaire pour qu'ils puissent être heureux en couple et dans leur vie.

VÉNUS EN SECTEUR SIX

Initialement, Vénus en maison six peut être compliquée car synonyme de difficultés importantes et récurrentes à accepter de ressentir de la joie de vivre, du plaisir et du bonheur, à être à l'écoute de votre corps et de vos vrais désirs, à être réceptif à la forme et à la beauté, à faire des choix équilibrés, à vous relier aux autres, à partager, à vous engager dans une relation, à aimer et à accepter l'amour d'autrui. Sans doute avez-vous alors des difficultés à faire des efforts pour plaire et séduire ou simplement pour être sociable et diplomate, pour manifester ce que vous avez sur le cœur, pour exprimer votre sensualité, vos qualités artistiques ou votre sens esthétique, pour développer votre intelligence relationnelle, pour vivre une vie sociale riche, pour vivre une relation amoureuse stable et pour participer à la civilisation. Vous avez peut-être tendance à vous couper de vous-même et des autres et à créer votre propre isolement. Cette position produit quelques fois, par réaction, une tendance à ne vivre que pour le plaisir au détriment de l'engagement et à se noyer dans une vie relationnelle excessivement chronophage ou dans une superficialité qui empêche de considérer sa vie en profondeur.

Pourquoi avez-vous des difficultés à exprimer cette planète d'une façon positive ? Parce qu'au lieu d'être dans l'instant présent et dans l'action, vous pensez trop, vous réfléchissez et vous nourrissez la croyance que votre intelligence terrestre qui accumule des connaissances, votre mental, va vous apporter toutes les solutions pour trouver le bonheur ! Or ce n'est pas le cas. Vous êtes peut-être trop centré dans votre mental au lieu d'être centré dans votre corps et dans votre cœur ? Vos difficultés peuvent aussi provenir d'un manque affectif dans l'enfance? Il est également possible que vous ayez des souvenirs, des « mémoires », où l'expression du sens artistique, la vie de couple et le mariage, les plaisirs du corps ou le monde de la forme n'étaient pas justes et équilibrés et donc des croyances qui vous empêchent d'exprimer le meilleur de cette planète.

Sans doute devez-vous apprendre à acquérir une vision plus positive de Vénus. Vos difficultés éventuelles en lien avec Vénus peuvent cependant déboucher sur une introspection propice au développement spirituel, en vous permettant de sortir de l'ego et de la pensée afin d'accéder à vos vrais désirs et de voir que chaque autre être humain est en réalité une partie de vous-même. Vénus en maison 6 implique très souvent une nécessité de modifier vos croyances, de restituer votre mental à sa juste place, de voir par exemple que la forme, le couple, le corps et la beauté sont des ingrédients indispensables pour accéder à son être spirituel.

Il ne dépend donc que de vous d'effectuer un travail sur vous-même afin que s'exprime uniquement le meilleur de Vénus en vous. En développant votre intelligence relationnelle, artistique ou corporelle, en gérant vos désirs, en ouvrant votre cœur, en développant votre confiance en l'humain et en travaillant votre sens de l'équilibre et de l'harmonie, vous pouvez devenir à votre façon une personne « Amoureuse de la vie et de la beauté » transmetteuse de joie ou une personne spécialiste de la forme. Cette position peut ainsi vous apporter une puissante expertise relationnelle, esthétique, corporelle ou artistique. Vous pouvez par exemple devenir expert en lien avec le couple, les associations, la mode, une activité artistique, la forme, la diplomatie, la capacité à plaire, à fédérer et à générer de l'équilibre.

Lorsque vous exprimez les côtés positifs de Vénus, vous êtes particulièrement capable de ressentir du plaisir et de la joie, de trouver votre équilibre ou de le préserver, de créer des liens, de construire des relations sociales, d'utiliser votre intelligence relationnelle, de faire preuve d'harmonie, de douceur et de gentillesse, d'attirer, de plaire et de séduire, d'exprimer votre sens esthétique, artistique ou juridique, de coopérer et de participer à la civilisation et d'utiliser vos cinq sens dès lors qu'il s'agit de travailler et de servir, de communiquer, d'effectuer des échanges commerciaux, de vous adapter, d'utiliser des outils et des techniques, de vous organiser, de traiter des question d'hygiène ou de santé, d'être en sécurité, ou d'utiliser des systèmes d'information.

Le travail quotidien est le secteur d'activité où s'exerce le mieux votre capacité à créer des relations agréables, à plaire, à séduire et à utiliser votre charme. Vous savez faire preuve de bonté et de gentillesse dans vos relations interprofessionnelles, et vous recherchez facilement les compromis en évitant de faire des histoires. Vous n'aimez pas trop vous fatiguer pour rendre service et avez souvent besoin d'une motivation affective pour travailler. Mais dans la mesure où vous savez être un employé dévoué, serviable et sachant respecter la hiérarchie, avec une bonne dose de charme, vous pouvez avoir des facilités pour trouver du travail.

Vous avez néanmoins du mal à assumer les tâches ingrates s'il n'y a pas autour de vous une ambiance agréable. Vous êtes plutôt attiré par les occupations faciles. Votre profession peut avoir un rapport avec l'esthétique, l'art ou le charme. Vous avez tendance à être sélectif dans vos relations affectives de part un certain besoin de sécurité. Vous êtes attiré par des personnes intelligentes, communicantes et qui sont bien adaptée à la matière. Vous pouvez aussi avoir la main verte et aimer les animaux. Votre santé tend à être équilibrée mais vous pouvez être sensible aux reins et à la gorge. Vos connaissances dans le domaine de la santé peuvent fortement contribuer à votre équilibre.

VÉNUS EN SECTEUR SEPT

Initialement, Vénus en maison sept peut être synonyme de difficultés importantes et récurrentes à prendre conscience de vos sens, de votre joie de vivre, de votre beauté, du plaisir, du sentiment de bonheur ou de vos vrais désirs, à être réceptif à la forme, à faire des choix équilibrés, à vous relier aux autres, à partager, à vous engager dans une relation sentimentale, à aimer et à accepter l'amour d'autrui.

Sans doute avez-vous alors des difficultés à être présent dans votre corps, à faire des efforts pour plaire et séduire ou simplement pour être aimable, sociable et diplomate, pour manifester ce que vous avez sur le cœur, pour exprimer votre sensualité, vos qualités artistiques ou votre sens esthétique, pour développer votre intelligence relationnelle, pour vivre une vie sociale riche, pour vivre une relation amoureuse stable et pour participer à la civilisation.

Vous avez peut-être tendance à vous couper de vous-même et des autres et à créer votre propre isolement. Pourquoi avez-vous des difficultés à exprimer cette planète d'une façon positive ? Parce qu'au lieu d'être centré dans votre corps et dans votre cœur, dans l'instant présent et dans l'action, vous avez tendance à vous décentrer et à compter sur les autres pour exprimer cette planète à votre place. C'est comme si vous rejetiez tout ou partie de la planète parce que vous la voyez comme étant perturbatrice. Elle tend alors à s'exprimer, depuis votre inconscient, sous sa forme inférieure et à s'associer avec votre ombre.

Si vous refusez d'exprimer votre charme, votre beauté, votre sociabilité, vos talents artistiques, votre intelligence relationnelle et votre pouvoir de séduction, si vous refusez d'écouter vos désirs ou de prendre en compte ceux des autres ou si au contraire vous donnez tout votre pouvoir aux autres, si votre bonheur dépend de celui des autres ou si vous refusez la tendresse et l'amour, il devient alors difficile pour vous d'accéder au bonheur, de trouver votre équilibre et votre joie, de créer de l'harmonie et de rassembler ce qui est vous est séparé de votre centre. Prenez conscience qu'en vous coupant des autres et de votre joie, Vous coupez de vous-même et vous nourrissez votre isolement. Si vous exprimez l'ombre de Vénus, le risque est alors, par réaction, de manifester une tendance à ne vivre que pour le plaisir au détriment de l'engagement et à vous noyer dans une vie relationnelle excessivement chronophage ou dans une superficialité incompatible avec la capacité à considérer votre vie en profondeur, ce qui vous empêche alors d'être dans la joie.

Comment pouvez-vous changer cela ? Sans doute devez-vous apprendre à effectuer des prises de conscience et un travail sur le rôle et les limites de la beauté, de l'intelligence relationnelle, du couple, de la forme, de la diplomatie et des capacités artistiques. Vous pouvez également surmonter la difficulté à bien vivre la planète Vénus en apprenant à canaliser votre énergie, en étant ouvert à l'imprévu et à la nouveauté, en sachant utiliser les technologies modernes, en sachant adopter une nouvelle vision des choses ou de vous-même, en sachant pratiquer l'introspection afin de faire des prises de conscience, en intégrant des valeurs spirituelles dans votre vie et en vous libérant de tout ce qui vous enferme.

Lorsque vous exprimez les côtés positifs de Vénus, vous êtes particulièrement capable de trouver votre équilibre ou de le préserver, de créer des liens, de construire des relations sociales, d'utiliser votre intelligence relationnelle, de fonder un couple, de faire preuve d'harmonie, de douceur et de gentillesse, d'attirer, de plaire et de séduire, d'exprimer votre sens esthétique, artistique ou juridique, de coopérer et de participer à la civilisation.

C'est dans le domaine du couple et des associations que se manifeste spontanément votre charme, votre bonté naturelle et votre aptitude à créer des liens affectifs ou sociaux. Vous avez fortement besoins de relations affectives ou sociales et concevez rarement la vie sans mariage. Vous aimez séduire les autres, plaire à autrui, avoir des conversations de salon et avez besoin de vous insérer dans la société afin d'en être un membre à part entière. C'est le plaisir de la relation pour la relation qui domine chez vous et vous avez besoin d'avoir des relations harmonieuses.

Vous pouvez parfois aimer le jeu de ne pas être d'accord histoire de discuter et entretenir la relation et pouvez parfois être possessif, ou du moins vous attacher facilement. Vous pouvez avoir des capacités artistiques ou esthétiques et être doué pour l'accueil et la réception. Tout est question d'affinités, de sympathie ou d'antipathie. Vous pouvez être charmant quand votre sensibilité s'accorde à celle de l'autre et poli mais indifférent dans le cas contraire. Votre image du couple est celle d'une relation où prédomine une tendre complicité, équilibre et harmonie, sensualité et plaisir. Cela vous prédispose à un mariage d'amour et vous apporte une certaine chance côté affectif. Vous êtes attiré par des êtres prévenants, attentionnés, pleins de charme et de délicatesse, tendres et sensuels, et dotés d'un sens esthétique ou social prononcé. Vous devez cependant éviter une forme de dépendance affective ou relationnelle, une tendance à attacher trop d'importance aux plaisirs ou les problèmes de mœurs, l'indécision et un certain laisser-aller.

VÉNUS EN SECTEUR HUIT

Votre chemin initiatique ou votre quête est celle de l'affection, de l'amour, de la tendresse, de la beauté et de la joie du partage. Elle est une quête pour parvenir à ressentir de la joie de vivre, du plaisir et du bonheur, pour être à l'écoute de votre corps et de vos vrais désirs, pour être réceptif à la forme et à la beauté, pour faire des choix équilibrés, pour vous relier aux autres, pour partager, pour vous engager dans une relation, pour aimer, pour accepter l'amour d'autrui et pour accéder à l'évidence que tous les êtres humains sont liés par la vibration joyeuse de la vie.

Mais initialement, vous avez peut-être l'impression qu'il vous manque une part d'amour, de désir, de sociabilité, d'affection, de joie, d'harmonie, de douceur, de grâce, d'intelligence relationnelle capable de créer des liens ou la possibilité de choisir. Pourquoi ? Parce qu'il y a une part de vous, votre part d'ombre ou votre saboteur, qui refuse ce que représente Vénus, c'est-à-dire la joie de vivre, le sentiment d'unité avec tout ce qui vit, le désir, le plaisir, la beauté, le monde de la forme et la civilisation avec ses structures et ses règles. C'est alors comme si « Vénus» en vous était occultée.

Sans doute avez-vous alors des difficultés à plaire et séduire ou simplement à être sociable et diplomate, à manifester ce que vous avez sur le cœur, à exprimer votre sensualité, vos qualités artistiques ou votre sens esthétique, à développer votre intelligence relationnelle, à vivre une vie sociale riche ou une relation amoureuse stable et à participer à la civilisation. Vous avez peut-être tendance à vous couper de vous-même et des autres et à créer votre propre isolement. Pouvez-vous observer cela ? Votre quête passe donc par une exploration de tout ce que représente Vénus d'un point de vue de l'éternité et votre seule issue est alors de mettre toute votre énergie et votre passion pour créer votre bonheur sur Terre.

Lorsque vous exprimez les côtés positifs de Vénus, vous êtes particulièrement capable de trouver votre équilibre ou de le préserver, de créer des liens, de construire des relations sociales, d'utiliser votre intelligence relationnelle, de fonder un couple, de faire preuve d'harmonie, de douceur et de gentillesse, d'attirer, de plaire et de séduire, d'exprimer votre sens esthétique, artistique ou juridique, de coopérer et de participer à la civilisation, de gérer de l'argent et des biens matériels et d'exprimer votre sensualité et d'utiliser vos cinq sens, de satisfaire vos désirs, de conquérir votre bonheur dès lors qu'il s'agit de vous engagez dans un combat, dès lors qu'il s'agit de transformer et vous transformer, de faire face à une situation difficile, à des crises ou des obstacles, à des pressions occultes, à des manipulations insidieuses ou des magouilles, lorsque votre sécurité et votre survie sont en jeu, lorsque vous êtes en temps de guerre ou face à l'ennemi, lorsqu'il s'agit d'élucider un mystère, d'influencer le cours des événements ou de parcourir les différentes étapes de l'initiation. Cette position peut être difficile à vivre en ce qui concerne la vie affective et l'expression des valeurs féminines. La difficulté de cette position peut provenir du fait que ce sera par la vie affective ou sociale que vous sera lancé le défi de prendre conscience de l'au-delà et de l'invisible, d'apprendre à gérer des crises, bouleversements et transformations, et d'avancer sur le chemin de l'initiation.

Cela peut se traduire par la perte d'une personne aimée, par des obsessions érotiques, par des sentiments de vengeance, par des sentiments morbides ou tourmentés mais en général vous recherchez simplement une vie affective intense, authentique et qui a du piment. Vous pouvez avoir du mal à vivre une relation sentimentale sans qu'il soit question de problèmes, de tensions, de transformations, parfois de manipulations, d'émotions fortes ou de crises.

Vous aimez induire une certaine tension dans votre couple, pas toujours consciemment. Vous pouvez être attiré par les relations problématiques, où il y a des rapports de force, où l'un se fait avoir ou manipuler. Vos besoins sensuels et sexuels peuvent être très intenses et peuvent carrément être synonyme d'exister. Vous devez cependant éviter les formes de sexualité malsaines et dégradantes. S'il existe une relation avec l'au-delà ou l'occulte, elle prend souvent la forme d'un dialogue doux et bienveillant, d'une relation harmonieuse et idéalisée. Les échanges avec l'invisible et l'au-delà se font avec tolérance, diplomatie et amabilité. Vous pouvez être capable de traduire l'invisible et l'au-delà en art, en prendre conscience par l'émotion esthétique qu'il peut susciter et la beauté qu'il peut dégager.

Les crises peuvent se passer chez vous plutôt en douceur et vous pouvez avoir une certaine protection venant de l'au-delà. Vous pouvez rencontrer dans votre vie des personnes jouant un rôle initiatique et votre partie féminine peut être douée pour jouer un tel rôle. Une femme peut intégrer cette position en s'occupant de gens malades, en crise ou qui ont des problèmes. Cette position de Vénus en maison 8 ne peut s'exprimer d'une façon positive qu'en apprenant à vivre votre vie en intégrant une part de spiritualité, en intégrant la vie après la vie ou en associant intelligence relationnelle et vos relations avec des transformations ou une forme d'initiation dans le but de devenir plus authentique et plus en accord avec votre vérité profonde éternelle. »

VÉNUS EN SECTEUR NEUF

Pour sortir du rôle que vous ont légué vos parents, pour accéder à votre mission personnelle, pour trouver votre voie et pour vous épanouir, vous ressentez le besoin compulsif d'utiliser vos sens, votre intelligence relationnelle ou vos capacités artistiques, de plaire et de séduire, d'exprimer votre joie de vivre, votre beauté, votre sentiment de bonheur et vos vrais désirs, de faire des choix équilibrés, de vous relier aux autres, de partager sensualité et tendresse, de vous engager dans une relation sentimentale, de vivre une intense activité relationnelle et de participer à la civilisation.

Vous pensez qu'il faut que vous soyez sociable, diplomate, conciliant, joyeux, agréable, charment et tolérant afin de vous intégrer et de créer une expansion, mais aussi que vous vous engagiez, que vous fassiez des choix, que vous vous conformiez aux attentes des autres ou que vous teniez compte de leurs besoins pour accomplir votre mission de vie. Mais le fait d'être trop centré sur les désirs et les attentes d'autrui peut parfois vous donner une tendance à vous couper de vos propres désirs et vous empêcher de faire vos propres choix.

Vous êtes particulièrement capable de trouver votre équilibre ou de le préserver, de créer des liens, de construire des relations sociales, d'utiliser votre intelligence relationnelle, de fonder un couple, de faire preuve d'harmonie, de douceur et de gentillesse, d'attirer, de plaire et de séduire, d'exprimer votre sens esthétique, artistique ou juridique, de coopérer et de participer à la civilisation, de gérer de l'argent et des biens matériels et d'exprimer votre sensualité et d'utiliser vos cinq sens, de satisfaire vos désirs, de conquérir votre bonheur dès lors qu'il s'agit d'élargir vos horizons ou d'acquérir un certain confort matériel, de voyager, lorsqu'il s'agit d'exploiter une opportunité ou de provoquer la chance ou lorsqu'il s'agit de légiférer, de représenter, d'organiser, de coordonner, de gérer, d'administrer, de distribuer, d'éduquer, de conseiller, de guider, de faire des affaires ou de vous rendre utile.

C'est à travers les autres, vos relations sociales, le partenaire, vos sentiments, votre sens esthétique ou votre sens de l'accueil que vous pouvez faire l'expérience de l'insertion socioprofessionnelle, l'apprentissage des normes, lois, cultures et mécanismes régissent la société, vous initier à la religion et élargir vos horizons. Vous cherchez naturellement à établir des relations et une ambiance harmonieuse avec la pensée universelle, les groupes sociaux, les religions, cultures et partenaires sociaux.

Vous vivez un échange permanent avec la société. Vous pouvez avoir besoin d'éprouver une émotion esthétique ou avoir besoin des autres ou d'un support esthétique pour comprendre les grandes conceptions. Il faut avant tout qu'elles vous plaisent. Vous êtes particulièrement tolérant et apte à concilier les philosophies les plus antinomiques. Vous aimez découvrir de beaux paysages, faire des voyages d'agrément avec des gens de bonne compagnie et créer des liens privilégiés lors de vos déplacements. Une association de l'amour et de l'étranger peut vous inciter à avoir des relations amoureuses en voyage ou à l'étranger, et vous rendre attiré par des personnes étrangères.

Votre philosophie peut être celle du beau, de l'amour et de la paix. Vous pouvez avoir des facilités pour propager un art ainsi qu'une certaine autorité en matière d'esthétique et côté sentiments. Les sentiments et les relations peuvent vous permettre de vous dépasser, de vous évader et d'élargir vos conceptions.

L'amour n'est pas pour vous une voie sans issue mais un chemin sans fin, toujours porteur de découvertes affectives et d'émotions nouvelles. Vous devez éviter une philosophie trop influencée par vos plaisirs et désirs ou d'utiliser un idéal pour cacher de fausses apparences de vertu.

VÉNUS EN SECTEUR DIX

Vos possibilités de réalisation, la leçon majeure que vous devez apprendre et votre mission de vie sont liées à votre capacité à exprimer une intelligence relationnelle, esthétique, artistique ou corporelle, à écouter vos vrais désirs de façon à faire des choix pour vous engager, à vous relier aux autres et à créer des liens sociaux, à partager, à être dans le service, à cultiver l'harmonie et la diplomatie, à plaire et à séduire, à décorer et à embellir, à aimer et à vous engager dans une relation de couple, à apporter du bonheur et du plaisir aux autres, à communiquer et à participer à la civilisation.

Vous devenez au fur et à mesure que vous avancez dans votre vie, de plus en plus capable de ressentir du plaisir et de la joie, d'exprimer une intelligence affective, relationnelle, esthétique ou artistique, de vous relier aux autres et de partager, d'utiliser vos cinq sens, d'exprimer votre sensualité, d'être à l'aise avec votre corps physique, d'écouter vos désirs et ceux d'autrui, de faire des choix qui vous correspondent, de vous faire plaisir, de générer de l'abondance, d'attirer, de plaire et de séduire, de créer des liens affectifs, familiaux ou sociaux, de faire preuve de douceur et de gentillesse, de faire appel à votre sens de l'équilibre ou de mettre en avant votre sens du service ; et notamment dès lors qu'il s'agit de vous organiser, d'acquérir ou de préserver une certaine sécurité, lorsque vous êtes face à des difficultés, lorsqu'il s'agit de mettre de l'ordre, de structurer, de fournir des efforts ou de vous imposer une certaine discipline, lorsque vous abordez l'inconnu ou entreprenez une recherche, une quête ou une étude mais aussi lorsqu'il s'agit de cheminer, de gérer un chantier ou de parcourir les différentes étapes de l'évolution professionnelle et spirituelle.

C'est à travers votre charme, votre sens esthétique, votre sens relationnel ainsi que votre capacité à séduire, unir, créer des formes que vous pouvez au mieux envisager votre carrière.

Vous avez particulièrement besoin de nombreuses relations, de relations privilégiées, d'une union avec le pôle complémentaire, de beauté et de vivre dans un cadre agréable et harmonieux.

Le mariage, vos relations sociales, votre sens du contact, votre capacité à créer des liens teintés d'affectivité, votre charme naturel tendent à favoriser votre élévation sociale. Dans la mesure où votre charme agit particulièrement dans votre vie professionnelle, vous pouvez faire des rencontres affectives déterminantes dans ce secteur. Vous recherchez une certaine beauté et l'harmonie d'une ambiance agréable au sein de votre vie professionnelle. Vous pouvez réussir dans les professions touchant à l'esthétique, la beauté, l'accueil, l'art, la coiffure, le conseil matrimonial, les plantes et les plaisirs et loisirs.

Vous pouvez par contre avoir du mal à vous élever socialement et à jouer votre rôle social sans l'aide des autres et devez éviter une dépendance excessive. Vous devez aussi éviter un manque de persévérance et de dynamisme, une tendance à prendre trop à la légère vos obligations et de vous laisser dominer par vos désirs et plaisirs.

VÉNUS EN SECTEUR ONZE

Dans votre vie, les solutions passent par la nécessité de développer et d'utiliser votre intelligence relationnelle, esthétique, artistique ou corporelle, d'écouter vos vrais désirs de façon à faire des choix qui vous correspondent et vous engager, d'être à l'aise avec votre corps physique, de vous relier aux autres et de créer des liens sociaux, de partager avec vos amis, au sein d'un groupe voire avec l'humanité toute entière, d'être dans le service, de générer de l'abondance, de générer de l'harmonie et de l'équilibre à travers la diplomatie, de plaire et à séduire, de décorer et d'embellir, d'aimer et de vous engager dans une relation de couple, d'apporter du bonheur, du plaisir et un sourire aux autres, de communiquer et de participer à la civilisation. Seulement ainsi pouvez-vous pleinement exprimer votre potentiel et réaliser votre mission de vie.

Vous êtes particulièrement capable de trouver votre équilibre ou de le préserver, de créer des liens, de construire des relations sociales, d'utiliser votre intelligence relationnelle, de fonder un couple, de faire preuve d'harmonie, de douceur et de gentillesse, d'attirer, de plaire et de séduire, d'exprimer votre sens esthétique, artistique ou juridique, de coopérer et de participer à la civilisation, de gérer de l'argent et des biens

matériels et d'exprimer votre sensualité et d'utiliser vos cinq sens, de satisfaire vos désirs, de conquérir votre bonheur dès lors qu'il s'agit de concrétiser vos projets, lorsqu'il s'agit de vivre des expériences inconnues ou d'explorer de nouveaux horizons, lorsqu'il s'agit de trouver des solutions ou faire des réformes visant à améliorer les situations, lorsqu'il s'agit d'utiliser les nouvelles technologies et de vous adapter à la vie moderne où lorsque vous êtes dans un groupe ou avec des ami(e)s.
C'est à travers les sentiments, le besoin de créer des liens privilégiés, d'attirer, de séduire, de plaire et de trouver un équilibre que vous vivez l'amitié, les projets et la participation au progrès collectif. L'amitié et l'amour étant souvent mélangé vous pouvez avoir du mal à faire la part des choses. Vous pouvez aimer les amitiés amoureuses, pouvez aimer séduire vos amis et avoir des aventures amoureuses parmi vos relations amicales. Votre attitude aimable, votre grâce, votre charme, votre tolérance peut vous apporter de nombreuses amitiés et protections.

Vos relations affectives se teintent d'une complicité psychologique profonde qui peut vous faire vivre des moments très intenses et faire de votre couple une entité à part entière. Vous vivez l'amitié comme un lien tendre et affectueux. Vous êtes attiré par les amis beaux, tendres, doux, sociables et sensibles à l'esthétique. Vous pouvez vous projeter dans l'avenir comme vivant en couple, en ayant de nombreuses relations et en vivant une vie agréable et équilibrée. Les autres peuvent jouer un rôle important dans la réalisation de vos projets ou dans votre processus de libération mais vous devez surmonter une tendance à l'hésitation et au manque d'énergie déployée.

VÉNUS EN SECTEUR DOUZE

Votre objectif de vie à long terme, ce que vous pouvez faire de mieux de votre vie, votre moyen d'accéder à la transcendance, vos solutions pour guérir et ce que vous laisserez à la postérité sont liés à Vénus.

Concrètement, cela passe par une nécessité de développer et d'utiliser votre intelligence relationnelle, esthétique, artistique ou corporelle, d'écouter vos vrais désirs de façon à faire des choix qui vous correspondent, d'être à l'aise avec votre corps physique, de vous relier aux autres et de créer des liens sociaux, de partager avec vos amis, au sein d'un groupe voire avec l'humanité toute entière, d'être dans le service, de générer de l'abondance, de l'harmonie et de l'équilibre, de faire preuve de diplomatie, de plaire et de séduire, de décorer et d'embellir, d'aimer et de vous engager dans une relation de couple, d'apporter du bonheur, du plaisir et un sourire aux autres, de communiquer et de participer à la civilisation.

Vous êtes particulièrement capable de trouver votre équilibre ou de le préserver, de créer des liens, de construire des relations sociales, d'utiliser votre intelligence relationnelle, de fonder un couple, de faire preuve d'harmonie, de douceur et de gentillesse, d'attirer, de plaire et de séduire, d'exprimer votre sens esthétique, artistique ou juridique, de coopérer et de participer à la civilisation, de gérer de l'argent et des biens matériels et d'exprimer votre sensualité et d'utiliser vos cinq sens, de satisfaire vos désirs, de conquérir votre bonheur dès lors qu'il s'agit d'avoir la foi et de lâcher prise, de soulager les souffrances et les misères du monde, de vous évader, de fuir ou d'accéder à d'autres états de conscience, de transcender la réalité, de donner du sens, de rêver et de faire rêver, d'inspirer et d'être inspiré, d'utiliser votre clairvoyance, votre ressenti et votre imagination, de communier et de participer à une entreprise collective.

Vous êtes particulièrement réceptif et perméable aux manifestations affectives de l'autre. Vous pouvez initialement faire preuve d'une innocence fondamentale qui ne voit pas le vice derrière les excès sensuels. Vous avez aussi tendance à laisser les choses au hasard par rapport à votre vie affective. Vous pouvez ainsi être attiré par des situations affectives compliquées, bizarres et pouvant mener à une certaine souffrance.

Le jugement que vous avez sur vous-mêmes ce fait en fonction du sentiment et n'est pas toujours objectif, mais vous avez besoin d'être en harmonie avec vous-mêmes et les autres. Vous pouvez faire beaucoup de concessions avec la réalité et chercher spontanément à dépasser votre ego pour aller vers l'autre. Vous pouvez avoir tendance à idéaliser la tendresse et la sensualité qui peut être synonyme de transcendance, d'où une difficulté à associer l'esthétique à la faute éventuelle et à voir le monde comme tout beau tout gentil. Vous pouvez être attiré par des gens évolués.

Votre capacité de communion des âmes lors de vos relations privilégiées peut vous faire vivre des moments transcendants mais elle peut aussi induire une certaine dépendance de l'autre et de la souffrance si le partenaire n'a pas une maturité suffisante. Vous êtes en général assez secret sur les questions sentimentales et pouvez aimer rechercher le calme dans le recueillement et l'isolement. Votre sens de la séduction tend à fonctionner un peu tout seul, indépendamment de votre volonté, et à se diffuser comme un gaz ou une aura de séduction. Des gens peuvent être attiré par vous de manière puissante, comme pris par les fils affectifs que vous tissez, sans que vous compreniez très bien pourquoi.

Cela peut vous causer quelques ennuis mais aussi vous faire vivre des relations merveilleuses. La tradition attribue à cette position des liaisons secrètes ou mystiques, une tendance à vivre l'amour dans sa tête seulement et à ne s'engager que difficilement, des liaisons affectées par la maladie ou une disparition, une tendance à fuir l'engagement affectif ou à se fuir dans les plaisirs, des risques de tromperies et de trahisons, une solitude et une souffrance affective.

Cette position aussi peut indiquer des rencontres ou liaisons avec des personnes que vous avez connues dans des vies passées et que vos comportements affectifs peuvent être issus d'un programme généalogique, comme si vous répétiez les schémas affectifs de vos ancêtres. Elle indique aussi la possibilité de vivre un amour romantique et un conte de fée. Cette position peut être canalisée en soulageant les souffrances et les misères du monde (métiers médicaux, hospitaliers, paramédicaux, sociaux, déshérités, alcooliques, malades, blessés), aux carrières artistiques et musicales et à tout ce qui touche le développement spirituel.

Mars en secteurs :

MARS EN SECTEUR UN

Voyons maintenant dans quel domaine de votre existence, dans quel secteur d'activité s'exprime votre force de frappe ! Vous vous présentez comme une personne énergique, motivée, passionnée, entreprenante et dynamique, ayant des objectifs et des ressources, c'est-à-dire des savoir-faires et des savoirs-être, capable de combiner intelligence corporelle, mouvement, organisation et action, afin d'être efficace et performant(e), afin d'atteindre vos objectifs. Vous êtes à votre façon comme un général qui mène ces troupes au combat. En avez-vous conscience ?

Vous êtes particulièrement capable d'être dans l'instant présent, d'agir d'instinct en fonction de la nécessité immédiate, de mobiliser vos énergies, de vous affirmer, et de vous imposer en faisant usage de la force, d'être énergique, courageux, intrépide, vaillant, enthousiaste, sportif et entreprenant, de vous battre, de déployer les grands moyens, d'être offensif, efficace et performant mais parfois aussi agressif, colérique et blessant dès lors qu'il s'agit d'entreprendre, d'expérimenter sur le terrain, de vous affirmer et de vous mettre en valeur, d'être opérationnel, de faire du sport ou de travailler dans une entreprise.

Votre dynamisme conquérant, votre courage, votre audace, votre sens de l'initiative et de l'efficacité, votre aptitude à franchir les obstacles et votre franchise peuvent être vos principaux moyens d'expression et d'affirmation. Votre personnalité apparente peut donc être celle d'un être actif, émotif, dynamique et intrépide. Votre constitution est en général robuste et votre système musculaire bien développé, ce qui vous donne une certaine vigueur. Votre potentiel d'activité et votre force de frappe peuvent être remarquable et déboucher sur d'importantes réalisations.

Votre esprit d'entreprise peut être canalisé dans une activité exigeant une certaine dépense d'énergie. Vous vous accommodez difficilement d'une existence calme, tranquille, routinière et monotone et recherchez plutôt une vie active, mouvementée, comportant des confrontations, des risques, des expériences variées, des engagements intenses et des émotions fortes. Vous ne vous sentez réellement être et exister que lorsque vous êtes engagé, impliqué, passionné, intensément présent dans le feu de l'action et lorsque vous vous frotter au monde.

Vous préférez le plus souvent agir seul dans des activités personnalisées qu'en groupe. Le terrain, les confrontations, la vie et les dures réalités de l'existence sont pour vous un champ d'expérience privilégiée ou vous pouvez vous faire vos armes. Vous êtes avant tout un être de terrain. Vous tendez à vous identifiez à votre corps, à vos instincts, à vos émotions, à ce que vous éprouvez et à l'énergie qui vous anime.

Vos besoins sexuels et votre sensualité sont puissantes et vous pouvez tirer une bonne partie de votre force d'une sexualité bien maîtrisée. Et vous pouvez utiliser votre énergie pour forcer le chemin jusqu'au centre le plus profond de votre être pour découvrir et vivre votre identité.

Face à une situation nouvelle vos premières réactions tendent à être celles de l'enthousiasme, de l'engagement spontané, de l'improvisation en fonction des nécessités qui s'imposent, du défi, du duel, de la confrontation voir du rapport de force. Vous aimez prouver votre force, être le meilleur et faire vos preuves. Par contre, dans la mesure où vous recherchez le plus souvent des résultats immédiats et où vous faites facilement preuve d'impatience, vous pouvez être plus doué pour commencer que pour terminer et pour déclencher un mouvement que pour le mener à bien. Il peut donc vous être utile de cultiver la persévérance. Vos lacunes éventuelles sont celles de la planète Mars, l'impatience, la colère qui est un mouvement désordonné de l'âme offensée parce qu'elle n'a pas accepté quelque chose et parfois des comportements agressifs.

MARS EN SECTEUR DEUX

Voyons maintenant dans quel domaine de votre existence, dans quel secteur d'activité s'exprime votre force de frappe ! Vous êtes particulièrement capable d'être dans l'instant présent, d'agir d'instinct en fonction de la nécessité immédiate, de mobiliser vos énergies, de vous affirmer, et de vous imposer en faisant usage de la force, d'être énergique, courageux, intrépide, vaillant, enthousiaste, sportif et entreprenant, de vous battre, de déployer les grands moyens, d'être offensif, efficace et performant mais parfois aussi agressif, colérique et blessant, lorsqu'il s'agit de créer des liens, de construire des relations sociales, d'utiliser votre intelligence relationnelle, de créer un couple, de faire preuve d'harmonie, de douceur et de gentillesse, d'attirer, de plaire et de séduire, d'exprimer votre sens esthétique ou artistique, de gérer de l'argent et des biens matériels, d'exprimer votre sensualité et d'utiliser vos cinq sens, de satisfaire vos désirs, de conquérir votre bonheur ou de fonder une famille.

C'est à travers les autres, une vie relationnelle intense, le couple, l'argent, une activité artistique, un amour de la nature et le monde de la matière que vous développez le sentiment d'exister, mais aussi votre force, votre combativité et vos capacités d'engagement.

Votre dynamisme, votre combativité, votre sens des confrontations, votre besoin de victoire suite à un combat et votre sens de la décision s'expriment le mieux dans les situations où des intérêts matériels sont en jeux, lorsqu'il faut gagner de l'argent, gérer un patrimoine, exprimer votre sensualité ou éprouver du plaisir. Il peut dans votre vie exister un lien entre vos finances et vos relations avec l'homme ou avec les capacités dites masculines de combativité et d'entreprise.

Vous considérez cependant rarement l'argent pour l'argent mais plutôt pour ce qu'on peut en faire. Vous avez tendance à voir l'argent et les biens matériels avant tout comme une force, comme des moyens d'action, comme quelque chose de pratique et de fonctionnel pouvant vous permettre d'être autonome et de vivre différentes expériences.

Vous aimez surtout ce que vous avez gagné par vous-même, par vos initiatives, votre activité, vos combats et votre mérite personnel. L'argent facile n'est pas pour vous. Parce que vous préférez gagner de l'argent par vos propres moyens et par vos propres initiatives et parce que

l'enrichissement doit pour vous découler d'une victoire après un combat, l'argent chez vous arrive rarement tout seul, par chance ou par hasard.
Tout se gagne et se mérite pour vous, et posséder un bien, ou un capital, c'est avant tout le conquérir. Et vous savez mobiliser toutes les ressources de votre combativité pour gagner de l'argent, pour constituer un capital, pour faire fructifier vos biens et pour gérer efficacement ce que vous posséder. L'enrichissement peut être un moyen pour vous de vous affirmer et l'argent ou les biens matériels peuvent un pour vous un moyen de montrer au monde que vous exister. L'aptitude à gagner de l'argent peut être pour vous une force qui alimente votre sens de l'identité. Mars en deux vous prédispose donc à assurer côté finances et dans la vie matérielle.

Mais si vous pouvez être doué pour faire rentrer l'argent vous pouvez être tout aussi doué pour le dépenser en fonction de vos besoins immédiats. Vos attitudes vis-à-vis de l'argent peuvent être teintées d'une certaine impulsivité, de franchise et de spontanéité. L'important pour vous et de faire circuler l'argent et vous ne cherchez pas d'emblée à prévoir ou à calculer coté finances. Votre sensualité peut être fortement développée et vous pouvez avoir un goût prononcé pour les plaisirs de la chair. Les goûts, les odeurs, les saveurs, les textures et les couleurs peuvent avoir un impact fort sur vous parce que vous les ressentez fortement dans votre corps. Vous pouvez être une personne aimant se servir de son corps pour entrer en contact ou en confrontation avec la matière.

Vous vivez dans l'intensité du présent et pouvez vous enflammez facilement, tout en sachant tenir les rennes, devant toute manifestation de beauté, lorsque vous avez un désir, lorsque des intérêts financiers sont en jeu, dès lors qu'il s'agit de traiter des achats, en ce qui concerne vos relations ou devant une personne capable de susciter en vous désirs et émotions esthétiques. Vous impliquez et vous engagez intensément dans vos relations et exprimez sans retenue ni calcul vos désirs, vos émotions et vos sentiments, en tenant plus ou moins compte de la disponibilité ou de l'accord de l'autre. Vous aimez toucher, sentir les goûts et les odeurs, palper et parfois vous enivrer de sensations et d'expériences sensorielles renouvelées.

Vos lacunes éventuelles peuvent provenir d'une tendance à dépenser de façon impulsive des sommes au-dessus de vos moyens, d'une tendance à foncer tête baissée dans des entreprises financières hasardeuses, d'une tendance à abuser des plaisirs de la chair, d'une tendance à susciter des rivalités financières par des comportements agressifs ou d'une tendance à vous servir de l'argent et des biens matériels pour alimenter des conflits. Il ne dépend que de vous d'effectuer un travail sur vous-même afin que s'exprime uniquement ce qu'il y a de meilleur en vous.

MARS EN SECTEUR TROIS

Voyons maintenant dans quel domaine de votre existence, dans quel secteur d'activité s'exprime votre force de frappe ! Vous êtes particulièrement capable d'être dans l'instant présent, d'agir d'instinct en fonction de la nécessité immédiate, de mobiliser vos énergies, de vous affirmer, et de vous imposer en faisant usage de la force, d'être énergique, courageux, intrépide, vaillant, enthousiaste, sportif et entreprenant, de vous battre, de déployer les grands moyens, d'être offensif, efficace et performant mais parfois aussi agressif, colérique et blessant dès lors qu'il s'agit d'aborder votre entourage, de des rencontres, de communiquer, d'être informé et de comprendre, d'exprimer ou de défendre vos idées, de découvrir l'inconnu, d'explorer l'environnement, de négocier et de faire du commerce, de vous adapter et de faire preuve d'intelligence.

Vous faites preuve d'une intense et permanente activité relationnelle. Vous avez besoin d'utiliser de façon pratique l'information et pouvez avoir tendance à prendre toute information qui vous passe par la main sans faire de choix sélectif. Vous avez besoin de renouveler vos contacts et vos sujets d'étude, vos informations et vos sujets de curiosité. Vous avez besoin d'être bien informé et de comprendre pour être motivé et efficace. La gestion de l'information, la communication, les déplacements, le commerce, les activités en lien avec l'étranger ou des étrangers peuvent jouer un rôle important dans votre vie professionnelle. Vous pouvez sauter de sujet en sujet, de conversation en conversation avec le même enthousiasme, mais sans cherchez à approfondir. Vous êtes avant tout intéressé par l'aspect pratique de l'information et vos idées tendent à être rapidement exécutées. Aussitôt dit, aussitôt fait. Vous vivez la communication, les échanges et l'adaptation à votre environnement proche de façon instinctive, spontanée et parfois impulsive. Votre esprit tend à être vif et vous pouvez être capable de comprendre rapidement les informations traitées.

Vous tendez à être franc, direct, entier, convainquant et parfois un peu brutal lorsque vous vous exprimez. Vous savez argumenter et défendre vos idées avec force. Vous aimez prouver que vous avez raison et repartir de la conversation avec un sentiment de victoire. Vous pouvez en revanche devenir violent et agressif lorsqu'on attaque vos opinions. L'expérience de l'environnement peut prendre chez vous la forme d'un duel ou d'une confrontation. Vous pouvez avoir besoin d'être le chef de file, le premier, le meilleur ou le plus fort.

Cela peut se traduire par des rapports hostiles et conflictuels, par des querelles confraternelles ou par des rivalités un collègue, un voisin, un frère ou avec une personne de votre environnement proche. La passion de la route, de la vitesse ainsi qu'une certaine agressivité au volant peut vous conduire à des accrochages. Vous pouvez aussi avoir tendance à vous emballer, à tirer des conclusions trop hâtives et à vous mettre en colère facilement lorsque vous communiquez. Vos proches peuvent jouer un rôle important dans le développement de vos capacités à lutter, à combattre, à prendre des décisions et des initiatives et à faire front aux dures réalités de la vie. Les contacts, le savoir, le jeu, le sport, la capacité à être bien informé et la capacité d'adaptation peut être pour vous une force, un moyen d'affirmation privilégié et un moyen de montrer que vous exister.

Vous pouvez avoir des facilités pour comprendre le fonctionnement et la mécanique des choses, pour comprendre ce qui se passe dans toute situation et pour vous donner les moyens de vous adapter à toute situation. Le coté pratique, fonctionnel et réaliste dont vous savez faire preuve dans votre environnement peut faire de vous une personne de terrain capable de faire face efficacement et intelligemment à toute situation concrète. Mars en secteur trois facilite donc l'adaptation au monde extérieur.

MARS EN SECTEUR QUATRE

Voyons maintenant dans quel domaine de votre existence, dans quel secteur d'activité s'exprime votre force de frappe ! De part ce que vous portez de vos parents, vous êtes venu sur Terre avec des capacités innées pour être une personne courageuse, entreprenante, pétillante, passionnée, spontanément dynamique et à l'esprit vif, pour vous motiver, pour définir des objectifs et une trajectoire puis pour organiser les ressources adaptées et des solutions d'organisation nécessaires pour les atteindre, pour entreprendre, pour vous mettre en mouvement et faire toutes les démarches nécessaires, pour oser, pour expérimenter sur le terrain, pour vous affirmer, pour vous mettre en valeur, pour faire preuve d'autorité, pour être opérationnel et performant, pour vous maîtriser et maîtriser les événements, pour gérer des situations ou des projets complexes, pour vous intégrer dans une organisation ou pour la diriger.

Vos parents vous ont légué la capacité d'être, symboliquement, comme un général qui mène ces troupes au combat, avec une certaine force de frappe. Votre famille peut être d'un soutien précieux pour vous insérer professionnellement.

Si votre héritage parental est problématique ou mal intégré, vous avez alors des difficultés importantes et récurrentes à trouver les objectifs qui vous correspondent et la direction à suivre, à trouver votre voie, à vous motiver, à vous mettre dans l'action, à prendre des initiatives, à donner l'autorisation et les moyens de réussir, à vous organiser, à exprimer votre force et votre autorité et à exercer une activité professionnelle.

Ces difficultés peuvent être liées à un manque de présence ou de reconnaissance du père, un à sentiment d'abandon où à un sentiment d'abus d'autorité. Elles font alors obstacle à la réalisation de votre mission de vie et à votre évolution. Elles doivent être transformées pour que vous soyez libre et heureux, ce que vous pouvez faire en effectuant la démarche consciente d'apprendre à définir des objectifs qui sont pertinents pour vous, à prendre conscience de votre force et de vos ressources, à exprimer votre force, votre combativité, votre sens de l'initiative et votre capacité à donner le meilleur de vous-même et à vous organiser en projets en sachant évaluer vos résultats.

Lorsque vous parvenez à exprimer le côté positif de Mars, vous devenez alors un entrepreneur, un coach, un dirigeant ou un chef de projet particulièrement efficace ou simplement une personne sachant conduire sa vie en exprimant ses capacités.

Vous savez accorder vos rythmes naturels aux réalités qui vous entourent parce que vous vivez une intimité totale avec votre corps et vos instincts en ne faisant qu'un avec eux. Cela peut vous conférer une certaine force musculaire ou tout au moins une excellente vitalité, une rapidité de réflexes, une surprenante souplesse physique ainsi qu'un coté instinctif, animal et parfois un peu sauvage. Vous pouvez par contre être à tel point absorbé par votre vécu que le reste, c'est à dire ce qui ne vous concerne pas ou ce qui ne fait pas partie de votre univers, peut vous laisser totalement indifférent. Cela peut parfois être synonyme d'égocentrisme.

Vous êtes particulièrement capable d'être dans l'instant présent, d'agir d'instinct en fonction de la nécessité immédiate, de mobiliser vos énergies, de vous affirmer, et de vous imposer en faisant usage de la force, d'être énergique, courageux, intrépide, vaillant, enthousiaste, sportif et entreprenant, de vous battre, de déployer les grands moyens, d'être offensif, efficace et performant mais parfois aussi agressif, colérique et blessant dès lors qu'il s'agit de créer votre univers intime, un foyer, une famille ou un clan, lorsqu'il s'agit d'acquérir, de préserver ou de défendre votre cadre de vie, votre bien être, votre équilibre personnel ou votre progéniture.

Votre image du foyer est celle d'un foyer animé et mouvementé, où il y a de la vie et de l'action. Vous avez un certain goût pour les débats animés, aimer vous affirmer et montrer que vous êtes le chef ou le plus fort ce qui peut prédisposer à des querelles, à des rapports passionnels et à des conflits familiaux parfois violents. Dans la mesure où vous avez besoin de vous affirmer dans le cadre sécurisant d'un cercle fermé, que ce soit la famille, une communauté ou un groupe d'intimes, il serait positif pour vous de canaliser cette énergie débordante à travers des sports ou des activités de groupe.

Votre dynamisme est d'autant plus efficace que vous vous sentez appartenir à un groupe et que vous agissez au sein de ce groupe. Vous pouvez vous battre pour diriger et assurer la bonne cohésion d'un groupe, pour défendre un foyer, une famille ou une communauté, ou pour lutter contre des traditions perverties ou vous libérer de pressions familiales. Vous pouvez témoigner facilement, du moins initialement, une certaine hostilité envers le lieu ou le milieu natal ou envers des détails qui vous sont personnels.

Vous pouvez aussi avoir un côté soupe au lait et des humeurs orageuses. Vos efforts constructifs peuvent trouver leur application dans le domaine immobilier, dans la musique ou le dessin, dans l'alimentaire et dans tout ce qui touche les enfants. Peut-être ressentez-vous la vie comme un duel entre votre univers intime et les structures sociales, entre vos racines familiales et les impératifs du monde extérieur. Vous savez en tout cas très rapidement mobiliser vos ressources lorsque vos valeurs refuges sont menacées et lorsqu'il s'agit de retrouver le bien-être. Votre famille ou un cercle d'intimes peut vous être d'un soutien précieux dans vos activités extérieures, dans le développement de votre combativité, de votre agressivité et de vos aptitudes à faire face aux réalités de la vie.

MARS EN SECTEUR CINQ

Voyons maintenant dans quel domaine de votre existence, dans quel secteur d'activité s'exprime votre force de frappe ! Vous avez au plus profond de vous le besoin et les compétences pour être une personne courageuse, entreprenante, pétillante, passionnée, spontanément dynamique et à l'esprit vif, pour vous motiver, pour définir des objectifs et une trajectoire puis pour organiser les ressources adaptées et des solutions d'organisation nécessaires pour les atteindre, pour entreprendre, pour vous mettre en action et faire toutes les démarches nécessaires, pour oser, pour expérimenter sur le terrain, pour vous affirmer, pour vous mettre en valeur, pour faire preuve d'autorité, pour être opérationnel et performant, pour vous maîtriser et maîtriser les événements, pour gérer des situations ou des projets complexes, pour vous intégrer dans une organisation ou pour la diriger.

Vous êtes particulièrement capable d'être dans l'instant présent, d'agir d'instinct en fonction de la nécessité immédiate, de mobiliser vos énergies, de vous affirmer, et de vous imposer en faisant usage de la force, d'être énergique, courageux, intrépide, vaillant, enthousiaste, sportif et entreprenant, de vous battre, de déployer les grands moyens, d'être offensif, efficace et performant mais parfois aussi agressif, colérique et blessant dès lors qu'il s'agit de vous repérer et d'être clair, de l'image que vous donnez et de votre réputation, d'incarner votre idéal, vos valeurs et vos principes, de vous fixer des objectifs et de déployer votre volonté, d'être créatif(ve), de vous engager en donnant le meilleur de vous-même, de vous imposer avec autorité, de maîtriser la situation, de réussir voir même de briller et de rayonner, de vous exprimer, de vous réaliser ou lorsque l'Amour est en jeu.

Une parfaite complicité entre votre cœur, votre conscience, votre esprit et votre énergie vitale vous permet d'exploiter votre énergie, de la maîtriser et de la canaliser. Cela peut être synonyme de grande vitalité, d'une abondante réserve d'énergie sans cesse renouvelée, de force musculaire, de vigueur physique, de puissance agressive et de fortes capacités réalisatrices car vous savez vous donner les moyens de réaliser vos ambitions.

Cette position indique des facilités pour l'entreprise, pour s'affirmer et pour se confronter aux réalités de la vie. Votre intense pouvoir créatif tend à s'exercer instinctivement. Votre dynamisme, votre combativité et votre pouvoir de décision peuvent soutenir votre pouvoir créatif et contribuer à votre réussite. Vous devez éviter la dilapidation par le jeu et les sports trop violents.

Le sport est néanmoins un moyen idéal pour vus exprimer. La création, les sports et distractions, les enfants et les relations amoureuses peuvent être un moyen pour vous de prouver au monde et à vous-mêmes que vous existez, un moyen de vous sentir fort. Ils peuvent contribuer au développement de votre combativité et de votre capacité à faire face aux réalités de la vie. Les besoins sexuels se manifestent très tôt au risque parfois d'enfants avant mariage. Vous vous donnez ouvertement à l'autre et vos élans peuvent être passionnels et parfois brutaux. La relation amoureuse est parfois vécue comme une conquête ou un combat dont vous sortez gagnant ou perdant.

Votre besoin d'intensité dans la relation, de vitesse, de dépense d'énergie vous prédispose à une vie amoureuse active, animée et parfois aux querelles amoureuses. Vous êtes souvent pressé d'arriver au but. Aussi devez-vous éviter la violence et les débordements sexuels. Vos relations avec les enfants sont basées sur l'action, l'entreprise et l'apprentissage des réalités extérieures. Elles sont en général intenses, ardentes, instinctives et parfois passionnelles.

MARS EN SECTEUR SIX

Voyons maintenant dans quel domaine de votre existence, dans quel secteur d'activité s'exprime votre force de frappe ! Initialement, Mars en maison six peut être synonyme de difficultés importantes et récurrentes à vous motiver, à définir des objectifs et une trajectoire puis à trouver les ressources adaptées et des solutions d'organisation nécessaires pour les atteindre, à vous repérer dans l'espace, à trouver la direction à suivre ou à trouver votre voie dans la vie, à entreprendre, à vous mettre en mouvement, à faire toutes les démarches nécessaires, à oser, à expérimenter sur le terrain, à vous affirmer, à vous mettre en valeur, à faire preuve d'autorité, à être opérationnel et performant, à vous maîtriser et maîtriser les événements, à gérer des situations ou des projets complexes, à vous intégrer dans une organisation ou à combiner intelligence, technique, stratégie, mouvement, organisation, action et légitimité, à vous donner l'autorisation de réussir et à être une personne dynamique et performante, capable d'atteindre ces objectifs et sa destination.

Pourquoi avez-vous des difficultés à exprimer cette planète d'une façon positive ? Parce qu'au lieu d'être dans l'instant présent et dans l'action, vous pensez trop, vous réfléchissez et vous nourrissez la croyance que votre intelligence terrestre qui accumule des connaissances, votre mental, va vous apporter toutes les solutions, ce qui n'est pas de cas ! Vous êtes trop centré dans votre mental au lieu d'être centré dans votre corps et dans votre cœur ! Il est également possible que vous ayez des souvenirs, des « mémoires », où l'expression de la force ou du commandement n'étaient pas justes et équilibrés et donc des croyances qui vous empêchent d'exprimer le meilleur de cette carte.

Ces difficultés font obstacle à la réalisation de votre mission de vie et à votre évolution. Elles peuvent être liées à un manque de présence ou de reconnaissance du père, un à sentiment d'abandon où à un sentiment d'abus d'autorité de type masculine. Elles doivent être transformées pour que vous soyez libre et heureux, ce que vous pouvez faire en effectuant la démarche consciente d'apprendre à définir des objectifs qui sont pertinents pour vous, à prendre conscience de votre force et de vos ressources, à exprimer votre force, votre combativité, votre sens de l'initiative et votre capacité à donner le meilleur de vous-même, à vous motiver et à vous organiser en projets en sachant évaluer vos résultats.

Pour vous autoriser à mobiliser vos énergies et pour être motivé, il faut vous autoriser à vivre votre sexualité, votre passion et accepter vos ombres. Vos difficultés à exprimer cette planète, si vous en avez, peuvent déboucher sur de grandes capacités à écouter votre corps et sur des compétences en sport, en arts martiaux et dans tout ce qui concerne le guidage et l'orientation. Vos connaissances dans le domaine de la santé peuvent fortement contribuer à votre performance.

Lorsque vous parvenez à exprimer le côté positif de Mars, vous devenez alors un entrepreneur, un coach, un dirigeant ou un chef de projet particulièrement efficace ou simplement une personne sachant conduire sa vie en exprimant ses capacités.

Vous êtes particulièrement capable d'être dans l'instant présent, d'agir d'instinct en fonction de la nécessité immédiate, de mobiliser vos énergies, de vous affirmer, et de vous imposer en faisant usage de la force, d'être énergique, courageux, intrépide, vaillant, enthousiaste, sportif et entreprenant, de vous battre, de déployer les grands moyens, d'être offensif, efficace et performant mais parfois aussi agressif, colérique et blessant dès lors qu'il s'agit de servir, de communiquer, d'effectuer des échanges commerciaux, de vous adapter aux réalités matérielles en utilisant des outils et des techniques, de vous organiser, de traiter des question d'hygiène ou de santé, d'être en sécurité, ou d'utiliser des systèmes d'information.

C'est dans le travail quotidien et à travers le service que s'exerce le mieux votre capacité de décision, de lutte, votre combativité et votre aptitude à faire face aux défis de l'existence. Vous ne trouvez pas forcément facilement votre place dans la société, il vous faut la gagner et la mériter comme l'enjeu d'un combat. Vous pouvez déployer une activité considérable dans le service, et travailler avec ardeur, zèle et énergie pour être compétitif voir le meilleur. Vous avez tendance à multiplier les actions énergiques, les épreuves de force et parfois les affrontements. Vos rapports professionnels peuvent être assez tendus et basés sur des rivalités. Vous avez besoin d'aller jusqu'au bout des choses et pouvez parfois bousculer les autres pour leur rendre service ou pour qu'ils vous rendent service.

Comme vous êtes assez individualiste, vous acceptez mal les contraintes ou les reproches, sous-entendu qu'il n'y a que vous qui savez bien faire et savez mieux travailler seul qu'en groupe. Vos relations aux collègues, aux patrons et aux employés sont plutôt vécues de façon instinctive, sensitive, et spontanée que sur la raison. Vous avez plutôt tendance à fuir la routine et vous épanouissez plutôt dans un travail pratique, où vous pouvez agir et dépenser votre énergie.

Vous avez une impulsion naturelle à surmonter les obstacles dans le service. Votre santé peut être robuste et vos points sensibles seraient la tête et la musculature. Vous devez éviter les accidents de travail par brusquerie ou imprudence ainsi que les rapports conflictuels avec les collègues ou patrons.

MARS EN SECTEUR SEPT

Voyons maintenant dans quel domaine de votre existence, dans quel secteur d'activité s'exprime votre force de frappe !

Initialement, Mars en maison sept peut être synonyme de difficultés importantes à vous motiver, à définir des objectifs et une trajectoire puis à trouver les ressources adaptées et des solutions d'organisation nécessaires pour les atteindre, à entreprendre, à vous mettre en mouvement, à faire toutes les démarches nécessaires, à oser, à expérimenter sur le terrain, à vous affirmer, à vous mettre en valeur, à être opérationnel et performant, à vous maîtriser et maîtriser les événements, à gérer des situations, à vous donner l'autorisation de réussir et à être une personne dynamique et performante. Ces difficultés font obstacle à la réalisation de votre mission de vie et à votre évolution. Pourquoi avez-vous des difficultés à exprimer cette planète d'une façon positive ? Parce qu'au lieu d'être centré dans votre corps, dans l'instant présent et dans l'action, vous avez tendance à vous décentrer et à compter sur les autres pour exprimer cette planète à votre place.

C'est comme si vous rejetiez tout ou partie de la planète parce que vous la voyez comme étant perturbatrice ou opposée à qui vous êtes. Elle tend alors à s'exprimer, depuis votre inconscient, sous sa forme inférieure et à s'associer avec votre ombre. Si vous refusez de définir des objectifs, d'exprimer votre force, de vous motiver, d'agir et de vous mettre en mouvement et si vous donnez tout votre pouvoir aux autres, il devient alors difficile de réussir votre vie, de trouver votre équilibre et votre joie, de créer de l'harmonie et de rassembler ce qui en vous est séparé de votre centre.

Si vous exprimez l'ombre de Mars, le risque est alors de faire preuve d'impulsivité, d'orgueil, d'une tendance à aller trop vite et à prendre des risques de façon excessive voire dangereuse, de nourrir sans fin des luttes intérieures et des colères et d'être une personne accidentée de la vie dans certains domaines. Vous pouvez facilement considérer beaucoup de gens comme des adversaires potentiels, et l'autre, le partenaire ou l'associé, est facilement défié. Cela peut produire des rivalités, inimitiés déclarées, des ruptures de contrats ou d'associations et des conflits de toutes sortes. Vous devez éviter de projeter, consciemment ou inconsciemment, votre agressivité sur autrui, ainsi que les rapports de forces, de confrontation et de rivalités systématiques avec autrui afin de ne pas vous exposer à l'adversité. Vos associations et vos contrats peuvent être conclus de façon irréfléchie et votre sociabilité avoir les limites d'un tempérament fougueux et impulsif.

Vos difficultés peuvent aussi être liées à un manque de présence ou de reconnaissance du père, un à sentiment d'abandon où à un sentiment d'abus d'autorité. Elles doivent être transformées pour que vous soyez libre et heureux, ce que vous pouvez faire en effectuant des prises de conscience et un travail consistant à définir des objectifs qui sont pertinents pour vous, à prendre conscience de votre force et de vos ressources, à exprimer votre force, votre combativité, votre sens de l'initiative et votre capacité à donner le meilleur de vous-même et à vous organiser en projets en sachant évaluer vos résultats.

Pour surmonter les difficultés qui peuvent être générées par mars en secteur 7, pour vous autoriser à mobiliser vos énergies et pour être motivé, il faut vous autoriser à vivre votre sexualité, votre passion et accepter vos ombres. Vos difficultés peuvent cependant déboucher sur de grandes capacités à écouter votre corps et sur des compétences en sport, en arts martiaux et dans tout ce qui concerne l'organisation, l'énergie et l'entreprise. Votre intelligence relationnelle et votre volonté de participer à la civilisation peuvent fortement contribuer à votre performance.

Quand cette planète est bien intégrée, vous êtes alors particulièrement capable de vous motiver, d'être passionné et efficace dès lors qu'il s'agit de trouver votre équilibre ou de le préserver, de créer des liens, de construire des relations sociales, d'utiliser votre intelligence relationnelle, de fonder un couple, de faire preuve d'harmonie, de douceur et de gentillesse, d'attirer, de plaire et de séduire, d'exprimer votre sens esthétique, artistique ou juridique, de coopérer et de participer à la civilisation.

C'est dans le domaine des associations, de la vie de couple et des relations mondaines que se manifeste votre dynamisme, votre sens de l'initiative et aussi votre sens de la confrontation. Si la société peut être pour vous un champ d'action privilégié, elle peut aussi être un champ de bataille. Comme toute relation d'après vous se mérite comme l'enjeu d'une conquête, d'une lutte ou d'un combat, vous pouvez être attiré par les rapports de force et les rivalités. Vous avez tout au moins besoin que ça bouge au sein de vos relations et d'une certaine tension. Vous avez fortement besoins de relations affectives ou sociales et concevez rarement la vie sans vie de couple.

Vous aimez provoquer la relation, l'expression de l'autre et n'hésiter pas à secouer et stimuler autrui. Votre image du couple est celle d'une vie conjugale agitée voir mouvementée, où il y a de la vie et de l'action. Mais vous devez éviter une tendance à la confrontation et aux rapports de force, sous peine de vivre des scènes de ménage voir des ruptures. Les autres vous stimulent et vous dynamisent, et c'est par le couple et la vie associative que peuvent au mieux se développer votre sentiment de force, d'exister et votre pouvoir d'action. Vous devez quand même éviter les unions conclues précipitamment et les mariages coup de tête.

Vous recherchez des partenaires dynamiques, actifs, instinctifs, qui assurent et qui peuvent partager des activités avec vous. Vous pouvez avoir de grandes capacités de réalisation grâce à la collaboration d'autrui. Vous pouvez être très tôt attiré vers le mariage mais c'est plus par besoins sexuels que par sentiments, cependant sentiments et sexualité sont étroitement liés et vous ne concevez pas l'un sans l'autre. La beauté vous émeut souvent. Cette position est un facteur d'initiatives sociales indique souvent une très intense activité relationnelle.

MARS EN SECTEUR HUIT

Voyons maintenant dans quel domaine de votre existence, dans quel secteur d'activité s'exprime votre force de frappe ! Votre chemin initiatique ou votre quête est une quête pour parvenir à trouver les bons objectifs, la bonne destination, le bon chemin mais aussi l'énergie, l'enthousiasme, la motivation, l'efficacité, l'organisation, les ressources nécessaires pour obtenir des résultats grâce à des savoir-faires et des savoirs-être et l'autonomie dans votre vie, de façon à être une personne qui maîtrise sa trajectoire.

Initialement, Mars en maison huit peut être synonyme de difficultés à démarrer, à vous mettre en mouvement, à prendre des initiatives, à vous incarner dans la vie et dans l'action, à prendre conscience de la force que vous avez, à définir des objectifs et une trajectoire puis à trouver les ressources adaptées et des solutions d'organisation nécessaires pour les atteindre, à vous repérer dans l'espace, à trouver la direction à suivre, à trouver votre voie dans la vie, à entreprendre, à faire toutes les démarches nécessaires, à oser, à vous affirmer, à vous mettre en valeur, à faire preuve d'autorité, à être opérationnel et performant, à vous maîtriser et maîtriser les événements, à gérer des situations ou des projets complexes, à vous intégrer dans une organisation, à vous donner l'autorisation de réussir et à être une personne dynamique et performante.

Pourquoi ? Parce qu'il y a une part de vous, votre part d'ombre ou votre saboteur, qui refuse d'être centré dans votre corps, dans l'instant présent, dans la vérité des choses puis de définir des objectifs et de vous organiser pour avancer et pour être efficace. C'est comme si «le chariot et son général», en vous, était occultés.

Vous avez donc parfois l'impression de ne pas avoir d'objectifs, d'énergie, de motivation, d'être une personne immature et inadaptée ou qu'il vous manque des ressources, comme par exemple le courage, pour agir, conquérir, atteindre vos objectifs et pour obtenir la victoire. Vous avez parfois l'impression de ne pas être maître de votre trajectoire, de ne pas être dans votre vrai chemin ou de ne pas pouvoir accéder à la victoire. Pouvez-vous observer cela ? Votre quête passe donc par une exploration de tout ce que représente Mars.

Quand cette planète est bien intégrée, vous êtes alors particulièrement capable d'être dans l'instant présent, d'agir d'instinct en fonction de la nécessité immédiate, de mobiliser vos énergies, de vous affirmer, et de vous imposer en faisant usage de la force, d'être énergique, courageux, intrépide, vaillant, enthousiaste, sportif et entreprenant, de vous battre, de déployer les grands moyens, d'être offensif, efficace et performant dès lors qu'il s'agit de vous engagez dans un combat, dès lors qu'il s'agit de transformer et vous transformer, de faire face à une situation difficile, à des crises ou des obstacles, à des pressions occultes, à des manipulations insidieuses ou des magouilles, lorsque votre sécurité et votre survie sont en jeu, lorsque vous êtes en temps de guerre ou face à l'ennemi, lorsqu'il s'agit d'élucider un mystère, d'influencer le cours des événements ou de parcourir les différentes étapes de l'initiation. Vous vivez alors une vie particulièrement intense.

La relation avec l'au-delà est vécue de façon active et instinctive, à travers la confrontation, l'épreuve de force ou la violence. Vous êtes plutôt du genre à expérimenter et à chercher des preuves qu'à rester dans la théorie. La mort ou l'influence d'un homme a parfois suscité un besoin de découvrir l'invisible et l'au-delà. Vous pouvez utiliser les pouvoirs qui s'y rattachent pour vous affirmer et vous confronter au monde ce qui peut vous conférer une combativité redoutable et particulièrement agressive. Une capacité à maîtriser votre sexualité peut vous procurer une importance puissance magnétique qui, si elle est utilisée constructivement, peut vous donner le pouvoir de transformer les événements selon votre volonté. Les crises et transformations peuvent être chez vous assez violentes mais vous vous êtes du genre à cherchez à surmonter les crises et problèmes et à faire front aux situations difficiles avec courage.

La sexualité peut être vécue de manière instinctive et vous recherchez facilement à provoquer le rapport sexuel. Vous avez parfois des initiatives visant à rabaisser, dénigrer, démolir, transformer et pouvez être assez manipulateur. Vous pouvez faire preuve d'un courage exceptionnel face aux dangers, à la mort et aux situations difficiles. Vous avez parfois tendance à utiliser votre double pour envoyer sur autrui des missiles à têtes chercheuses mais aussi récolter brutalement ce que vous avez semé. L'agressivité à distance et l'action secrète peuvent être vos armes, mais elles sont à double tranchant. Vous avez le goût des actions héroïques et un tempérament de duelliste qui aime parfois défier la mort et flirter avec.

Vous devez apprendre à gérer votre côté extrémiste, intolérant, parfois révolutionnaire, une tendance à provoquer des tensions partout où vous allez ainsi qu'une tendance à la marginalisation. Vous pouvez être attiré par un train de vie hyperactif ou règne une certaine tension et devez éviter de brûler la chandelle par les deux bouts. Vous pouvez avoir des capacités pour les métiers de policier, de militaire, détective, gardien ou surveillant, pour tout ce qui est en rapport avec la mort ou les sciences occultes.

MARS EN SECTEUR NEUF

Voyons maintenant dans quel domaine de votre existence, dans quel secteur d'activité s'exprime votre force de frappe ! Dans le but de sortir du rôle que vous ont légué vos parents, d'accéder à votre mission personnelle, de réaliser votre mission de vie, de trouver votre voie et de vous épanouir, vous ressentez un besoin compulsif d'oser, d'être dans l'action, de prendre les rênes de la situation en main, d'effectuer toutes les démarches nécessaires, de définir des objectifs et une trajectoire puis d'organiser les ressources adaptées et des solutions d'organisation nécessaires pour les atteindre. Vous pensez qu'il faut que vous soyez entreprenant et efficace.

Vous êtes particulièrement capable d'être dans l'instant présent, d'agir d'instinct en fonction de la nécessité immédiate, de mobiliser vos énergies, de vous affirmer, et de vous imposer en faisant usage de la force, d'être énergique, courageux, intrépide, vaillant, enthousiaste, sportif et entreprenant, de vous battre, de déployer les grands moyens, d'être offensif, efficace et performant mais parfois aussi agressif, colérique et blessant dès lors qu'il s'agit d'élargir vos horizons ou d'acquérir un certain confort matériel, de voyager, lorsqu'il s'agit d'exploiter une opportunité ou de provoquer la chance ou lorsqu'il s'agit de légiférer, de représenter, d'organiser, de coordonner, de gérer, d'administrer, de distribuer, d'éduquer, de conseiller, de guider, de faire des affaires ou de vous rendre utile.

Cette position est particulièrement propice à l'insertion sociale, à l'épanouissement, à l'acquisition de valeurs philosophiques, spirituelles, religieuses, à l'obtention d'une bonne culture ainsi qu'à l'élargissement des horizons et aux voyages. Elle vous prédispose à une ouverture et largesse d'esprit, à une expansion tolérante qui ne heurte personne, à un certain altruisme et à l'acquisition de connaissances spirituelles, métaphysiques, religieuses ou culturelles qui vous donne un sens des valeurs. Vous aimez prendre conscience de la grandeur et de la beauté de l'univers et vous sentez attiré par les voyages, l'exploration, l'étranger qui peuvent vous permettre de vous épanouir. Vous êtes aussi attiré par les êtres ayant une certaine maturité sociale ou religieuse.

Vos aspirations morales, religieuses, métaphysiques ou culturelles peuvent être assez fortes et votre facilité à parler un langage commun et accessible à tous peuvent faire de vous un missionnaire, un représentant ou un pédagogue. Vous pouvez utiliser votre autorité et votre pouvoir social dans la gestion et l'organisation d'une idéologie, d'un groupe politique, d'une grande entreprise, d'une administration ou dans l'enseignement. Une capacité au niveau professionnel à avoir de bonnes relations avec tous, à savoir saisir les opportunités, à agir conformément à ce que l'on vous demande, à savoir-faire preuve d'autorité, et souvent à bénéficier d'une certaine protection et d'une certaine chance vous prédispose à évoluer vers des postes à responsabilités. Vous pouvez avoir une certaine chance à l'étranger ou avec les étrangers.

Votre pouvoir spirituel peut faire de vous un homme de bon conseil. Vos principes religieux tendent à être bienveillants et tolérants. Vous avez un certain besoin de comprendre les choses et la vie, de leur donner un sens et de les réduire à des formules maniables. Votre besoin de comprendre les mécanismes du monde extérieur au niveau social, légal, politique, historique, religieux ou cosmique peut faire de vous une personne particulièrement cultivée. Vous devez éviter l'usurpation de pouvoir, une tendance au colonialisme ou l'envahissement, au dogmatisme ou à l'identification excessive au monde extérieur.

MARS EN SECTEUR DIX

Voyons maintenant dans quel domaine de votre existence, dans quel secteur d'activité s'exprime votre force de frappe ! Vos possibilités de réalisation, la leçon majeure que vous devez apprendre et votre mission de vie sont liées à votre capacité à définir les objectifs et la trajectoire qui sont justes pour vous puis à trouver les ressources adaptées et des solutions d'organisation nécessaires pour les atteindre, à démarrer et à vous mettre en mouvement, à oser, à prendre des initiatives et à entreprendre, à prendre conscience de la force que vous avez, à vous affirmer, à être opérationnel et performant, à vous maîtriser et maîtriser les événements, à gérer des situations, à vous intégrer dans une organisation, à vous donner l'autorisation de réussir et à être une personne dynamique et performante, capable d'atteindre ces objectifs et sa destination tel, symboliquement, un général qui mène ces troupes au combat et à la victoire.

Vous êtes particulièrement capable d'être dans l'instant présent, d'agir d'instinct en fonction de la nécessité immédiate, de mobiliser vos énergies, de vous affirmer, et de vous imposer en faisant usage de la force, d'être énergique, courageux, intrépide, vaillant, enthousiaste, sportif et entreprenant, de vous battre, de déployer les grands moyens, d'être offensif, efficace et performant mais parfois aussi agressif, colérique et blessant dès lors qu'il s'agit d'acquérir ou de préserver une certaine sécurité, lorsque vous êtes face à des difficultés, lorsqu'il s'agit de mettre de l'ordre, de structurer ou de vous imposer une certaine discipline, lorsque vous abordez l'inconnu ou entreprenez une recherche, une quête ou une étude mais aussi lorsqu'il s'agit de parcourir les différentes étapes de l'évolution professionnelle et spirituelle. C'est à travers l'action, l'expérience vécue, la confrontation aux autres et au monde, par votre courage et vos initiatives individuelles que vous cherchez à vous élever socialement et à réaliser votre carrière. Vous êtes attiré par les professions où peuvent s'exercer une certaine liberté d'action, un esprit de compétition, des initiatives individuelles et des confrontations.

Vous avez tendance à foncer dans une direction déterminée et à prendre des initiatives remarquables sinon remarquées. Votre ambition professionnelle tend à être impatiente, fougueuse et spontanée. Cela vous prédispose à participer à la vie du monde et à occuper des postes en vue. Votre impulsivité et votre besoin de renouvellement permanent ainsi qu'une certaine instabilité font que vous pouvez changer fréquemment d'emploi ou qu'il y a une nouveauté permanente au sein de votre activité professionnelle.

Les carrières comprenant de nombreuses initiatives, des actions énergiques, une capacité à forcer les circonstances en votre faveur, à surmonter les obstacles et à vous confronter aux autres vous sont ouvertes. L'industrie, l'entreprise, l'armée, le sport, la chirurgie et tout ce qui touche aux postes de direction, de chef de file peuvent être un moyen de vous exprimer.

Votre sens de la confrontation et votre franchise un peu brutale peut vous exposer à des jalousies et rivalités au sein de votre milieu professionnel. Cette position pousse vers un accomplissement social. Votre goût de vaincre ne devrait pas cependant tourner à l'ambition démesurée. Vous devez aussi éviter de chercher à évincer les autres de leur poste en usant de moyens extrêmes et malhonnêtes pour arriver à vos fins ; cela pourrait vous attirer des confrontations incessantes, critiques et hostiles et une mauvaise réputation. Vous êtes spécialiste pour apprendre sur le tas, pour imposer vos droits et ambitions par la force s'il le faut et vous voyez la vie socioprofessionnelle comme une conquête permanente.

Exemple de métiers : Métiers du monde de l'entreprise (ouvrier ou chef d'entreprise), de la mécanique ou associée aux métaux (usinage, tournage, fraisage, décolletage, réglage) et de tout ce qui nécessite un maniement d'outils(quincaillerie), les mécaniciens, métiers du sport et des disciplines de combats (arts martiaux, armuriers), (sportifs, entraîneurs, éducateurs), les professions libérales et les métiers où il y a de l'indépendance, certaines activités médicales (dentistes, chirurgiens, chimistes), les pompiers, les réalisateurs (ingénieurs), les pionniers, les militaire, les policier, les dompteur, les activités autonomes, les professions libérales, les personnes créant leurs propres activités, les activités nécessitant une grande maîtrise de soi, une force et du courage.

MARS EN SECTEUR ONZE

Voyons maintenant dans quel domaine de votre existence, dans quel secteur d'activité s'exprime votre force de frappe !

Dans votre vie, les solutions passent par la nécessité de définir les objectifs et la trajectoire qui sont justes pour vous puis à trouver les ressources adaptées et des solutions d'organisation nécessaires pour les atteindre, de démarrer et de vous mettre en mouvement, d'oser, de prendre des initiatives et d'entreprendre, de prendre conscience de la force que vous avez, de vous affirmer, d'être opérationnel et performant sur le terrain, de vous maîtriser et de maîtriser les événements, de gérer des situations ou des projets complexes, de vous intégrer dans une organisation, de vous donner l'autorisation d'obtenir la victoire et d'être une personne dynamique et performante, capable d'atteindre ces objectifs et sa destination tel, symboliquement, un général qui mène ces troupes au combat et à la victoire.

Vous êtes particulièrement capable d'être dans l'instant présent, d'agir d'instinct en fonction de la nécessité immédiate, de mobiliser vos énergies, de vous affirmer, et de vous imposer en faisant usage de la force, d'être énergique, courageux, intrépide, vaillant, enthousiaste, sportif et entreprenant, de vous battre, de déployer les grands moyens, d'être offensif, efficace et performant mais parfois aussi agressif, colérique et blessant dès lors qu'il s'agit de concrétiser vos projets, lorsqu'il s'agit de vivre des expériences inconnues ou d'explorer de nouveaux horizons, lorsqu'il s'agit de trouver des solutions ou faire des réformes visant à améliorer les situations, lorsqu'il s'agit d'utiliser les nouvelles technologies et de vous adapter à la vie moderne où lorsque vous êtes dans un groupe ou avec des ami(e)s.

Vos comportements en amitié sont francs, spontanés, directs et démonstratifs. Votre ferveur amicale vous fait rechercher des amitiés actives où vous pouvez vous dépenser, faire des choses ensembles, argumenter, réaliser quelque chose et vous confronter aux autres. Si vous aimez vivre des moments intenses, vos comportements de sportifs en amitié vous poussent parfois à égaler ou surpasser vos amis. Cela peut provoquer des emballements irraisonnés, des rivalités des débordements passionnels et des ruptures violentes. L'échange amical se fait néanmoins de façon spontanée et désintéressée, avec joie et enthousiasme.

Un certain besoin de renouvellement fait que vos amitiés ne durent pas toujours. Vous pouvez quitter quelqu'un aussi facilement que vous l'avez rencontré. Mais vous êtes souvent prêt à donner un coup de main à vos amis. Vous savez mobiliser votre dynamisme pour participer à des projets, pour améliorer la situation et vous consacrer à aider les autres. Vous pouvez avoir le goût des luttes sociales, du syndicalisme, et du travail en groupe. Vous vous projetez dans l'avenir comme quelqu'un d'actif, de dynamique et de sûr de lui.

MARS EN SECTEUR DOUZE

Voyons maintenant dans quel domaine de votre existence, dans quel secteur d'activité s'exprime votre force de frappe ! Votre objectif de vie à long terme, ce que vous pouvez faire de mieux de votre vie, votre moyen d'accéder à la transcendance, vos possibilités de guérir et ce que vous laisserez à la postérité est lié à votre capacité de définir les objectifs et la trajectoire qui sont justes pour vous puis à trouver les ressources adaptées et des solutions d'organisation nécessaires pour les atteindre.

Concrètement, cela passe par une nécessité de démarrer et de vous mettre en mouvement, d'oser, de prendre des initiatives et d'entreprendre, de prendre conscience de la force que vous avez, de trouver votre voie dans la vie, de faire toutes les démarches nécessaires, de vous affirmer, d'être opérationnel et performant sur le terrain, de vous maîtriser et de maîtriser les événements, de gérer des situations ou des projets complexes, de vous intégrer dans une organisation, de vous donner l'autorisation d'obtenir la victoire, d'amener chaque personne vers la destination qui est juste pour elle et d'être une personne dynamique et performante, capable d'atteindre ces objectifs et sa destination tel, symboliquement, un général qui mène ces troupes au combat et à la victoire.

Vous êtes particulièrement capable d'être dans l'instant présent, d'agir d'instinct en fonction de la nécessité immédiate, de mobiliser vos énergies, de vous affirmer, et de vous imposer en faisant usage de la force, d'être énergique, courageux, intrépide, vaillant, enthousiaste, sportif et entreprenant, de vous battre, de déployer les grands moyens, d'être offensif, efficace et performant mais parfois aussi agressif, colérique et blessant dès lors qu'il s'agit d'avoir la foi et de lâcher prise, de soulager les souffrances et les misères du monde, de vous évader, de fuir ou d'accéder à d'autres états de conscience, de transcender la réalité, de donner du sens, de rêver et de faire rêver, d'inspirer et d'être inspiré, d'utiliser votre clairvoyance, votre ressenti et votre imagination, de communier et de participer à une entreprise collective.

Un désir spontané de vous maîtriser, un besoin de vous pousser au maximum, une grande résistance physique et morale, un courage exemplaire face à l'adversité et à l'épreuve peut vous permettre d'acquérir une certaine autorité sur vous-mêmes. Vous avez besoin de vous réaliser par le corps et l'action et c'est par l'action, l'entreprise et la confrontation au monde que vous évoluerez.

Votre force provient de votre foi, de votre capacité à agir sans toujours savoir pourquoi vous le faites ni où vous allez et à vous laisser guider par le hasard. Les sacrifices ne vous effraient pas lorsque vous agissez pour la bonne cause. Vous n'avez pas toujours le sens du danger et vous pouvez prendre de gros risques sans peur des conséquences. Votre pouvoir peut être utilisé pour lutter contre la souffrance et la misère, pour détruire des mythes et illusions pour lutter contre des éléments perturbateurs présents dans votre propre inconscient ou dans l'inconscient collectif.

Cette position permet de faire face avec dynamisme et courage à l'épreuve et à la souffrance. Elle permet d'agir et de produire des résultats secrètement, sans que cela soit dévoilé au grand jour. Le juge moral pousse à l'action et l'initiative mais il est parfois dur et autoritaire. Il est important pour vous d'apprendre à utiliser votre agressivité et votre pouvoir d'action consciemment.

Mars en secteur 12 indique aussi une empreinte des vies passées et des mémoires généalogiques et vous pouvez avoir des savoir-faire, mais aussi des blessures qui vous viennent de vos ancêtres ou de vos vies passées. Un travail de développement personnel qui passe par une prise de conscience, un pardon et une transformation de vos mémoires peut alors être nécessaire pour vous permettre de vivre votre vie à vous et pour avoir la pleine possession de votre énergie.

Votre agressivité peut en effet s'exercer indépendamment de votre volonté créant autour de vous une aura de tension, de dynamisme mais aussi d'agressivité. Des conflits peuvent alors survenir sans que vous compreniez très bien pourquoi. Et c'est pour cette raison que la tradition attribue à cette position des ennemis secrets et de nombreuses jalousies.

Vous devez aussi donner une forme à votre foi et éviter de vous laissez gagner par des états d'exaltations qui peuvent vus faire perdre le contrôle de vos actes. Vous devez éviter les prises de tête et les colères orageuses. Votre forte sensibilité aux agressions, jalousies et luttes d'énergie dans l'invisible peut rendre initialement difficile votre affirmation et créer des épreuves.

Vous devez apprendre à vous protéger des agressions invisibles, et gérer votre sensibilité pour atteindre une clairvoyance dans l'action, un haut degré d'évolution et une capacité à produire des résultats presque par magie. Vous pouvez intégrer cette position en participant à une entreprise ayant vocation de subvenir à des besoins collectifs, en luttant contre la souffrance et la misère et en poursuivant le chemin de l'évolution spirituelle.

Vos décisions, votre besoin d'action et d'affirmation de soi tendent s'exprimer en fonction d'une logique qui vous est propre, d'une logique qui n'est pas facile à définir ni à communiquer parce qu'elle est irrationnelle et bien au-delà des mots et parce qu'elle fait intervenir d'autres dimensions. Vous jouez volontiers avec les paradoxes, adoptant à l'occasion des attitudes étranges, trouvant des réponses déroutantes aux problèmes concrets de l'existence.

Ainsi, le fait que vous soyez motivé(e) pour vous engager dépendra de l'effet vibratoire de la situation, de l'énergie qui en émane, des émotions qu'elle suscite au plus profond de vous-même, de ce que vous ressentez à ce moment précis, du temps qu'il fait, ou d'autres raisons très personnelles et quelques fois inconscientes, par exemple parce que la situation évoque une impression de déjà vu, un souvenir d'un lointain passé ou d'une vie antérieure, ou parce qu'elle est en résonance avec une mémoire généalogique. Et vous pouvez être amené à revisiter des situations que vous avez déjà connues " dans d'autres vies ".

Tout ce qui concerne la vie active est pour vous une question de feeling, de sensibilité et comme vous dites, cela ne s'explique pas. D'où votre coté irrationnel, insaisissable et parfois déroutant(e). Et vous êtes hyper sensible, captant et ressentant dans votre chair tout ce qu'il y a dans l'air du temps, dans l'inconscient collectif et dans le cosmos. Si vous ne gérez pas toujours rationnellement les préoccupations les plus courantes, vous savez mieux que d'autres faire face aux événements hors-normes. Le risque est seulement d'adopter parfois des attitudes ambiguës, de vous montrer quelque peu impénétrable aux yeux des autres.

Vous avez facilement besoin que vos engagements ou vos expériences correspondent à des aspirations spirituelles plus profondes ou qu'ils soient soutenus, confirmés, validés par une foi, par la volonté de vos ancêtres, par le hasard, par les Dieux ou par ce en quoi vous croyez. Votre vie est en tout cas très liée à vos mémoires ancestrales. Il peut être particulièrement important pour vous de faire votre arbre généalogique afin de ne pas reproduire les schémas de vos ancêtres et surtout afin de vivre votre vie à vous!

Jupiter en secteurs :

JUPITER EN SECTEUR UN

Vous vous présentez comme une personne polyvalente, multidimensionnelle, universelle, cosmopolite, communicante, sociable, serviable, joyeuse, stable, mondaine ou tout au moins ouverte sur le monde, humaniste, chaleureuse, confiante, optimiste et opportuniste, respectueuse des territoires, des règles, des us et coutumes. Vous montrez que vous êtes dotée de volonté, de courage, de précision et de persévérance mais aussi d'une intelligence globale, à la fois corporelle, humaine, sociologique, philosophique, psychologique et technique ; d'une intelligence de la forme et de l'espace, d'un sens de l'abondance et d'une aptitude à générer de la richesse ; d'une intelligence capable d'intégrer puis de restituer des cultures et des enseignements, d'une ferme autorité, de capacités d'engagement et d'organisation, d'un sens de la gestion de projet, d'un pouvoir créateur, d'une certaine élégance et de toutes les capacités pour réussir.

Vous êtes particulièrement capable d'élargir vos horizons, de conquérir votre place dans la société, d'occuper l'espace, d'exercer une activité professionnelle, de vous intégrer dans un groupe ayant des objectifs communs, de comprendre votre environnement social avec ses codes et sa culture, d'exprimer votre autorité, de faire des affaires, d'être optimiste, opportuniste et généreux, de légiférer, de représenter, d'organiser, de coordonner, de gérer, d'administrer, de distribuer, d'éduquer, de conseiller, de guider et d'être confortable dès lors qu'il s'agit d'exprimer votre idéal, d'entreprendre, d'expérimenter sur le terrain, d'être conquérant, offensif et efficace, de vous affirmer et de vous mettre en valeur, d'être opérationnel, de faire du sport ou de travailler dans une entreprise.

Vous vous exprimez et vous affirmez en vous insérant dans le système culturel dont vous faites partie, en exerçant une activité utile à la société; en connaissant et en vous adaptant aux lois, normes et règles du jeu sociales; en élargissant vos horizons intellectuels, culturels ou spirituels à travers les voyages et la culture et en étant un membre représentatif de votre société.

Votre personnalité apparente est celle d'un être extraverti, expressif, démonstratif, généreux, sachant communiquer et créer autour de lui une atmosphère d'ouverture, confiant, optimiste, chaleureux et jovial. Le monde extérieur est votre champ d'expérience.

Vous pouvez avoir un coté assez cosmopolite ou incarner des valeurs bourgeoises. Vous êtes capable d'être à l'aise partout et de mettre les autres à l'aise. Votre légendaire sociabilité est sans doute alimentée par un besoin d'établir une relation sociale à chaque rencontre. Face à une situation ou une rencontre nouvelle, vous cherchez d'emblée à définir le statut, la position et le rôle de chacun. Vous savez reconnaître les opportunités lorsqu'elles se présentent et les exploiter en fonction d'objectifs bien définis.

C'est sans doute grâce à cela, et grâce aussi aux nombreuses relations que vous avez su établir, que l'on vous dit chanceux. Votre conscience sociale développée et vos nombreuses qualités vous assurent souvent de nombreuses protections tandis que votre optimisme attire les concours de circonstances dont vous avez besoin pour vous épanouir.

Vous avez besoin d'organiser vos expériences en fonctions des normes et des règles du jeu apprises, en fonction des opportunités et des rencontres qui se présentent. Vous avez aussi besoin de leur donner un sens; et toute expérience doit pour vous avoir une utilité sociale ou contribuer à élargir vos horizons. Vous pouvez vous définir comme un citoyen du monde ou à travers une forme d'autorité et de pouvoir représentatif.

La découverte de votre identité peut se faire en représentant un organisme officiel, par la propagation d'une culture, d'un enseignement ou d'informations concernant l'ensemble du groupe auquel vous appartenez, à travers les voyages ou toute activité vous donnant le sentiment d'une meilleure insertion au sein de votre société. Ce qui vous guide dans la vie, c'est votre instinct, qui se manifeste sous forme de certitudes et d'évidences ; ce sont les faits, les objectifs et les résultats.

Vos lacunes éventuelles peuvent provenir d'une tendance aux excès, d'une expansivité tapageuse, envahissante et colonialiste, de démonstrations vertueuses cachant des mobiles intéressés, d'une tendance à vouloir systématiquement prendre le pouvoir et faire la loi et d'une soif exagérée de confort matériel. Cette position peut néanmoins vous poser un problème d'identité dans le sens ou vous pouvez avoir tendance à situer votre identité en fonction du monde extérieur et de choses extérieures à vous alors que vous ne pouvez trouver votre identité qu'au plus profond de vous-même.

JUPITER EN SECTEUR DEUX

Vous êtes particulièrement capable d'élargir vos horizons, de conquérir votre place dans la société, d'occuper l'espace, d'exercer une activité professionnelle, de vous intégrer dans un groupe ayant des objectifs communs, de comprendre votre environnement social avec ses codes et sa culture, d'exprimer votre autorité, de faire des affaires, d'être optimiste, opportuniste et généreux, de légiférer, de représenter, d'organiser, de coordonner, de gérer, d'administrer, de distribuer, d'éduquer, de conseiller, de guider et d'être confortable dès lors qu'il s'agit de créer des liens, de construire des relations sociales, d'utiliser votre intelligence relationnelle, de créer un couple, de faire preuve d'harmonie, de douceur et de gentillesse, d'attirer, de plaire et de séduire, d'exprimer votre sens esthétique ou artistique, de gérer de l'argent et des biens matériels, d'exprimer votre sensualité et d'utiliser vos cinq sens, de satisfaire vos désirs, de conquérir votre bonheur ou de fonder une famille.

Votre richesse, c'est la puissance de votre foi, votre envergure intellectuelle, votre ouverture à tout ce qui est étranger et votre côté cosmopolite, votre sens pédagogique, votre expertise ; votre talent pour accueillir, organiser et restituer des savoirs, des expériences intérieures et des enseignements ; vos qualités de rigueur, de discipline mais aussi de bienveillance et de bonté envers vous-même et envers autrui ; une tendance à vous soucier de la bonne santé du corps et de l'âme d'autrui mais aussi de la protection et du « salut » des personnes que vous côtoyez et ce lien particulier que vous avez entre le monde des Dieux et le monde des Hommes.

C'est à travers l'insertion dans un système socioculturel avec des règles et des normes et par à une intégration sociale que vous réaliserez les meilleurs gains. Quand il s'agit de vous enrichir, vous acceptez facilement les contraintes sociales et les sacrifices nécessaires de par le confort, les contreparties financières et l'amélioration de vos conditions d'existence que vous obtenez en échange.

Vous savez faire preuve d'optimisme, de confiance et d'opportunisme en matière d'argent, et dans la mesure où vous croyez que vous aurez toujours de quoi satisfaire vos besoins financiers, c'est le plus souvent ce qui se produit. Cela peut vous permettre de gagner de l'argent très facilement par des moyens très variés. D'après la tradition, Jupiter en deux accordait chance, richesse, aisance matérielle et prospérité financière. Vous pouvez être chanceux au loto, au tiercé ou au millionnaire.

L'argent peut être pour vous un moyen d'épanouissement, un moyen pour affirmer votre autorité et votre puissance, un moyen de vous cultiver et un moyen d'élargir vos horizons à travers les voyages par exemples. Vous investissez facilement dans tout ce qui peut vous permettre d'élargir vos horizons intellectuels ou culturels, dans tout ce qui peut vous apporter une élévation philosophique ou spirituelle ou dans des formations susceptibles de faciliter votre insertion dans la société.

L'argent est pour vous un confort dont vous n'aimez pas vous passer et vous pouvez avoir tendance à dépenser généreusement des sommes au-dessus de vos moyens. Vous pouvez avoir des facilités pour inspirer confiance lorsqu'il s'agit d'obtenir un crédit de part l'autorité et l'honnêteté dont vous savez faire preuve lorsque des intérêts financiers sont en jeux.

Vous pouvez réaliser des gains à travers des emplois dans l'administration publique ou dans les grandes entreprises privées, dans le secteur médical, dans les affaires et la grande distribution, dans tout ce qui touche aux voyages et à la culture, dans les activités de conseil et de formation et dans toutes les activités en rapport avec la planète Jupiter.

Jupiter en secteur deux vous apporte le défi de considérer vos biens et finances comme des avoirs appartenant à la société et non comme des biens personnels utilisés à des fins égoïstes ; avoirs dont vous avez la responsabilité de gérer afin d'assurer le bon fonctionnement de votre groupe social. Vous pouvez ainsi être amené à brasser de grosses sommes d'argent. L'argent ne fait peut être pas le bonheur mais il y contribue largement.

Vous pouvez avoir des facilités pour extérioriser votre sensualité, pour profiter des plaisirs de la vie joyeusement et généreusement et pour comprendre les mécanismes financiers en vigueur dans votre système socioculturel. Ce qui vous guide dans la vie, ce sont vos sensations, votre sens de la beauté, vos désirs, votre plaisir, vos relations ou votre portefeuille.

Votre sensualité développée et vos capacités de gestionnaire ou vos capacités artistiques   peuvent être utilisées pour vous insérer professionnellement, pour développer votre autorité et votre confiance en vous et pour élargir vos horizons culturels, intellectuels ou spirituels. Jupiter en secteur deux peut parfois prédisposer aux gaspillages d'argent, aux procès d'ordre financier ou à des abus de confiances des établissements financiers. Il peut donner une tendance à se croire tout permis avec l'argent des autres ou à abuser des plaisirs de la chair.

JUPITER EN SECTEUR TROIS

Vous êtes particulièrement capable d'élargir vos horizons, de conquérir votre place dans la société, d'occuper l'espace, d'exercer une activité professionnelle, de vous intégrer dans un groupe ayant des objectifs communs, de comprendre votre environnement social avec ses codes et sa culture, d'exprimer votre autorité, de faire des affaires, d'être optimiste, opportuniste et généreux, de légiférer, de représenter, d'organiser, de coordonner, de gérer, d'administrer, de distribuer, d'éduquer, de conseiller, de guider et d'être confortable dès lors qu'il s'agit d'aborder votre entourage, de faire des rencontres, de communiquer, d'être informé et de comprendre, d'exprimer ou de défendre vos idées, de découvrir l'inconnu, d'explorer l'environnement, de négocier et de faire du commerce, de vous adapter et de faire preuve d'intelligence.

La communication, l'apprentissage ou la transmission d'un savoir, les échanges, le commerce, les contacts et relations, et l'adaptation à l'environnement proche peuvent jouer un rôle essentiel dans votre insertion socioprofessionnelle. La communication est pour vous un outil de d'intégration sociale. Elle peut vous permettre de vous épanouir, d'exprimer votre autorité naturelle et d'élargir vos horizons. Votre côté généreux, jovial, empreint de chaleur, de confiance en vous et une certaine facilité pour trouver un langage commun avec l'autre vous permet d'avoir de très bons rapports avec l'entourage. Ce qui vous guide dans la vie, ce sont vos idées, votre environnement, vos frères et sœurs, votre besoin de découvrir, de vous adapter, d'apprendre et de vous amuser. Vous avez une certaine chance dans les études de part votre largesse d'esprit et une facilité pour dire ce qu'on attend, et si vous avez souvent juste ce qu'il faut pour passer les examens, vous pourriez avoir d'excellentes notes en vous donnant plus de mal et en faisant un peu moins la fête.

Si vous faites des études, c'est dans le but pratique de vous insérer socialement ou d'accroître votre culture. Vous pouvez être attiré par les études touchant au médical, à la gestion publique ou étatique ou privée, au commerce et aux affaires, au droit, à la philosophie, à la religion et au tourisme. Vos idées sont d'ailleurs souvent empreintes d'une certaine philosophie. Votre mental peut rassembler, organiser et administrer de vastes données. Cette position peut indiquer une certaine chance aux jeux en général qui peuvent être pour vous un moyen d'épanouissement. Elle indique aussi une certaine protection sur la route malgré le désir d'y affirmer sa puissance et un goût pour les grosses cylindrées au moteur puissant.

Vous comprenez facilement les mécanismes de lois qui régissent les sociétés et les hommes, compréhension qui vous permet de vous adapter facilement dans les groupes et la société en général une tendance à voir la société comme un jeu avec des règles et d'avoir une approche quelque peu primesautière de l'insertion socioprofessionnelle vous permet dans un sens positif de ne pas vous posez trop de questions, de ne pas trop réfléchir et d'aller de l'avant avec une certaine spontanéité qui facilite les choses.

JUPITER EN SECTEUR QUATRE

De part ce que vous portez de vos parents, vous êtes venu sur Terre avec une envergure d'esprit, une intelligence des systèmes d'informations, une conscience des mécanismes socioculturels qui régissent les êtes humains et les sociétés mais aussi une conscience des systèmes de croyances, des systèmes de santé du corps et de l'âme et des lois qui régissent l'univers et l'environnement.

Cela vous confère des capacités innées pour intégrer des enseignements, pour vivre selon une certaine philosophie, pour avoir confiance en vous, pour savoir définir des objectifs qui ont du sens puis pour vous donner les moyens de les concrétiser, pour incarner une certaine légitimité, pour comprendre les règles et codes en vigueur dans votre environnement, pour avoir un statut et l'autorité qui va avec, pour organiser, gérer et administrer ce qui doit l'être, pour utiliser votre autorité d'une façon juste et bienveillante, pour soulager les souffrances et les misères du corps, de l'âme et du monde, pour apporter des enseignements et pour prendre votre place dans le monde.

Comment exprimez-vous votre héritage ? Les qualités décrites ne demandent qu'à être utilisées pour réaliser votre mission de vie et pour nourrir votre évolution. Mais si votre héritage parental est problématique, vous avez alors des difficultés importantes et récurrentes à acquérir ou intégrer les enseignements nécessaires, à accepter le système éducatif, à vous sentir béni des Dieux et protégé par la vie, à faire le lien entre Dieu et les Hommes, à vous sentir légitime, à vivre une vie qui a du sens et dans laquelle est présent le sacré, à utiliser les qualités de rigueur, de discipline mais aussi de bienveillance et de bonté envers vous-même et envers autrui, à être une autorité morale, à (vous) restituer la confiance et la foi, à permettre à chacun de donner le meilleur de soi, à exprimer votre cœur, à vous adapter et à vous intégrer dans votre environnement.

Vos difficultés, si elles existent, peuvent être liées à un manque de présence ou de reconnaissance du papa, à une relation problématique avec l'autorité ou la société ou à des enseignements qui vous étouffent quelque part. Ces difficultés font obstacle à la réalisation de votre mission de vie et à votre évolution. Elles doivent être transformées pour que vous soyez libre et heureux, en apprenant à voir le rôle réel et le côté positif de Jupiter.

Lorsque vous exprimez la planète dans ces facettes positives, vous êtes particulièrement capable d'élargir vos horizons, de conquérir votre place dans la société, d'occuper l'espace, d'exercer une activité professionnelle, de vous intégrer dans un groupe ayant des objectifs communs, de comprendre votre environnement social avec ses codes et sa culture, d'exprimer votre autorité, de faire des affaires, d'être optimiste, opportuniste et généreux, de légiférer, de représenter, d'organiser, de coordonner, de gérer, d'administrer, de distribuer, d'éduquer, de conseiller, de guider et d'être confortable dès lors qu'il s'agit de créer votre univers intime, un foyer, une famille ou un clan, lorsqu'il s'agit d'acquérir, de préserver ou de défendre votre cadre de vie, votre bien être, votre équilibre personnel ou votre progéniture.

Votre image du foyer est celle d'un foyer ou règne une atmosphère d'ouverture, d'aisance, de richesse, de bien-être, d'épanouissement et de confort. Votre foyer est souvent classique, traditionnel et représentatif du bon goût. Vous aimez posséder du terrain et avoir un intérieur large et spacieux.

Vous pouvez avoir beaucoup de chance pour tout ce qui touche la famille, l'immobilier, le logement et les transactions immobilières. Une habitude dès l'enfance à être satisfait et à vivre dans l'aisance peut vous causer quelques difficultés lorsqu'il s'agit de vous accommoder à des conditions précaires. Vous pouvez aimer les réunions au foyer et des discussions d'ordre socioculturelles. Votre famille peut vous soutenir matériellement et contribuer largement à votre insertion socioprofessionnelle.

Vous aimez rassembler les gens autour de vous et élargir votre cercle d'intimes à l'ensemble de la société. Vous pouvez vous sentir à l'aise dans des structures sociales très diverses et la capacité d'instaurer un climat de sympathie, d'intimité, de bien-être et de vous mettre facilement dans le bain alors que la situation vous était il y a peu étrangère peut contribuer à votre insertion dans la société.

Vous avez des facilités pour rencontrer des gens, pour les comprendre en vous mettant à leur place, pour trouver un langage commun et partager des activités d'ordre socioprofessionnelles. Ce qui vous guide dans la vie, ce sont vos racines, votre enfant intérieur, votre famille, votre besoin de bien-être, votre sensibilité, votre imagination et votre intuition.

Dans vos rapports avec des personnes extérieures à votre vie privée, vous aimez les intégrer dans votre univers personnel de façon à vous sentir du même bord, du même groupe, du même clan. Votre autorité s'épanouit d'autant mieux dans le cadre d'un groupe, d'une grande famille où règle une certaine intimité, une ambiance sympathique et confiante, bref une certaine sécurité. Vous pouvez être parfois partagé entre le désir de sortir, de bouger, de voyager et le désir de vous protéger dans un clan et de vous enfermer chez vous.

Cette position peut vous apporter des aptitudes pour le dessin, la musique, l'alimentaire, les enfants et pour tout ce qui permet d'assurer la bonne cohésion et la continuité de la société. L'activité professionnelle se fait parfois au foyer ou en famille. Vous devez éviter les réceptions trop coûteuses, de profiter ou dilapider le patrimoine familial, un instinct possessif exacerbé et les excès de nourritures, de boissons et de plaisirs sensoriels.

JUPITER EN SECTEUR CINQ

Vous avez au plus profond de vous le besoin et les compétences pour être légitime et bienveillant, pour cultiver la puissance de la foi et la gratitude, pour faire appel à votre intuition et votre bon sens, pour utiliser des systèmes d'informations et pour exprimer un pouvoir intemporel capable de guider, d'accompagner, de générer la foi et la confiance, de soigner les souffrances et les misères du corps et de l'âme et de permettre à chacun de retrouver le sacré en soi à travers des objectifs qui ont du sens.

Cela vous rend capable de restituer la confiance et la foi, de valider le sacré en chacun, de permettre à chacun de donner le meilleur de soi, d'exprimer ce que vous avez sur le cœur, d'adopter des valeurs morales et humaines, de faire le lien entre Dieu et les Hommes, de vivre une vie qui a du sens et dans laquelle est présent le sacré, de vous sentir béni des Dieux et protégé par la vie, de cultiver la gratitude, l'intuition et le bon sens et d'incarner une autorité morale, religieuse ou spirituelle.

Vous avez aussi des capacités pour chercher, trouver, intégrer et retransmettre des enseignements permettant une adaptation dans le monde ou une évolution spirituelle, pour être centré dans votre cœur et ancré dans la vie, pour exprimer une puissante intelligence, pour avoir confiance en vous et en la vie, pour incarner une autorité ferme mais bienveillante et une puissance qui sont portées par une certaine légitimité, pour avoir une vision à la fois globale et précise de votre environnement, pour ressentir et comprendre la société avec ses règles, ses fonctionnements, ses systèmes d'informations et ses opportunités, pour reconnaître le potentiel et la valeur de chaque être, pour organiser et gérer des projets complexes, pour vous intégrer dans la société et pour apporter votre contribution afin que la vie avance.

Vous êtes particulièrement capable d'exprimer votre intelligence, votre sens pédagogique, votre autorité, votre pouvoir de la foi et les talents décrits précédemment dès lors qu'il s'agit de vous repérer, d'être clair, d'être visible, connu et reconnu, de gérer l'image que vous donnez et votre réputation, d'incarner votre idéal, vos valeurs et vos principes, de vous fixer des objectifs et de déployer votre volonté, d'exprimer votre créativité), de vous engager en donnant le meilleur de vous-même, de vous imposer avec autorité, de maîtriser la situation, de réussir, de briller et de rayonner ou lorsque l'Amour est en jeu.

Votre intelligence des systèmes d'informations, votre culture, votre envergure d'esprit, votre autorité, votre foi, votre, optimisme, votre sens social, votre aptitude à saisir et exploiter les opportunités et votre sens de l'organisation peuvent soutenir votre pouvoir créatif et contribuer à votre réussite. Des comportements généreux, compréhensifs, bienveillants et protecteurs, une capacité à saisir les opportunités et à vous imposer vous prédispose à de nombreux succès amoureux. Vos relations amoureuses tendent à être imprégnées de vie, de voyages, d'événements extérieurs et de riches enseignements. Vous pouvez être attiré par des étrangers, par des personnes ayant une bonne position sociale, une envergure intellectuelle et une certaine autorité.

Vous avez besoin de vous sentir confortable pour vous exprimer pleinement et pour vous épanouir en amour. Vos relations avec les enfants tendent à être basées sur le respect, un code social, une certaine bonne humeur, sur la notion d'effort et de récompense et sur la générosité. Vous aimez les protéger, les aider à s'insérer dans le système, leur dispenser des enseignements et les pousser à s'intégrer à l'environnement.

Cette position indique une grande facilité pour comprendre les mécanismes du monde extérieur, de votre système socioculturel et pour s'intégrer dans la société. Votre optimisme, votre sens social, votre aptitude à saisir et exploiter les opportunités, votre sens de l'organisation et votre autorité peuvent soutenir votre pouvoir créatif et contribuer à votre réussite.

L'épanouissement personnel et l'intégration sociale passent par la créativité, les relations amoureuses, le jeu ou les enfants. Vous pouvez avoir une certaine chance aux jeux et dans les spéculations boursières. Vous pouvez avoir des dons pour diriger une société, pour gérer, organiser et enseigner. Ce qui vous guide dans la vie, c'est votre cœur, votre force d'amour, votre créativité, vos convictions, vos valeurs et les personnes essentielles avec qui vous avez des relations privilégiées.

Vos appétits sexuels sont forts mais sains, sans complications, ni obsessions. Ils peuvent être influencés par un code moral et s'intellectualiser avec l'âge. Des comportements généreux, compréhensifs, bienveillants et protecteurs, une capacité à saisir les opportunités et à vous imposer vous prédispose à de nombreux succès amoureux. Vos relations amoureuses tendent à être imprégnées de vie, de voyages et d'événements extérieurs. Vous pouvez être attiré par des étrangers ou des gens ayant une bonne position sociale et une certaine autorité.

JUPITER EN SECTEUR SIX

Initialement, Jupiter en maison six peut être synonyme de difficultés importantes et récurrentes à vous sentir légitime et bienveillant, à exprimer votre autorité et la puissance de la foi, à ressentir de la gratitude, à faire appel à votre intuition et à votre bon sens, à utiliser des systèmes d'informations et à exprimer votre pouvoir intemporel capable de guider, d'accompagner, de susciter la confiance, de soigner les souffrances et les misères du corps et de l'âme et de permettre à chacun de retrouver le sacré en soi à travers des objectifs qui ont du sens.

Sans doute avez-vous alors des difficultés à exprimer ce que vous avez sur le cœur, à trouver la confiance, à utiliser les qualités de rigueur, de discipline mais aussi de bienveillance et de bonté envers vous-même et envers autrui, à d'adopter des valeurs morales et humaines, à faire le lien entre Dieu et les Hommes, à vivre une vie qui a du sens et dans laquelle est présent le sacré, à vous sentir béni des Dieux et protégé par la vie, à incarner une autorité morale, religieuse ou spirituelle, à acquérir les enseignements nécessaires à votre intégration sociale et à votre évolution ou à accepter le système éducatif.

Vos difficultés peuvent être liées à un manque de présence ou de reconnaissance du papa ou à un parent étouffant où à des enseignements contraires à votre évolution. Pourquoi avez-vous des difficultés à exprimer cette planète d'une façon positive ou dans toute sa puissance?

Parce qu'au lieu d'être dans l'instant présent et dans l'action, vous pensez trop, vous réfléchissez et vous nourrissez la croyance que votre intelligence terrestre qui accumule des connaissances, votre mental, va vous apporter toutes les solutions ! Vous êtes trop centré dans votre mental au lieu d'être centré dans votre corps et dans votre cœur ! Il est également possible que vous ayez des souvenirs, des « mémoires », où l'usage de l'autorité morale et du sens pédagogique n'étaient pas juste et donc des croyances qui vous empêchent d'exprimer le meilleur de cette planète.

Pouvez-vous observer et reconnaitre que vos difficultés en lien avec cette planète font obstacle à la réalisation de votre mission de vie et à votre évolution et qu'elles doivent être transformées pour que vous soyez une personne libre et heureuse?

Sans doute devez-vous apprendre à acquérir une vision plus positive de la planète Jupiter. Cela implique de modifier vos croyances, de restituer votre mental à sa juste place, de voir par exemple que chaque être humain est un enfant du Créateur qui aspire à se reconnecter à sa source, d'espérer ce qu'il y a de meilleur, d'éviter les enseignements qui enferment ainsi que les dérives sectaires et dogmatiques, de nourrir le devoir d'être heureux, de chercher l'aspect positif de tout enseignement, d'abandonner avec discernement tout enseignement n'entrainant pas une plus grande sérénité, une plus grande joie et un accroissement de la conscience et du libre arbitre et d'adopter les enseignements qui vous ancre sur votre chemin vers Dieu et qui vous rapprochent de votre vérité profonde.

Il ne dépend donc que de vous d'effectuer un travail sur vous-même afin que s'exprime uniquement le meilleur de Jupiter en vous. En recherchant les enseignements appropriés, en ouvrant votre cœur, en développant votre confiance en l'humain et en travaillant votre communication, vos émotions, votre bien-être, votre souplesse, votre fluidité et la notion de légitimité, vous pouvez devenir à votre façon un « Guide » transmetteur d'enseignements ou un spécialiste de la formation.

En développant la conscience que vous avez de votre pouvoir personnel et de votre foi, en les exprimant pleinement de manière positive et en les mettant au service de la vie vous permettez aux autres d'en faire autant et à la vie d'avancer.

Quand vous exprimez la planète Jupiter dans ces facettes positives, vous êtes particulièrement capable d'élargir vos horizons, de conquérir votre place dans la société, d'occuper l'espace, d'exercer une activité professionnelle, de vous intégrer dans un groupe ayant des objectifs communs, de comprendre votre environnement social avec ses codes et sa culture, d'exprimer votre autorité, de faire des affaires, d'être optimiste, opportuniste et généreux, de légiférer, de représenter, d'organiser, de coordonner, de gérer, d'administrer, de distribuer, d'éduquer, de conseiller, de guider et d'être confortable dès lors qu'il s'agit de servir, de communiquer, d'effectuer des échanges commerciaux, de vous adapter aux réalités matérielles en utilisant des outils et des techniques, de vous organiser, de traiter des question d'hygiène ou de santé, d'être en sécurité, ou d'utiliser des systèmes d'information.

C'est par le travail et le sens du service que s'exerce au mieux votre autorité, votre aptitude à vous intégrer dans la société et à vous épanouir et votre sens de l'opportunisme. Vous avez des facilités à vous intégrer dans votre milieu de travail de part vos attitudes généreuses, sécurisantes, enthousiastes, respectueuses envers collègues, subordonnés et patrons.

Vous pouvez être attiré par les professions jupitériennes comme la législation, la médecine, l'enseignement, la gestion ou le tourisme. Vous savez faire preuve d'une bienveillance naturelle dans le travail quotidien et cherchez souvent à dépasser les mesquineries quotidiennes pour vous consacrer à de grands projets.

Le quotidien peut cependant vous ennuyer et vous avez besoin d'élargir vos horizons à travers une forme d'évasion socioculturelle, les voyages ou en faisant la fête. Ce qui vous guide dans la vie, ce sont vos idées, votre intelligence technique, votre sens du commerce, votre sens du service, votre besoin d'hygiène, de santé et de sécurité. Vous pouvez avoir beaucoup de chance dans les postes à responsabilités tout en restant subordonné à un supérieur. Cette position vous protège contre la maladie, vous permet d'être en bonne santé, d'être bien soigné et de récupérer facilement.

Elle facilite également l'intégration dans le monde et vous permet de prendre de la place en vous mettant à l'aise. Vos capacités d'analyse, d'organisation administrative, de gestion et votre sens pratique peuvent jouer un rôle essentiel dans votre insertion socioprofessionnelle. Vous pouvez avoir une approche plutôt sérieuse et responsable de l'insertion socioprofessionnelle et avez besoin d'une certaine sécurité dans le travail. Vous avez en général bien réfléchi à ce que vous voulez faire et savez vous organiser pour y parvenir. Une certaine prudence et un côté sélectif peuvent néanmoins parfois vous freiner dans le choix d'un travail.

JUPITER EN SECTEUR SEPT

Initialement, Jupiter en maison sept peut être synonyme de difficultés importantes et récurrentes à vous sentir protégé et béni des dieux mais aussi légitime et bienveillant, à prendre position et à vous donner la permission, à exprimer votre autorité, la puissance de la foi ou votre pouvoir intemporel capable de guider, d'accompagner, de susciter la confiance, de soigner les souffrances et les misères du corps et de l'âme et de permettre à chacun de retrouver le sacré en soi à travers des objectifs qui ont du sens.

Sans doute avez-vous alors des difficultés à exprimer ce que vous avez sur le cœur, à trouver la confiance, à utiliser les qualités de rigueur, de discipline mais aussi de bienveillance et de bonté envers vous-même et envers autrui, à ressentir de la gratitude, à faire appel à votre intuition et à votre bon sens, à d'adopter des valeurs morales et humaines, à faire le lien entre Dieu et les Hommes, à vivre une vie qui a du sens et dans laquelle est présent le sacré, à vous sentir béni des Dieux et protégé par la vie, à incarner une autorité morale, religieuse ou spirituelle, à utiliser des systèmes d'informations, à accepter le système éducatif et à acquérir les enseignements nécessaires à votre intégration sociale et à votre évolution.

Vos difficultés peuvent être liées à un manque de présence ou de reconnaissance du papa, à un parent étouffant où à des enseignements contraires à votre évolution. Pourquoi avez-vous ces difficultés? Pourquoi avez-vous des difficultés à exprimer cette planète d'une façon positive ? Parce qu'au lieu d'être centré dans votre corps, dans l'instant présent et dans l'action, vous avez tendance à vous décentrer et à compter sur les autres pour exprimer cette carte à votre place. C'est comme si vous rejetiez tout ou partie de la planète parce que vous la voyez comme étant perturbatrice. Elle tend alors à s'exprimer, depuis votre inconscient, sous sa forme inférieure et à s'associer avec votre ombre.

Si vous refusez d'exprimer votre foi, votre légitimité et votre pouvoir personnel, si vous donnez tout votre pouvoir aux autres ou si vous refusez les enseignements qui vous aident à vous intégrer et à avancer dans la vie il devient alors difficile de vous adapter, de vous épanouir, de trouver votre équilibre et votre joie, de créer de l'harmonie et de rassembler ce qui est vous est séparé de votre centre. Si vous exprimez l'ombre de Jupiter, le risque est alors d'accorder votre foi à des enseignements qui vous enferment, de faire preuve de fanatisme idéologique et de dogmatisme, d'abuser de votre pouvoir et de la confiance d'autrui ou d'être enfermé dans un rôle extérieur, dans ce que vous croyez que la société attend de vous ou dans celui que vous suggère autrui d'après ce que eux pensent être juste, ce qui vous empêche alors de vous épanouir.

Comment pouvez-vous changer cela ? Sans doute devez-vous apprendre à voir qu'il existe des enseignements qui apportent une meilleure intégration sociale et un plus grand épanouissement. Il existe aussi des enseignements qui apportent une plus grande sérénité, une plus grande joie, un accroissement de la conscience et du libre arbitre et qui ancrent sur votre chemin vers Dieu, permettant un rapprochement vers sa vérité profonde.

Vous pouvez également surmonter la difficulté de Jupiter en sachant voir la beauté en vous et en toute personne, en écoutant vos vrais désirs, en sachant vous faire plaisir, en donnant et en pardonnant, en cultivant l'harmonie, la pureté et la vérité et en vivant dans un état de joie. Lorsque vous avez intégré d'une manière positive vos capacités liées à Jupiter, vous devenez capable de concilier l'amour, la foi, le sens pédagogique et la puissance spirituelle. Vous pouvez alors devenir un spécialiste et un expert dans votre secteur d'activité.

Quand cette planète est bien intégrée, vous êtes alors particulièrement capable d'avoir une vision globale de la situation, d'utiliser votre intelligence et votre autorité naturelle, d'être optimiste, opportuniste et généreux, de faire preuve de bienveillance et de compassion, de savoir légiférer, représenter, coordonner, gérer, administrer, distribuer, éduquer, conseiller, guider et diriger, d'être confortable, d'élargir vos horizons et de donner du sens dès lors qu'il s'git de trouver votre équilibre ou de le préserver, de créer des liens, de construire des relations sociales, d'utiliser votre intelligence relationnelle, de fonder un couple, de faire preuve d'harmonie, de douceur et de gentillesse, d'attirer, de plaire et de séduire, d'exprimer votre sens esthétique, artistique ou juridique, de coopérer et de participer à la civilisation.

La relation avec autrui se fait dans la bonne humeur, l'enthousiasme, la générosité et l'opportunisme. Vous cherchez spontanément à vous adapter à autrui et disposez d'un remarquable sens social. Vous liez facilement des liens utiles avec autrui. Vos nombreuses relations sociales ou la relation au pôle complémentaire peuvent constituer pour vous un moyen privilégié d'épanouissement, tant au niveau moral que matériel.

Votre puissance relationnelle constitue un atout majeur dans votre réussite. Par conviction ou opportunisme, vous êtes particulièrement attaché aux jeux des codes, aux normes, à la morale et aux conventions sociales. Votre image du couple est celle d'une union légale vivant dans un cadre social, dans une forme quelconque de reconnaissance officielle. Vous avez fortement besoins de relations affectives ou sociales et concevez rarement la vie sans mariage.

Votre générosité de cœur, votre autorité et maturité dans les questions affectives, votre aisance matérielle ainsi qu'une bonne compréhension des codes et comportements permettant de réussir sa vie affective vous prédispose, surtout au milieu de votre vie, à un épanouissement affectif.
Ce qui vous guide dans la vie, ce sont vos relations, votre partenaire, votre sens de la beauté et de la justice Vous pouvez rencontrer des personnalités qui sont des références dans le monde extérieur.

Côté partenaire vous êtes attiré par des personnes qui jouent un rôle plus ou moins important dans la société, qui ont une certaine culture ou une largesse d'esprit, qui sont relativement aisé, qui savent faire preuve de générosité, d'autorité, de gaîté, qui ont un goût pour les voyages, les randonnées, l'équitation ; les grandes réunions, et qui connaissent bien les mécanismes socioculturels permettant d'être intégré à la société.

De part votre image du conjoint et de la vie à deux, vous avez de fortes chances de rencontrer une personne qui sera un élément de routine matériel et moral, de chance et protection. Votre image de l'existence à deux est celle d'une vie bien remplie avec beaucoup de sorties et voyages, rencontres et réunions, mais aussi un certain confort matériel. La tradition attribue néanmoins à cette position le risque d'être attiré par un conjoint envahissant, autoritaire ou jamais à la maison parce que trop pris par ses affaires extérieures.

JUPITER EN SECTEUR HUIT

Votre chemin initiatique ou votre quête est une quête pour parvenir à avoir confiance en vous et en la vie, pour intégrer des enseignements, pour vivre selon une certaine philosophie, pour trouver la foi, pour définir des objectifs qui ont du sens puis pour vous donner les moyens de les concrétiser, pour incarner une certaine légitimité, pour comprendre les règles et codes en vigueur dans votre environnement, pour avoir un statut et l'autorité qui va avec, pour organiser, gérer et administrer ce qui doit l'être, pour utiliser votre autorité d'une façon juste et bienveillante, pour soulager les souffrances et les misères du corps, de l'âme et du monde, pour apporter des enseignements et pour prendre votre place dans le monde.

Initialement, vous risquez de ressentir des difficultés à exprimer les besoins et les capacités de Jupiter précédemment cités et avoir l'impression, par exemple, de manquer de foi, de gratitude, d'intuition, de bon sens, d'autorité morale, que votre vie manque de sens, de légitimité, de bienveillance, de bénédiction, de protection ou de ne pas avoir reçu les enseignements que vous auriez aimés recevoir. Pourquoi ? Parce qu'il y a une part de vous, votre part d'ombre ou votre saboteur, qui refuse tout où partie de ce que représente Jupiter, c'est-à-dire par exemple la foi, les enseignements, l'éducation, la société, la protection et la bénédiction. C'est comme si «Jupiter» en vous était occulté.

Votre quête passe donc par une exploration de tout ce que représente Jupiter et la meilleure façon de canaliser votre Jupiter en maison huit consiste à mettre toute votre énergie et votre passion pour, par exemple, trouver la foi, la confiance en vous et en la vie, pour acquérir une légitimité, pour exprimer votre pouvoir personnel d'une façon juste, pour trouver les enseignements dont vous avez besoins et pour vous épanouir.

Quand vous exprimez la planète Jupiter dans ces facettes positives, vous êtes particulièrement capable d'élargir vos horizons, de conquérir votre place dans la société, d'occuper l'espace, d'exercer une activité professionnelle, de vous intégrer dans un groupe ayant des objectifs communs, de comprendre votre environnement social avec ses codes et sa culture, d'exprimer votre autorité, de faire des affaires, d'être optimiste, opportuniste et généreux, de légiférer, de représenter, d'organiser, de coordonner, de gérer, d'administrer et de distribuer, d'éduquer, de conseiller, de guider et d'être confortable dès lors qu'il s'agit de vous engagez dans un combat, dès lors qu'il s'agit de transformer et vous transformer, de faire face à une situation difficile, à des crises ou des obstacles, à des pressions occultes, à des manipulations insidieuses ou des magouilles, lorsque votre sécurité et votre survie sont en jeu, lorsque vous êtes en temps de guerre ou face à l'ennemi, lorsqu'il s'agit d'élucider un mystère, d'influencer le cours des événements ou de parcourir les différentes étapes de l'initiation.

Ce qui vous guide dans la vie, c'est votre flair, votre clairvoyance, vos passions, votre besoin de combat, d'intensité et de survie, votre besoin d'initiation, de transformation et de développement personnel. La relation avec l'au-delà tend à se faire de façon légale et conventionnelle. Vous aimez être en règle avec l'au-delà et la justice universelle et vous faites facilement une image de l'au-delà ou règne une puissance bonne et protectrice. Vous pouvez ainsi bénéficier d'une protection occulte, cachée et secrète. De part une puissante autorité sur vos forces occultes subconscientes, vous pouvez disposer d'un puissant pouvoir d'action et de transformation sur les événements. Vous pouvez savoir très bien tenir compte de la dimension cachée de l'existence dans votre vie professionnelle et percevoir les rapports de force sous-jacents, les intentions et enjeux cachés et tirer des conclusions à partir du moindre indice. Cela tend à produire une vie professionnelle intense et pimentée. Il se peut que vos capacités d'insertion socioprofessionnelles, votre autorité, votre besoin d'élargissement de vos horizons se soient développées à travers des situations de crises, de bouleversements et transformations, par des situations touchant à la mort, à l'au-delà ou aux forces secrètes de la nature.

Vous pouvez être particulièrement apte aux sacrifices, aux morts symboliques pour renaître différemment au nom d'une morale codifiée et librement consentie et faire preuve d'une autorité exceptionnelle en situation de crise. Votre expérience des situations problématiques peut vous donner des aptitudes pour gérer des situations socioprofessionnelles problématiques et des crises d'ordre culturelles, pédagogiques, politiques ou sociales. Vous pouvez toucher un héritage important, avoir des gains par le conjoint ou des associations et des profits par des activités clandestines, secrètes, touchant à la mort, aux sciences occultes ou à la gestion des conflits et problèmes sociaux. Cette position indique que c'est en mettant vos capacités occultes au service du progrès de la société que vous réaliserez au mieux votre épanouissement. Vous devez par contre éviter la corruption, les magouilles, la marginalisation, une tendance à vous attirer des problèmes qui vous dépassent et une tendance à vouloir systématiquement changer le monde. Jupiter en maison huit est propice aux métiers de militaire, policier, gardien et surveillants, contrôleurs, assureurs, médiums, détectives, services secrets et pour tous les métiers s'occupant de gérer crises, décès, problèmes et transformations.

JUPITER EN SECTEUR NEUF

Pour sortir du rôle que vous ont légué vos parents, pour accéder à votre mission personnelle, pour trouver votre voie et pour vous épanouir, vous devez et vous ressentez le besoin compulsif d'acquérir les bons enseignements, de faire des stages et des formations, de développer une légitimité, la gratitude, l'intuition et le bon sens, de protéger et d'être bien protégé, de voyager, d'apprendre des langues étrangères, de faire des affaires ou d'intégrer les différentes philosophies et systèmes de pensées qui existent sur la planète. Vous avez facilement tendance à penser que vous devez trouver dans votre environnement des personnes qui vous protègent, qui vous bénissent, qui nourrissent votre foi et votre confiance, qui sont des médecins du corps ou de l'âme, ou qui vous apportent les enseignements vous aidant à donner un sens à votre vie.

Les nombreux enseignements que vous avez reçus peuvent faire de vous un excellent pédagogue et vous conférer une force spirituelle capable de protéger, de transmettre la connaissance, de bénir et de permettre à chacun d'accéder à l'enseignement et au sacré. Dans les autres facettes de la maison, l'élargissement de vos horizons et votre expansion sont liées à votre rôle dans la société. Cela peut passer par des activités en lien avec la grande distribution ou les échanges internationaux, par la transmission de valeurs morales, religieuses, métaphysiques, culturelles ou socioprofessionnelles, par des activités médicales ou paramédicales ou par des formations et le monde de l'enseignement. Il émane de vous une certaine force spirituelle, une certaine envergure et un mélange de bienveillance, de sens pédagogique et d'autorité.

Bien intégré, Jupiter en maison 9 vous confère des facilités pour apprendre des langues étrangères, pour prendre votre place dans la société, pour vous intégrer dans un groupe ayant des objectifs communs, pour comprendre le monde avec ses codes et ses cultures, pour exprimer votre autorité, pour négocier ou faire des affaires, pour acquérir un certain confort matériel, pour voyager, pour provoquer la chance, pour vous sentir béni des Dieux et protégé par la vie, pour faire le lien entre Dieu et les Hommes, pour être légitime, pour intégrer et pour transmettre un enseignement avec des valeurs morales et humaines, pour cultiver la gratitude, l'intuition et le bon sens, pour être optimiste, opportuniste et généreux, pour légiférer, représenter, organiser, coordonner, administrer, distribuer, enseigner, éduquer, conseiller et guider, pour exprimer votre cœur, pour accéder au sacré et pour vivre une vie qui a du sens.

Ces compétences sont autant de qualités que vous savez et devez exprimer dès lors qu'il s'agit d'élargir vos horizons ou d'acquérir un certain confort matériel, de voyager ou de partir en expédition, d'exploiter une opportunité ou de provoquer la chance, de légiférer, de représenter, d'organiser, de coordonner, de gérer, d'administrer, de distribuer, d'éduquer, de conseiller, de guider, de faire des affaires, de vous rendre utile ou d'exercer votre activité professionnelle, afin de réaliser votre mission de vie et de nourrir votre évolution.   Cette position est particulièrement propice à l'insertion sociale, à l'épanouissement, à l'acquisition de valeurs philosophiques, spirituelles, religieuses, à l'obtention d'une bonne culture générale ainsi qu'à l'élargissement des horizons et aux voyages. Elle vous prédispose à une ouverture et largesse d'esprit, à une expansion tolérante, à un certain altruisme et à l'acquisition de connaissances spirituelles, métaphysiques, religieuses ou culturelles qui vous donnent un sens des valeurs.

Vous aimez prendre conscience de la grandeur et de la beauté de l'univers et vous vous sentez attiré par les voyages, l'exploration, l'étranger qui peuvent vous permettre de vous épanouir. Vous êtes aussi attiré par les êtres ayant une certaine maturité sociale ou religieuse. Vos aspirations morales, religieuses, métaphysiques ou culturelles peuvent être assez fortes et votre facilité à parler un langage commun et accessible à tous peuvent faire de vous un missionnaire, un représentant ou un pédagogue. Vous pouvez utiliser votre autorité et votre pouvoir social dans la gestion et l'organisation d'une idéologie, d'un groupe politique, d'une grande entreprise, d'une administration ou dans l'enseignement. Ce qui vous guide dans la vie, ce sont les enseignements que vous avez reçu, votre philosophie, vos expériences dans le monde, votre culture, les cultures et religions du monde, les étrangers, le monde extérieur, votre confiance en vous et la chance.

Une capacité au niveau professionnel à avoir de bonnes relations avec tous, à savoir saisir les opportunités, à agir conformément à ce que l'on vous demande, à savoir-faire preuve d'autorité, et souvent à bénéficier d'une certaine protection et d'une certaine chance vous prédispose à évoluer vers des postes à responsabilités. Vous pouvez avoir une certaine chance à l'étranger ou avec les étrangers. Votre pouvoir spirituel peut faire de vous un homme de bon conseil. Vos principes religieux tendent à être bienveillants et tolérants. Vous avez un certain besoin de comprendre les choses et la vie, de leur donner un sens et de les réduire à des formules maniables. Votre besoin de comprendre les mécanismes du monde extérieur au niveau social, légal, politique, historique, religieux ou cosmique peut faire de vous une personne particulièrement cultivée.

Vous devez éviter de céder à la tentation d'usurper le pouvoir, d'être envahissant ou de vous comporter en colonialiste, d'être dogmatique ou de vous identifier de façon excessive au monde extérieur. Il ne tient qu'à vous d'exprimer votre Jupiter en maison 9 sous sa forme positive.

JUPITER EN SECTEUR DIX

Vos possibilités de réalisation, la leçon majeure que vous devez apprendre et votre mission de vie sont liées à votre capacité de vous adapter et vous intégrer dans votre environnement, d'accepter le système éducatif et tout ce qui est étranger, d'acquérir les enseignements qui vous sont nécessaires, d'incarner une autorité morale et une légitimité, de faire le lien entre Dieu et les Hommes, de vivre une vie qui a du sens et dans laquelle est présent le sacré ou de transmettre un enseignement.

Vous êtes particulièrement capable d'avoir une vision globale de la situation, d'utiliser votre intelligence et votre autorité naturelle, d'être optimiste, opportuniste et généreux, de faire preuve d'ouverture d'esprit, de bienveillance et de compassion, de savoir légiférer, représenter, coordonner, gérer, administrer, distribuer, éduquer, conseiller, guider et diriger, d'être confortable, d'élargir vos horizons et de donner du sens dès lors qu'il s'agit de vous organiser, d'acquérir ou de préserver une certaine sécurité, lorsque vous êtes face à des difficultés, lorsqu'il s'agit de mettre de l'ordre, de structurer, de fournir des efforts ou de vous imposer une certaine discipline, lorsque vous abordez l'inconnu ou entreprenez une recherche, une quête ou une étude mais aussi lorsqu'il s'agit de cheminer, de gérer un chantier ou de parcourir les différentes étapes de l'évolution professionnelle et spirituelle. C'est à travers vos capacités d'intégration sociale, votre intelligence, votre sens pédagogique, votre autorité morale, votre sens de l'organisation et de l'administration, votre vision, vos facultés de communication et votre puissance de travail que vous pouvez au mieux vous élever socialement, réussir professionnellement et vous réaliser. Votre rôle est de jouer un rôle très actif dans une entreprise, une administration, une structure associative, un centre de formation où un lieu d'apprentissage.

Cette position est un excellent indice de réussite dans la vie. L'ambition, l'autorité, la capacité d'adaptation aux autres, votre esprit d'entreprise et votre sens de l'organisation et de la gestion, votre sens des opportunités, votre confiance en vous, votre optimisme, une bonne conscience des mécanismes socioprofessionnels et votre culture favorisent votre insertion et votre élévation sociale.

Vous recherchez une popularité, les honneurs, des titres valorisants, des responsabilités importantes et vous avez une haute idée de votre profession. Votre besoin d'élargir vos horizons peut vous prédisposer aux voyages d'affaires et permet parfois une réussite à l'étranger. Cette position offre la possibilité d'accéder sans trop d'efforts à une position confortable et bien rémunérée. Les professions se rattachant aux banques, au tourisme, à la gestion et à l'administration au sein d'entreprises privées ou étatiques, à l'enseignement, à la médecine, aux affaires, à l'import-export et aux transports vous sont ouvertes.

Vous pouvez au mieux réussir socialement dans la voie hiérarchique, dans la légalité et dans les sphères officielles. Ce qui vous guide dans la vie, ce sont votre ambition, les structures, votre besoin d'élévation et de profondeur, votre besoin d'ordre et de vérité, vos silences et votre sagesse. Vous pouvez avoir la possibilité d'accéder à des postes de directeur, de responsable ou de chef. Cette position indique la possibilité de bénéficier de beaucoup de chance, de la protection de personnages importants, et des bons conseils et recommandations de personnes influentes. Vous aspirez à accéder à un pouvoir reconnu et à être utile socialement.

Votre situation tend à évoluer favorablement et vous pouvez avoir la réputation d'être une personne généreuse, juste, joviale et optimiste. Jupiter vous demande de participer à la vie de la société et de viser un rôle important dans le pouvoir. Vous avez besoin de confort et d'une certaine aisance. Vous devez cependant éviter de voir trop grand, de faire preuve d'une ambition démesurée, d'avoir des démêlées avec les autorités, de faire des fausses manœuvres financières, de gaspiller et de faire preuve de malhonnêteté, de colonialisme et d'autoritarisme dans votre milieu professionnel.

JUPITER EN SECTEUR ONZE

Dans votre vie, les solutions passent par la nécessité d'avoir confiance en vous et foi en la vie, d'être légitime et bienveillant, d'acquérir les enseignements qui vous sont nécessaires, de vous intégrer dans votre environnement, d'utiliser votre intuition et votre bon sens, d'intégrer des systèmes d'informations et surtout d'exprimer un pouvoir intemporel capable de guider, d'accompagner, d'éduquer, de soigner les souffrances et les misères du corps et de l'âme et de permettre à chacun de retrouver le sacré en soi à travers des objectifs qui ont du sens.

Vous êtes particulièrement capable d'élargir vos horizons, de conquérir votre place dans la société, d'occuper l'espace, d'exercer une activité professionnelle, de vous intégrer dans un groupe ayant des objectifs communs, de comprendre votre environnement social avec ses codes et sa culture, d'exprimer votre autorité, de faire des affaires, d'être optimiste, opportuniste et généreux, de légiférer, de représenter, d'organiser, de coordonner, de gérer, d'administrer, de distribuer, d'éduquer, de conseiller, de guider et d'être confortable dès lors qu'il s'agit de concrétiser vos projets, lorsqu'il s'agit de vivre des expériences inconnues ou d'explorer de nouveaux horizons, lorsqu'il s'agit de trouver des solutions ou faire des réformes visant à améliorer les situations, lorsqu'il s'agit d'utiliser les nouvelles technologies et de vous adapter à la vie moderne où lorsque vous êtes dans un groupe ou avec des ami(e)s.

Votre générosité, votre bienveillance, vos qualités de communication et votre bonne moralité vous permettent d'établir de nombreuses relations amicales parmi des gens aisés, ayant une bonne situation sociale et vous permettant d'élargir vos horizons intellectuels, culturels et sociaux.

Vos sentiments fraternels envers le lointain et l'universel vous permettent d'avoir d'excellentes relations avec des étrangers. Aussi pouvez-vous faire de grands voyages pour rendre visite à des amis ou vivre des expéditions entre amis. Vous avez des aptitudes à susciter l'aide, le piston et la protection d'autrui. Vos amis peuvent vous aider à vous insérer socialement en vous poussant dans la voie qui correspond à votre nature, en vous aidant financièrement et en favorisant la concrétisation de vos projets.

Ce qui vous guide dans la vie, ce sont vos ami(e)s, votre besoin de liberté, votre conscience des signes et des coïncidences, l'aide que vous recevez, vos concepts, vos convictions et vos idéologies. Vous croyez en la vertu des relations fraternelles et croyez pouvoir compter sur votre entourage.

Vous cherchez parfois à vous faire des amis pour vous donner une bonne image sociale. Vous tendez à vous projeter dans l'avenir comme ayant une situation, une certaine aisance, une bonne culture et comme quelqu'un qui voyage. De nombreuses opportunités peuvent survenir à la suite de relations amicales. Vous devez éviter d'être incité par vos amis à vivre un train de vie au-dessus de vos moyens. D'un point de vue professionnel, cette position vous invite à participer à la vie moderne et à mettre votre autorité naturelle au service du progrès collectif.

JUPITER EN SECTEUR DOUZE

Votre objectif de vie à long terme, ce que vous pouvez faire de mieux de votre vie, votre moyen d'accéder à la transcendance, vos solutions pour guérir et ce que vous laisserez à la postérité sont liés à Jupiter.

Concrètement, cela passe par une nécessité de développer votre capacité à organiser et gérer des projets complexes, à intégrer des systèmes d'information, à transmettre un enseignement , à adopter des valeurs morales ou spirituelles, à vous sentir béni des Dieux et protégé par la vie, à acquérir une expertise, à cultiver la gratitude, l'intuition et le bon sens, à incarner une autorité spirituelle ou légale, à vivre une vie qui a du sens et dans laquelle est présent le sacré, à utiliser les qualités de rigueur, de discipline et de bienveillance, à être une autorité morale, à restituer la confiance et la foi, à promouvoir le sacré en chacun, à permettre à chacun de donner le meilleur de soi et à exprimer l'amour qu'il y a dans votre cœur.

Vous êtes particulièrement capable d'avoir une vision globale de la situation, d'utiliser votre intelligence et votre autorité naturelle, de vous adapter, d'avoir de la chance, d'être optimiste, opportuniste et généreux, de faire preuve de bienveillance, d'élargir vos horizons, de conquérir votre place dans la société, d'occuper l'espace, d'exercer une activité professionnelle, de vous intégrer dans un groupe ayant des objectifs communs, de comprendre votre environnement social avec ses codes et sa culture, d'exprimer votre autorité, de faire des affaires, de légiférer, de représenter, d'organiser, de coordonner, de gérer, d'administrer, de distribuer, d'éduquer, de conseiller, de guider et d'être confortable dès lors qu'il s'agit d'avoir la foi et de lâcher prise, de soulager les souffrances et les misères du monde, de vous évader, de fuir ou d'accéder à d'autres états de conscience, de transcender la réalité, de donner du sens, de rêver et de faire rêver, d'inspirer et d'être inspiré, d'utiliser votre clairvoyance, votre ressenti et votre imagination, de communier et de participer à une entreprise collective.

Ce qui vous guide dans la vie, ce sont votre foi, votre amour inconditionnel, votre intuition, votre clairvoyance, vos mémoires généalogiques, vos mémoires de vies passées et parfois une certaine confusion. Les idéaux moraux, philosophiques, culturels ou religieux peuvent occuper une place importante dans votre destinée. Vous savez faire preuve d'altruisme, de charité, de tolérance et de générosité envers autrui. Vous pouvez particulièrement bien utiliser votre autorité dans un milieu clos ou une société anonyme (laboratoire, hôpital, prison, centre à but social) mais aussi pour tout ce qui touche les sondages et la publicité.

Vous pouvez aussi pouvoir mettre en lumière, organiser et gérer l'inconscient collectif et avoir des aptitudes pour la psychologie, la psychiatrie et les sciences occultes. Cette position de Jupiter peut prédisposer à occuper une position sociale que vous avez déjà occupée dans une vie passée, à voyager dans des pays ou vous avez vécu des vies passées ou à occuper un emploi qu'avait déjà occupé un ou une de vos ancêtres. Vos mémoires généalogiques peuvent avoir un impact important sur votre vie extérieure.

Vous pouvez utiliser votre pouvoir socioprofessionnel pour porter secours à autrui de manière discrète et sans ostentation, envers les pauvres, les miséreux, les déshérités, les blessés et les malades. Vous tendez à être en bon accord avec vous-même et une certaine sagesse peut faire de vous un exemple à suivre. La bonté et la générosité se dégageant de votre aura peuvent vous protéger contre les épreuves et les coups du sort mais aussi vous donner une grande disponibilité pour communiquer avec autrui, pour partager et pour participer à la société. Vous avez la possibilité d'accéder à l'épanouissement à travers le dévouement à une cause, un idéal, une œuvre, en atténuant les souffrances et les misères des autres, parfois en ayant un rôle de Saint-bernard et en participant à une entreprise collective.

Saturne en secteurs :

SATURNE EN SECTEUR UN

Vous êtes une personne d'apparence simple, minimaliste, sérieuse, réfléchie, responsable, pragmatique, organisée, aimant le travail, soucieuse de qualité, de sécurité et de durée, parfois dure et distante mais aussi sage et espiègle, avec un côté solitaire ou plutôt réservée, calme, prudent, intègre, expérimentée, souvent en questionnement et toujours un peu en chantier, mûre, solide, profonde car consciente qu'il existe un ordre éternel caché, pleine de bon sens, persévérante, tenace, accordant une grande valeur aux principes et ayant besoin de travailler. En avez-vous conscience ? Vous vous présentez comme une personne ayant des objectifs d'évolution, de grosses capacités de travail, un sens prononcé du devoir et un besoin de temps, capable de se concentrer, de s'intérioriser, d'être en silence, de se discipliner, de méditer, de s'isoler pour faire le point ou au contraire de sortir de son isolement, qui est en chemin vers un objectif à plus ou moins long terme, capable d'être précise et rigoureuse, de fournir des efforts importants et prendre le temps nécessaire.

Vous montrez que vous avez déjà parcouru un certain chemin, que vous avez la lumière, que vous êtes capable d'éclairer et de guider les autres et que vous avez su acquérir une certaine sagesse en apprenant à tirer une leçon de toute chose.

Dès lors qu'il s'agit de définir des objectifs, de vous donner les moyens pour les atteindre, d'entreprendre, d'oser, d'expérimenter sur le terrain, de vous affirmer, de vous mettre en valeur, d'être opérationnel et efficace, de vous battre et de réussir; vous êtes particulièrement capable de prendre du recul, d'observer en profondeur, de faire une analyse rétrospective, de voir le chemin parcouru et ce qui reste à parcourir, de vous poser les bonnes questions, d'aller à l'essentiel et au fond des choses, d'abandonner ce qui doit l'être, de résister aux pressions extérieures et de faire référence aux lois éternelles.

Vous êtes aussi très capable d'organiser ce qui doit l'être, de gérer des projets et des chantiers à long terme, de planifier des étapes, de construire dans le temps, de gérer et maîtriser le temps, de surmonter patiemment les obstacles susceptibles de vous barrer la route, d'expérimenter et de faire des recherches, de guider et d'éclairer, de voir la lumière et d'être positif, de faire preuve de vérité et de sagesse, de structurer et de travailler sur les structures, d'utiliser des plans et des schémas, d'être humble et dans la vérité des choses, de faire toujours de votre mieux et de cheminer afin de trouver et vivre votre vérité profonde dans un état de paix intérieure.

La découverte de votre identité peut se faire grâce à des recherches personnelles, à la conscience de votre histoire et de votre éternité, à la méditation, la gestion d'un chantier ou à la construction d'une œuvre. Votre patience, votre capacité à théoriser et votre sensibilité aux structures, aux vérités éternelles, à l'histoire, au temps et aux chiffres peuvent vous conférer des capacités pour faire des recherches et des découvertes, pour l'architecture, pour comprendre et utiliser des systèmes d'informations, pour construire et pour générer de l'ordre, de la vérité et de la conscience là où elle sont nécessaires.

C'est par votre sérieux, par votre sens du devoir et des responsabilités, par votre persévérance, votre puissance de travail, votre bon sens et votre sens de l'organisation, par votre force intérieure (qu'elle soit intellectuelle, morale ou spirituelle) que vous pouvez au mieux vous affirmer, vous exprimer et prendre conscience de votre identité.

Avec Saturne en maison 1, vous pouvez initialement dans votre vie ressentir des difficultés à vous affirmer et à prendre clairement conscience de votre identité. Pourquoi ? Parce que vous avez un coté introverti prononcé; parce que vous tendez naturellement à résister aux êtres et aux événements, parce que vous avez besoin de vous organiser, de comprendre le pourquoi du comment, d'approfondir avant d'agir et de vous affirmer, parce ce que vous tendez à prendre du recul dans une attitude de détachement face à vous-même et face aux événements, parce que vous faites preuve de secondarité voir d'une certaine lenteur; parce que vous tendez à réprimer les pulsions affirmatives de vos instincts et parce que vous avez besoin de tout contrôler.

La découverte de vous-même peut être une quête permanente, un long chemin parsemé d'obstacles, mais aussi un chemin qui même à la sagesse et à la paix intérieure. Et votre chemin peut prendre la forme d'un plan d'action à long terme, d'un itinéraire que vous vous fixez très tôt dans la vie et que vous suivez patiemment, sans que rien ni personne ne puisse vous en faire dévier.

Vous savez vous fixer des objectifs, élaborer des plans, des stratégies et des méthodes d'exécution, obtenir des résultats avec un minimum de moyens et aller jusqu'aux bout de vos entreprises avec patience et persévérance. Vous travaillez lentement mais sûrement, avec ordre et méthode. Vous êtes précis, consciencieux, avez souvent un sens des chiffres et des structures prononcé et aimez avoir la satisfaction du travail bien fait. Vos scrupules et l'efficacité de votre juge moral vous permettent d'être une personne fiable et digne de confiance, fidèle et intègre. Votre sens du recul, de la concentration et de l'analyse peut vous permettre d'être lucide et objectif.

Votre sang froid, votre volonté froide, déterminée et réfléchie vous permet de vous discipliner, d'avoir un contrôle parfois impressionnant sur vos réactions au point que votre attitude de marbre peut être interprétée comme de l'indifférence, de l'insensibilité ou de la froideur, de résister aux épreuves et aux tentations et de surmonter patiemment les obstacles susceptibles de vous barrer la route. Votre corps est souvent soit grand, mince et doté d'une ossature importante, soit plus petit et trapu. On dit de cette position qu'elle confère peu de vitalité mais une excellente résistance et beaucoup d'endurance.

Vous préférez en général la solitude et vous exprimer en solitaire que d'être en compagnie. Vous êtes en effet plutôt sensible à ce qui ne va pas dans votre personnalité et dans ce que vous faites et au travail qui reste à faire qu'au contraire au point d'être parfois pessimiste.

Vos débuts dans la vie ont pu être difficiles et marqués par la tristesse et la solitude. Cela a pu vous donner un manque de confiance en vous qui peu s'atténuer par l'effort, par le travail et par la vie et l'action. Face à une situation nouvelle vos réactions sont souvent celles d'un manque d'enthousiasme, de spontanéité et d'emballement. Vous réfléchissez, analysez, prenez du recul, observez avec une certaine dose de scepticisme et de méfiance, vous posez mille et une questions, cherchez à aller à l'essentiel et mettez un certain temps avant de vous lancer. Par contre quand vous êtes lancé, il est difficile de vous arrêter.

Les lacunes éventuelles liées à cette position peuvent provenir des défauts de Saturne, c'est à dire d'une tendance à nourrir le doute, à vivre dans la peur, à être tout le temps en train de vous juger et de juger autrui, à vouloir tout contrôler ou à être au contraire complètement indifférent. Vous pouvez avoir tendance aux excès de travail, à manquer de chaleur et de sociabilité, à exprimer un pessimisme qui vous fait passer à coté des opportunités, à faire preuve de timidité et d'un égoïsme lié à la peur. Il ne dépend que de vous d'effectuer un travail sur vous-même afin que s'exprime uniquement ce qu'il y a de meilleur en vous, c'est-à-dire la possibilité d'effectuer un long chemin qui vous mène vers la sagesse et vers l'expression de votre vérité profonde.

SATURNE EN SECTEUR DEUX

Vous exprimez votre maison 2 dès lors qu'il s'agit d'utiliser vos cinq sens, de vous incarner, de satisfaire vos désirs, de vous faire plaisir, de gagner de l'argent, de générer de l'abondance, d'attirer, de plaire et de séduire, de créer des liens affectifs, familiaux ou sociaux, d'utiliser votre intelligence relationnelle, de faire preuve d'harmonie, de douceur et de gentillesse, d'exprimer votre sens esthétique ou artistique, de gérer de l'argent et des biens matériels, d'exprimer votre sensualité, de fonder une famille et de conquérir votre bonheur.

Vous êtes alors particulièrement capable de prendre du recul, de vous isoler, d'observer en profondeur, de faire une analyse rétrospective, de voir le chemin parcouru et ce qui reste à parcourir, de vous poser les bonnes questions, d'aller à l'essentiel et au fond des choses, d'acquérir une certaine sagesse en apprenant à tirer une leçon de toute chose, d'abandonner ce qui doit l'être, de résister aux pressions extérieures, de faire référence aux lois éternelles, de vous fixer des objectifs à long terme, d'organiser ce qui doit l'être, de gérer des projets et des chantiers à long terme, de planifier des étapes, de maîtriser le temps et de construire dans le temps.

Vous êtes aussi alors très capable de vous concentrer et vous discipliner, de faire preuve de patience et de prudence, de surmonter avec acharnement les obstacles susceptibles de vous barrer la route, de gravir des montagnes, d'expérimenter et de faire des recherches, de guider et d'éclairer, de voir la lumière et d'être positif, de faire preuve de vérité et de sagesse, de structurer et de travailler sur les structures, d'utiliser des plans et des schémas, d'être humble et dans la vérité des choses, de faire toujours de votre mieux et de cheminer afin de trouver et vivre votre vérité profonde dans un état de paix intérieure. C'est dans le domaine de l'argent, de l'acquisition et de la gestion d'un capital et de l'expression de votre sensualité que se manifeste au mieux votre sens du devoir et des responsabilités, votre sens de la mesure et de l'économie, mais aussi un besoin de structuration et de limitation de soi en vue d'acquérir une plus grande sécurité.

Persuadé que les petits ruisseaux font de grandes rivières, vous savez être prudent, économe et rigoureux dans la gestion de votre porte feuille. Vous pouvez vivre avec peu et n'investissez que lorsque cela s'avère utile voir indispensable. Cette tendance est parfois synonyme d'avarice qui est alimenté par une peur de manquer. Votre situation financière peut être acquise après de longs efforts ou un dur labeur, mais elle tend à se stabiliser avec le temps. Parce que vous êtes persuadé que tout gain doit être mérité ou pouvoir se justifier moralement, vous recherchez plutôt à vous enrichir par le travail et l'effort personnel. Vous négligez parfois à tort des chances et opportunités de vous enrichir et tendez à refuser la facilité dès que des intérêts financiers sont en jeux. D'après la tradition, ces attitudes ne vous prédisposent pas à vous enrichir mais à avoir juste ce qu'il faut pour subvenir à vos besoins et pour être en sécurité.

Dans certains cas, une tendance à voir l'argent à travers une attitude critique peut vous donner tendance à rejeter toute transaction matérielle et l'argent en général. Ces renoncements peuvent produire une impression de manque et de frustration, une inadaptation aux questions matérielles et parfois des situations précaires de pauvreté. Vos revenus peuvent parfois être maigres par rapport aux efforts fournis. Cela peut provenir d'un sentiment de culpabilité, de scrupules ou de préjugés moraux que vous éprouvez lorsque vous gagnez de l'argent; comme si dans votre tête vous n'aviez pas le droit d'être riche.

Il peut être important pour vous de comprendre que le détachement face à l'argent et la matière doit être vécu à l'intérieur de vous et non pas à l'extérieur par des renoncements extérieurs, d'où l'importance pour vous de comprendre le sens profond de l'argent et de la matière par rapport à votre vie éternelle puis de vous organiser en conséquence.

Saturne en maison deux peut dans le début de vie vous donner des difficultés à profiter des plaisirs de la vie, à extérioriser votre sensualité, à éprouver du plaisir lors de l'acte sexuel et vous donner tendance à voir les plaisirs du corps comme étant synonyme de péché et source de culpabilité. Comme pour l'argent, il peut être utile pour vous d'arriver à comprendre le sens profond du plaisir et de l'acte amoureux et de connaître vos droits et vos devoirs en la matière.

Vous pouvez réaliser des gains par des valeurs surs, concrètes et durables comme les terres, l'immobilier, les empreints d'état et les placements surs; Votre honnêteté, votre sens de l'organisation et des structures, votre rigueur et votre sens de la discipline peuvent vous donner des dons pour la comptabilité, pour la gestion financière ou pour tout ce qui concerne la trésorerie. Vous feriez un parfait ministre des finances, au sein de votre foyer ou dans une dimension plus collective. Le sentiment de propriété et le désir de gain vise souvent chez vous à combler un sentiment d'insécurité et une peur de manquer. Vous prenez rarement des risques et avez besoin de garanties dans vos investissements. Saturne en secteur deux vous invite à acquérir un sens profond de la valeur de l'argent, de son utilité et du sens même de son existence. Lorsque vous avez fait le cheminement nécessaire, vous avez alors la capacité de créer une situation financière solide et durable, de construire votre bonheur sur Terre et de gouter en profondeur à la beauté de la nature et de la vie.

SATURNE EN SECTEUR TROIS

Vous exprimez votre maison 3 dès lors qu'il s'agit de communiquer, d'apprendre, d'exprimer vos idées, de vous mettre en mouvement, de vous informer, de faire du commerce, de propager des informations et de vous adapter à votre environnement. Vous avez alors tendance à être une personne sérieuse, droite, intègre, responsable, parfois austère, dure et distante, mais aussi sage et espiègle, simple, minimaliste, réfléchie, organisée, précise, exigeante, déterminée, aimant le travail, soucieuse de qualité, de sécurité et de durée, avec un côté solitaire plutôt réservée, calme, prudente, intègre, expérimentée, souvent en questionnement, en chemin ou en chantier, mûre, solide, profonde, persévérante, très tenace et ayant de grosses capacités de travail.

Dès lors qu'il s'agit de vous informer, de communiquer, d'apprendre, d'utiliser votre intelligence et de vous adapter, vous avez aussi besoin de vous isoler, de vous intérioriser, de vous concentrer, de prendre du recul, d'observer et d'analyser en profondeur, de vous organiser et vous discipliner, d'être pragmatique et de faire preuve de bon sens, de définir les priorités et de tenir compte du long terme, d'aller à l'essentiel et au fond des choses, d'être rigoureux et précis dans le choix de vos mots, d'exprimer la vérité et de faire preuve de sagesse, d'éprouver un sentiment de calme, de paix intérieure et de sécurité, de comprendre les structures et l'organisation présente dans la situation et de vous sentir en résonnance avec les lois éternelles.

La communication, l'apprentissage d'un savoir, les contacts et les proches, les études peuvent jouer un rôle essentiel dans votre évolution intérieure, dans la structuration de votre être, dans votre processus de maturation. Vous avez un fort pouvoir de concentration, des capacités d'analyse et de prise de recul, un sens du calcul, des chiffres, de la précision et une excellente logique. Vous avez besoin de silence, de temps et d'isolement pour apprendre et n'apprenez que si vous approfondissez et que si vous comprenez les structures de l'enseignement. Soucieux de rigueur, d'exactitude, de vérité, vous sélectionner les informations essentielles de celles qui vous paraissent superflues et ne vous exprimez souvent qu'après mûre réflexion, qu'après être certain de ce que vous avancez. Une certaine conscience des conséquences de vos paroles vous incite à parler peu et à peser vos mots.

L'apprentissage de la communication n'est pourtant pas pour vous simple et facile. Vous devez éviter les jugements moraux systématiques, les préjugés rigides, l'obstination, la tendance à nourrir un esprit pessimiste et mélancolique, une froideur qui décourage les relations, un vide ou un isolement relationnel. Vous devez dissoudre les blocages éventuels dans votre communication ou en lien avec les études. Vous avez parfois tendance à accepter une idée ou une personne que si vous comprenez la structure dans laquelle elle s'intègre ou que si vous éprouvez un sentiment de sécurité ! En avez-vous conscience ? Les relations avec les proches peuvent être difficiles à créer parce qu'elles tendent à être réduites à l'essentiel, exigeantes, sélectives, souvent empreintes de jugements moraux. Vous recherchez plutôt la qualité, la profondeur et la durée, et une certaine sécurité ce qui ne facilite pas les relations superficielles. Si vous êtes souvent discret, réservé, prudent dans vos contacts, vous devez éviter de confondre votre distance naturelle avec la froideur, vous devez aussi vaincre un manque de confiance en vous, une tendance à se sentir en insécurité et parfois une certaine timidité.

Vous avez parfois besoin d'emmagasiner des connaissances pour vous sentir en sécurité, pour ne pas vous sentir démuni et pouvez être attiré par les lectures sérieuses, profondes, apportant un enseignement. Tout cela est propice à la vie intellectuelle et morale. Les études peuvent être difficiles de par une certaine lenteur, une tendance à résister aux idées, une tendance à l'interrogation et à l'approfondissement permanent mais une solide organisation et un travail acharné vous permettent en général d'arriver à vos fins. Cette position vous prédispose aux longues études. Vous aimez savoir où vous êtes géographiquement et avez un bon sens de l'orientation. L'écrire vous est favorable car elle vous permet de structurer vos idées. Bien vécue, Saturne en maison trois vous permet de comprendre les structures de la vie, de bien gérer les informations et d'effectuer un cheminement permettant d'exprimer une communication profonde, juste et sereine.

SATURNE EN SECTEUR QUATRE

De part ce que vous portez de vos parents, vous êtes venu sur Terre avec des capacités innées pour prendre du recul, vous isoler, vous intérioriser, observer en profondeur, faire une analyse rétrospective, vous poser les bonnes questions, aller à l'essentiel, être pragmatique et faire preuve de bon sens, abandonner ce qui doit l'être, résister aux pressions extérieures, faire référence aux lois éternelles, vous fixer des objectifs à long terme, organiser ce qui doit l'être, gérer des projets et des chantiers à long terme, planifier des étapes, maîtriser le temps, vous concentrer et vous discipliner, faire preuve de patience et de prudence, surmonter avec acharnement les obstacles susceptibles de vous barrer la route, gravir des montagnes, expérimenter et de faire des recherches, guider et éclairer, voir la lumière et être positif, faire preuve de vérité et pour acquérir une certaine sagesse en apprenant à tirer une leçon de toute chose, structurer et construire, travailler sur les structures, utiliser des plans et des schémas, être humble et dans la vérité des choses, faire toujours de votre mieux et pour cheminer afin de trouver et vivre votre vérité profonde dans un état de paix intérieure.

Vos parents vous ont aussi appris à aimer le travail, à exprimer de grosses capacité de travail et à être une personne simple, minimaliste, avec un côté solitaire plutôt réservée, parfois dure et distante mais aussi sage et espiègle, calme, prudente, sérieuse, intègre, réfléchie, responsable, mûre, expérimentée, solide, profonde, organisée, rigoureuse, exigeante, déterminée, persévérante, très tenace, soucieuse de qualité, de sécurité et de durée, souvent en questionnement, en chemin ou en chantier. Ils vous ont aussi légué la capacité de sentir que la vie est gouvernée par une réalité invisible éternelle très structurée qui s'exprime dans différentes formes de temps à travers des lois et des cycles.

Cela peut vous rendre très sensible au sentiment de manque et d'abandon, à tout ce qui est en décalage et en dysharmonie avec l'ordre éternel des choses, mais aussi aux structures, aux vérités éternelles, à la sagesse, à la valeur des principes, à l'histoire, au temps et aux chiffres. Le détachement de votre famille se fait soit très tôt, parfois à cause d'une absence de vie de famille ou d'obligations professionnelles, soit très tard à cause d'un attachement profond aux parents, au foyer, au terroir natal, aux traditions ou pour des raisons économiques.

Vous avez ainsi un besoin, qui est inscrit dans vos cellules, de vérité, d'ordre, d'évolution, de sérénité et d'utiliser un système de règles ou de jugements censés être en adéquation avec les vérités éternelles. Mais peut-être portez-vous aussi une importante mémoire d'abandon, de manque ou de culpabilité ? Peut-être avez-vous sans cesse peur de ne pas être en accord avec les lois éternelles, de manquer, de ne pas être en sécurité ou d'être coupable ? Vous êtes alors peut-être venu sur terre pour vous libérer d'un lourd fardeau, pour rétablir un certain ordre des choses et pour retrouver votre vérité profonde et votre sérénité. Comment exprimez-vous votre héritage ? Si votre héritage parental est problématique, mal intégré et donc plombant, vous risquez alors, par exemple, d'avoir des difficultés importantes et récurrentes à prendre du recul, à construire, à vous stabiliser, à méditer en silence, à écouter votre être profond, à expérimenter la solitude et l'intériorisation, à être simple, humble et dans la vérité des choses, à cheminer pour trouver et vivre votre vérité profonde et à être dans cette sérénité silencieuse et joyeuse qu'au fond vous recherchez.

Ces difficultés font alors obstacle à la réalisation de votre mission de vie et à votre évolution et elles doivent être transformées pour que vous soyez libre et heureux. Pour les dépasser et pour avancer sur votre chemin, vous pouvez consacrer une partie de votre temps à votre vie intérieure en apprenant à connaître les lois éternelles qui régissent la vie, en expérimentant le silence et la méditation, en apprenant à abandonner tout ce qui ne vous appartient pas, en guérissant cette éventuelle blessure d'abandon qui vous habite (voir le livre Lise Bourbeau : Les 5 blessures qui empêchent d'être soi-même) et en organisant votre vie de façon à évoluer vers plus de sérénité, tout en développant vos capacités grâce au travail.

Lorsque vous parvenez à exprimer le côté positif de Saturne vous êtes particulièrement capable de fournir de grosses quantités de travail, de vous organiser et vous discipliner, de construire et de structurer, d'être en chantier, d'assurer votre sécurité, de faire des recherches, de planifier à long terme en définissant les priorités et en fixant des étapes, de trouver votre sécurité, d'évoluer, de grandir, de faire preuve d'exigence, de profondeur, de simplicité et d'intégrité, d'aller à l'essentiel, de trouver la paix intérieure mais aussi parfois d'être distant, de douter et de résister, notamment dès lors qu'il s'agit de créer votre univers intime, un foyer, une famille ou un clan, lorsqu'il s'agit d'acquérir, de préserver ou de défendre votre cadre de vie, votre bien être, votre équilibre personnel ou votre progéniture.

Votre image du foyer est celle d'un foyer ordonné, sobre, rustique et de style plutôt ancien. Vous pouvez être attiré par les antiquités ou les objets ayant une signification historique. Votre intérieur est parfois austère, trop petit, propre mais sans trop de gaîté, de chaleur et d'intimité. Vous aimez le minimalisme. Votre foyer subit parfois des inconvénients d'ordre matériel (plomberie, chauffage, isolation). Il peut aussi être un lieu propice à la réflexion et la méditation. Vous avez un certain goût pour la solitude au foyer et vos comportements réservés, discrets, parfois austères et distants n'incitent pas les gens à venir souvent vous voir. Le détachement de la famille se fait soit très tôt, parfois dû à une absence de vie de famille ou aux obligations professionnelles, soit très tard dû à un attachement profond à des coutumes et valeurs ancestrales, aux parents et au foyer natal, aux traditions ou au terroir natal.

Votre famille peut jouer un rôle important dans le développement de votre puissante capacité de travail, de votre force morale ou intellectuelle, de votre sens du devoir et des responsabilités. Elle peut vous sensibiliser à la valeur des principes et vous aider à acquérir une certaine sagesse en apprenant à tirer une leçon de toute chose. Vous recherchez à établir des fondements solides à votre vie familiale qui peut néanmoins être astreinte à de nombreuses exigences. Vous pouvez facilement douter et remettre en question la valeur de votre cercle d'intimes et avoir un côté très sélectif. Ne fait pas partie de vos intimes qui veut car vous avez des exigences de qualité et de sécurité. Vous devez éviter d'étouffer vos enfants ou d'être trop dur avec eux et sublimer un éventuel étouffement de la part de vos parents, mais aussi des excès de solitude.

Bien vécue, Saturne en maison quatre vous permet de gérer des chantiers et de construire un foyer, des bases ou un clan solide et serein, basé sur des relations profondes avec la vie et avec autrui.

SATURNE EN SECTEUR CINQ

Vous avez, au plus profond de vous, le besoin d'être une personne simple, minimaliste, avec un côté solitaire plutôt réservée, parfois dure et distante mais aussi sage et espiègle, calme, prudente, sérieuse, intègre, réfléchie, responsable, mûre, expérimentée, solide, profonde, organisée, rigoureuse, exigeante, déterminée, persévérante, très tenace, soucieuse de qualité, de sécurité et de durée, souvent en questionnement, en chemin ou en chantier. Vous sentez au fond de vous que la vie est gouvernée par une réalité invisible éternelle très structurée qui s'exprime dans différentes formes de temps à travers des lois et des cycles.

Cela vous rend très sensible au sentiment de manque et d'abandon, à tout ce qui est en décalage et en dysharmonie avec l'ordre éternel des choses, mais aussi aux structures, aux vérités éternelles, à la sagesse, à la valeur des principes, à l'histoire, au temps et aux chiffres. Vous avez besoin de silence, de temps et d'isolement pour vous exprimer et vous ne pouvez créer que si vous approfondissez. Soucieux de rigueur, d'être pragmatique, de faire preuve de bon sens, d'exactitude et de vérité, vous ne vous exprimez souvent qu'après mûre réflexion, qu'après être certain de ce que vous avancez. Une certaine conscience des conséquences de vos paroles vous incite à parler peu et à peser vos mots. Vous avez aussi besoin d'ordre, d'évolution, de sérénité et d'utiliser un système de règles ou de jugements censés être en adéquation avec les vérités éternelles. Votre connaissance des lois éternelles vous permet de vivre une vie conforme à l'ordre cosmique, de vous construire et d'avancer à votre rythme vers votre vérité profonde.

Saturne en Maison 5 vous rend particulièrement capable de prendre du recul, de vous isoler, de vous intérioriser, d'observer en profondeur, de faire une analyse rétrospective, de vous poser les bonnes questions, de vous organiser et vous discipliner, de maîtriser le temps, d'être humble et dans la vérité des choses, de faire preuve de patience et de prudence, de faire preuve de profondeur et de sagesse, de faire des recherches et des découvertes, d'utiliser des systèmes d'informations, d'abandonner ce qui doit l'être, de résister aux pressions extérieures, de faire référence aux lois éternelles, de vous fixer des objectifs à long terme, de gérer des projets et des chantiers à long terme, de construire et de bâtir, de surmonter avec acharnement les obstacles susceptibles de vous barrer la route, d'être déterminé et exigeant, de gravir des montagnes, d'expérimenter et de faire des recherches, de guider et d'éclairer, de voir la lumière et d'être positif, de structurer et de travailler sur les structures, d'utiliser des plans et des schémas, de faire toujours de votre mieux et de cheminer afin de trouver et vivre votre vérité profonde mais aussi de générer de l'ordre, de la vérité et de la conscience là où elles sont nécessaires.

Vous êtes particulièrement capable de faire appel aux talents décrits précédemment dès lors qu'il s'agit de vous repérer, d'être clair, d'être visible, connu et reconnu, de gérer l'image que vous donnez et votre réputation, d'incarner votre idéal, vos valeurs et vos principes, de vous fixer des objectifs et de déployer votre volonté, d'exprimer votre créativité, de vous engager en donnant le meilleur de vous-même, de vous imposer avec autorité, de maîtriser la situation, de réussir, de briller, de rayonner, de créer votre bonheur ou lorsque l'Amour est en jeu.

Saturne en maison 5 indique des facilités pour organiser, structurer, gérer des chantiers et pour les entreprises à long terme. Une certaine maturité ou sagesse, une lucidité objective, une intégrité, un sens de l'organisation, des responsabilités et une grande puissance de travail peuvent soutenir votre pouvoir créatif et contribuer à votre réussite. Le labeur peut être pour vous une source de plaisir ainsi que le travail de la terre, le bâtiment et l'ésotérisme. Cette position peut créer une difficulté initiale dans la création, dans les relations amoureuses ou avec les enfants de part une tendance à résister aux événements, une tendance à avoir besoin de sécurité et à être trop exigeant, et à être fortement influencé par un juge moral interdisant les plaisirs gratuits. Ce que vous donnez aux autres doit être mûri, structuré et les aider à acquérir une plus grande sécurité voir à mûrir. Vous avez besoin de créer votre propre destin. Cette position tend à restreindre la production à un petit nombre d'œuvres ou de créations, qui ne se fond qu'avec temps et labeur, mais qui peuvent être des modèles de perfection et de solidité.

Saturne en maison 5 n'a pas la réputation d'être propice aux relations amoureuses. Si vous êtes digne de confiance, sérieux fidèle et si vous savez prendre vos responsabilités, vous avez plutôt tendance à théoriser et intellectualiser la relation sexuelle, l'instinct créatif, l'émotion et le plaisir qu'à le vivre et l'exprimer. Vous avez parfois besoin de justifier l'amour, de lui donner un sens et une raison d'être, et avez besoin de vous sentir en règle avant de passer à l'acte. Vos élans de cœur sont fortement influencés par votre juge moral qui vous demande de vivre des relations sérieuses et durables. Vos relations sentimentales sont ainsi exigeantes et très sélectives car vous avez besoin de sécurité et de garanties. Elles peuvent être longues à se concrétiser mais ensuite durer toute une vie. Il vous faut du temps et une certaine profondeur de relation pour tomber amoureux, pour arriver à pleinement à exprimer vos élans du cœur et pour construire une vie commune. Cette position peut inhiber ou retarder la vie amoureuse et en faire une source d'épreuves ou de difficultés. Elle restreint le désir de l'exprimer et de prendre des risques en amour.

Vous avez parfois tendance à vous comporter avec les enfants comme s'ils étaient des grandes personnes, en leur racontant des théories compliquées. Vous pouvez par contre leur assurer une bonne éducation morale, développer leur puissance de travail, leur sens du long terme et la capacité à tirer des leçons de l'existence. Vous ne risquez votre sens au jeu que si vous misez sur des valeurs sûres mais pouvez être attiré par les jeux nécessitant méthode et précision. Bien vécue, Saturne en maison cinq vous permet de réaliser une œuvre, d'avancer sur le chemin de votre vérité profonde jusqu'au centre de vous-même et de faire l'expérience de la lumière divine.

SATURNE EN SECTEUR SIX

Initialement, Saturne en maison six peut être synonyme de difficultés importantes et récurrentes à prendre du recul, à vous isoler pour faire le point ou au contraire à sortir de votre isolement, à vous intérioriser, à observer en profondeur, à faire une analyse rétrospective, à vous poser les bonnes questions, à vous organiser et vous discipliner, à maîtriser le temps, à être humble et dans la vérité des choses, à faire preuve de patience, de prudence, de profondeur, de pragmatisme, de bon sens et de sagesse, à faire des recherches et des découvertes, à utiliser des systèmes d'informations, à abandonner ce qui doit l'être, à résister aux pressions extérieures, à faire référence aux lois éternelles, à vous fixer des objectifs à long terme, à gérer des projets et des chantiers à long terme, à construire et à bâtir, à surmonter avec acharnement les obstacles susceptibles de vous barrer la route, à être déterminé et exigeant, à gravir des montagnes, à expérimenter et à faire des recherches, à guider et éclairer, à voir la lumière et à être positif, à structurer et à travailler sur les structures, à utiliser des plans et des schémas, à faire toujours de votre mieux, à vous sentir serein et en paix, à générer de l'ordre, de la vérité et de la conscience là où elles sont nécessaires et enfin à cheminer pour trouver et vivre votre vérité profonde.

Pourquoi avez-vous des difficultés à exprimer cette planète d'une façon positive ? Parce qu'au lieu d'être dans l'instant présent et dans l'action, vous pensez trop, vous « réfléchissez » et vous nourrissez la croyance que votre intelligence terrestre, celle qui accumule des connaissances, c'est-à-dire votre mental, va vous apporter toutes les solutions ! Vous êtes trop centré dans votre mental au lieu d'être centré dans votre corps et dans votre cœur ! Il est également possible que vous ayez des souvenirs, des « mémoires », où l'expression de votre besoin d'évolution intérieure n'était pas juste et équilibrée, ce qui vous apporte des croyances qui vous empêchent d'exprimer le meilleur de cette planète.

Pouvez-vous observer et reconnaitre que vos difficultés en lien avec cette planète font obstacle à la réalisation de votre mission de vie et à votre évolution? Elles peuvent être liées à une importante mémoire d'abandon, de manque ou de culpabilité. Peut-être avez-vous sans cesse peur de ne pas être en accord avec les lois éternelles, de vous tromper, de manquer, de ne pas être en sécurité, de ne pas avoir assez de temps ou d'être toujours finalement coupable ? Vous êtes alors parfois plombé dans des schémas répétitifs lourds.

Sans doute devez-vous apprendre à acquérir une vision plus positive de Saturne, ce qui implique de modifier vos croyances. Elles doivent être transformées pour que vous soyez libre et heureux, ce que vous pouvez faire en voyant l'aspect positif des structures, de la solitude, du fait d'avoir un passé et une histoire mais aussi en acceptant que les crises et les transformations permettent d'avancer sur le chemin. Une transformation profonde est toujours nécessaire pour accéder aux vérités profondes et à l'essentiel.

Pour dépasser vos difficultés et pour avancer sur votre chemin, vous pouvez aussi consacrer une partie de votre temps à votre vie intérieure en apprenant à connaître les lois éternelles qui régissent la vie, en expérimentant le silence sans pensées et la méditation, en apprenant à abandonner tout ce qui ne vous appartient pas, en guérissant cette éventuelle blessure d'abandon qui vous habite (voir le livre Lise Bourbeau : Les 5 blessures qui empêchent d'être soi-même) et en organisant votre vie de façon à évoluer vers plus de sérénité. Une solution pour bien intégrer votre Saturne est aussi d'effectuer les transformations qui sont nécessaires pour accéder à votre vérité profonde. Lorsque vous parvenez à exprimer le côté positif de Saturne, vous devenez alors capable de l'exprimer en toute conscience. Saturne en Maison 6 peut vous apporter une importante expertise technique dans votre domaine d'activité et par exemple dans l'art de faire des recherches, de structurer, d'approfondir, de bâtir ou de gérer le temps. Il ne dépend donc que de vous d'effectuer un travail sur vous-même afin que s'exprime uniquement le meilleur de Saturne en vous.

Vous pouvez alors jouer pleinement votre rôle d'éclaireur, de guide, d'apporteur de lumière, c'est-à-dire de conscience, d'élément structurant ou de sage au sein de votre civilisation puis devenir une référence en ce qui concerne la qualité, le sérieux, l'organisation, la précision, l'intelligence des structures, la capacité fournir des chiffres, des plans et des schémas, à rétablir l'ordre, à remettre dans le droit chemin ou à apporter de la sérénité.

Vos grandes capacités de travail vous permettent une évolution lente mais constante, par étapes. Vous êtes alors capable de fournir de grosses quantités de travail, de vous organiser et vous discipliner, de construire et de structurer, d'être en chantier, d'assurer votre sécurité, de faire des recherches, de planifier à long terme en définissant les priorités et en fixant des étapes, de trouver votre sécurité, d'évoluer, de grandir, de faire preuve d'exigence, de profondeur, de simplicité et d'intégrité, d'aller à l'essentiel, de trouver la paix intérieure mais aussi parfois d'être distant, de douter et de résister dès lors qu'il s'agit de servir, de communiquer, d'effectuer des échanges commerciaux, de vous adapter aux réalités matérielles grâce à des outils et des techniques, de vous organiser, de traiter des question d'hygiène ou de santé, d'être en sécurité, ou d'utiliser des systèmes d'information.

C'est par le travail et le service que se manifeste au mieux votre sens de l'effort, de la persévérance, de l'acharnement au travail, de l'organisation, des responsabilités et des projets à long terme. Vous pouvez avoir des capacités pour tout ce qui touche aux chiffres, à la précision, à la technique et à l'administration, et pouvez avoir une logique remarquable. Cette position de Saturne est fréquente chez les administrateurs, comptables, gestionnaires, informaticiens, architectes et ingénieurs. Cette position présage une élévation constante et progressive mais parfois après un début difficile car vous doutez parfois de vous dans le travail, remettez souvent les choses en question et vous posez sans cesse des questions, en théorisant au lieu d'agir. Mais votre sens de l'effort continu tend à porter ses fruits à long terme.

Votre constitution physique peut être sensible au froid et parfois fragile mais très résistante. Vous pouvez parfois avoir l'impression de manquer de vitalité et de qualifications professionnelles et devez éviter de vous complaire dans une inadaptation sociale ou à l'inverse de faire preuve d'une boulimie qui vous conduit à l'usure. Vous devez aussi éviter de transformer une tendance à la discipline en routine rigide, ou de vous complaire dans des corvées dégradantes par manque de confiance en vous. Vous pouvez aussi avoir quelques difficultés à vous adapter à votre emploi de part votre lenteur, à changer d'emploi, et à avoir des attitudes quelques peu froides et distantes avec vos collègues, patrons ou subordonnés. Si vous pouvez rendre service avec sincérité et honnêteté, la joie ne transparaît pas toujours sur votre visage et vous le faites souvent par un sens du devoir et des responsabilités. Vous pouvez avoir une conscience professionnelle développée et faire partie des gens qui aime avoir la satisfaction du travail bien fait et la conscience tranquille. On peut compter sur vous. Vos connaissances des lois éternelles vous permettent de vivre une vie conforme à l'ordre cosmique, de vous construire et d'avancer à votre rythme vers votre vérité profonde.

SATURNE EN SECTEUR SEPT

Initialement, Saturne en maison sept peut être synonyme de difficultés importantes et récurrentes à prendre du recul, à vous isoler pour faire le point ou au contraire à sortir de votre isolement, à vous intérioriser, à observer en profondeur, à faire une analyse rétrospective, à vous poser les bonnes questions, à vous organiser et vous discipliner, à maîtriser le temps, à être humble et dans la vérité des choses, à faire preuve de patience, de prudence, de profondeur, de pragmatisme, de bon sens et de sagesse, à faire des recherches et des découvertes, à utiliser des systèmes d'informations, à abandonner ce qui doit l'être, à résister aux pressions extérieures, à faire référence aux lois éternelles, à vous fixer des objectifs à long terme, à gérer des projets et des chantiers à long terme, à construire et à bâtir, à surmonter avec acharnement les obstacles susceptibles de vous barrer la route, à être déterminé et exigeant, à gravir des montagnes, à expérimenter et à faire des recherches, à guider et éclairer, à voir la lumière et à être positif, à structurer et à travailler sur les structures, à utiliser des plans et des schémas, à faire toujours de votre mieux, à vous sentir serein et en paix, à générer de l'ordre, de la vérité et de la conscience là où elles sont nécessaires et enfin à cheminer pour trouver et vivre votre vérité profonde.

Ces difficultés font alors obstacle à la réalisation de votre mission de vie et à votre évolution. Elles peuvent être liées à une mémoire d'abandon, de manque ou de culpabilité. Peut-être avez-vous sans cesse peur de ne pas être en accord avec les lois éternelles, de vous tromper, de manquer, de ne pas être en sécurité, de ne pas avoir assez de temps ou d'être toujours coupable ? Vous êtes alors parfois plombé dans un certain immobilisme.

Elles doivent être transformées pour que vous soyez libre et heureux, ce que vous pouvez faire en voyant l'aspect positif des structures, de la solitude, du fait d'avoir un passé et une histoire mais aussi en acceptant que les crises et les transformations permettent d'avancer sur le chemin. Une transformation profonde est toujours nécessaire pour accéder aux vérités profondes et à l'essentiel. Pourquoi avez-vous des difficultés à exprimer cette Saturne d'une façon positive ? Parce qu'au lieu d'être centré dans votre corps, dans l'instant présent et dans l'action, vous avez tendance à vous décentrer et à compter sur les autres pour exprimer cette Saturne à votre place. C'est comme si vous rejetiez tout ou partie de la Saturne parce que vous la voyez comme étant perturbatrice. Elle tend alors à s'exprimer, depuis votre inconscient, sous sa forme inférieure et à s'associer avec votre ombre.

Si vous refusez par exemple de vous organiser, d'écouter votre vérité profonde, de prendre en compte votre besoin d'évolution intérieure, d'abandonner ce qui doit l'être, de construire et de faire preuve de bon sens, il devient alors difficile de trouver votre équilibre et votre joie, de créer de l'harmonie et de rassembler ce qui est vous est séparé de votre centre.

Si vous exprimez l'ombre de Saturne, le risque est alors d'avoir une tendance à manquer de confiance en vous, à nourrir une certaine timidité, à vivre dans la peur, à vouloir tout contrôler ou à être au contraire complètement indifférent, d'avoir une tendance aux excès de travail, au manque de chaleur et de sociabilité, à faire preuve d'un pessimisme qui vous fait passer à coté des opportunités et d'un égoïsme lié à la peur et à un sentiment d'insécurité.

Il ne dépend que de vous d'effectuer un travail sur vous-même, de guérir votre éventuelle blessure d'abandon ou de vous transformer afin que s'exprime uniquement ce qu'il y a de meilleur en vous. Le dépassement de vos difficultés peut alors parfois déboucher sur de fortes aptitudes commerciales et sur de grandes facilités d'adaptation au monde extérieur.

Quand votre Saturne est bien intégrée, vous êtes particulièrement capable de fournir de grosses quantités de travail, de vous organiser et vous discipliner, de construire et de structurer, d'être en chantier, d'assurer votre sécurité, de faire des recherches, de planifier à long terme en définissant les priorités et en fixant des étapes, de trouver votre sécurité, d'évoluer, de grandir, de faire preuve d'exigence, de profondeur, de simplicité et d'intégrité, d'aller à l'essentiel, de trouver la paix intérieure mais aussi parfois d'être distant, de douter et de résister, notamment dès lors qu'il s'agit de trouver votre équilibre ou de le préserver, de créer des liens, de construire des relations sociales, d'utiliser votre intelligence relationnelle, de fonder un couple, de faire preuve d'harmonie, de douceur et de gentillesse, d'attirer, de plaire et de séduire, d'exprimer votre sens esthétique, artistique ou juridique, de coopérer et de participer à la civilisation.

C'est à travers les relations et les associations que tend à se manifester spontanément votre sens de l'organisation, votre sens de la limitation de soi dans le but d'acquérir une plus grande sécurité, votre besoin de sécurité, votre juge moral, votre sélectivité, mais aussi votre intégrité, votre sens des responsabilités, une certaine maturité et parfois une lucidité objective.

Cela ne vous prédispose pas à vous lier spontanément à autrui. Vous êtes sélectifs et exigeants dans le choix d'un partenaire et dans vos relations. Vous avez besoin d'énormément de confiance, de sécurité et de temps pour construire une relation. Mais si vos relations sont souvent peu nombreuses, elles tendent à être profondes et peuvent durer toute une vie.

Vous êtes fidèle, intègre et respectueux envers autrui. Cette position vous prédispose à vivre une difficulté initiale dans l'établissement de relations avec autrui. Vous pouvez avoir une certaine timidité, une peur d'autrui, un manque de confiance en vos moyens de séduction et une tendance à remettre sans cesse en questions vos relations. Il ne dépend que de vous d'effectuer un travail sur vous-même afin que s'exprime uniquement ce qu'il y a de meilleur en vous. Cela ne facilite pas les choses. Vous avez tendance à parfois théoriser la relation au lieu de la vivre, à intellectualiser vos sentiments sans les exprimer vraiment et pouvez parfois être froid et distant envers autrui. Vous mettez du temps à séduire ou à être séduit mais lorsque c'est fait, vous vous attachez profondément et avez alors des difficultés à vivre les séparations. Il vous faut du temps.

Il est possible que la vie, dans le but de vous faire mûrir, vous ait fait subir des séparations et détachements douloureux. Si ça a pu vous donner une peur de l'engagement par peur d'être séparé, vous pourriez vous rendre compte après mûre réflexion que c'était un mal pour un plus grand bien. Vous êtes attiré par les saturniens, c'est à dire par des gens intègres, profonds, réservés, organisés et fidèles. Bien vécue, Saturne en maison sept vous permet de construire des relations solides et profondes et une vie de couple durable, de prendre conscience de la sagesse qui existe dans chaque civilisation et de participer activement à la civilisation au sein d'une structure.

SATURNE EN SECTEUR HUIT

Votre chemin initiatique ou votre quête est une quête pour prendre conscience que la vie est gouvernée par un ordre invisible éternel, pour questionner et trouver vos réponses, pour trouver le chemin qui mène à votre vérité profonde et pour parcourir ce chemin, pour vous libérer de vos fardeaux, pour assumer vos responsabilités et pour abandonner ce qui doit l'être, pour trouver la sérénité et la paix de l'âme en apprenant le silence et la méditation mais aussi pour vous organiser et bâtir en fonction d'un plan structuré et chiffré.

Mais initialement, Saturne en maison huit peut être synonyme de difficultés à prendre du recul, à vous isoler pour faire le point ou au contraire à sortir de votre isolement, à vous intérioriser, à observer en profondeur, à faire une analyse rétrospective, à vous poser les bonnes questions, à vous organiser et vous discipliner, à maîtriser le temps, à être humble et dans la vérité des choses, à faire preuve de patience, de prudence, de profondeur, de pragmatisme, de bon sens et de sagesse, à faire des recherches et des découvertes, à utiliser des systèmes d'informations, à abandonner ce qui doit l'être, à résister aux pressions extérieures, à faire référence aux lois éternelles, à vous fixer des objectifs à long terme, à gérer des projets et des chantiers à long terme, à construire et à bâtir, à surmonter avec acharnement les obstacles susceptibles de vous barrer la route, à être déterminé et exigeant, à gravir des montagnes, à expérimenter et à faire des recherches, à guider et éclairer, à voir la lumière et à être positif, à structurer et à travailler sur les structures, à utiliser des plans et des schémas, à faire toujours de votre mieux, à vous sentir serein et en paix, à générer de l'ordre, de la vérité et de la conscience là où elles sont nécessaires et enfin à cheminer pour trouver et vivre votre vérité profonde.

Pourquoi ? Parce qu'il y a une part de vous, votre part d'ombre ou votre saboteur, qui refuse ce que représente Saturne, c'est-à-dire par exemple de faire preuve de bon sens et de profondeur, d'être sérieux et responsable, de se discipliner en fonction de règles issues des lois spirituelles éternelles qui gouvernent la vie et la vérité des choses. C'est alors comme si «l'Hermite», en vous, était occulté.

Vous avez donc parfois l'impression de manquer de lumière, de profondeur, de bon sens, de simplicité, d'isolement, de solitude, de sécurité, d'ordre, de temps, d'expérience, de maturité et que vous n'arrivez pas à accéder à l'essentiel, à vous libérer de ce qui vous pèse et à trouver votre chemin et votre vérité. Vous pouvez également avoir la forte impression qu'il existe un plan immuable et préétabli qui s'exécute dans le temps, que chaque personne a une dette karmique à payer et qu'il y a une justice immanente qui fait payer pour ce qu'on enfreint quand on va à l'encontre des lois cosmiques. Cela peut vous donner une apparence superstitieuse. Pouvez-vous observer cela ?

Votre quête passe donc par une exploration de tout ce que représente Saturne et vous mettez alors toute votre énergie et votre passion pour développer vos recherches ou des chantiers, pour construire quelque chose et pour parcourir votre chemin d'évolution.

Lorsque vous avez bien intégré Saturne, vous êtes particulièrement capable de fournir de grosses quantités de travail, de vous organiser et vous discipliner, de construire et de structurer, d'être en chantier, d'assurer votre sécurité, de faire des recherches, de planifier à long terme en définissant les priorités et en fixant des étapes, de trouver votre sécurité, d'évoluer, de grandir, de faire preuve d'exigence, de profondeur, de simplicité et d'intégrité, d'aller à l'essentiel, de trouver la paix intérieure mais aussi parfois d'être distant, de douter et de résister dès lors qu'il s'agit de vous engagez dans un combat, dès lors qu'il s'agit de transformer et vous transformer, de faire face à une situation difficile, à des crises ou des obstacles, à des pressions occultes, à des manipulations insidieuses ou des magouilles, lorsque votre sécurité et votre survie sont en jeu, lorsque vous êtes en temps de guerre ou face à l'ennemi, lorsqu'il s'agit d'élucider un mystère, d'influencer le cours des événements ou de parcourir les différentes étapes de l'initiation.

Cette position vous permet de vous détacher de l'au-delà, de l'invisible occulte, de vous isoler et de vous blinder contre toute manipulation et de vous assurer une protection efficace. Vous pouvez d'ailleurs être un spécialiste des protections de toutes sortes. Un sentiment d'insécurité vis-à-vis de l'au-delà et de l'invisible a pu vous pousser à développer une connaissance et une maîtrise suite à de longs efforts de ce domaine. Vous savez faire preuve d'une exceptionnelle résistance face aux crises, pressions, et bouleversements de toutes sortes et vous pouvez être du genre increvable. La relation initiale avec l'invisible peut être quelque peu bloquée mais elle tend à mûrir, à se développer et à se stabiliser avec le temps. Elle peut devenir lucide, profonde mais souvent théorisée et conceptualisée.

Cette position confère un certain respect envers tout ce qui est secret, occulte et invisible mais aussi une profondeur de perception qui peut conférer une lucidité exceptionnelle sur la vie, et en particulier en temps de crise. Vous pouvez avoir la forte impression qu'il existe un plan immuable et préétabli qui s'exécute dans le temps ; mais aussi une justice immanente qui fait payer pour ce qu'on enfreint quand on va à l'encontre des lois cosmiques. Cela peut vous donner un sens aigu de ce qui porte-malheur et une apparence superstitieuse. Le juge moral peut être particulièrement sévère au point de gêner considérablement l'expression de votre être. Dans certain cas, un juge moral excessivement dur peut alors être refoulé. En l'absence de moralité l'être peut alors commettre toutes sortes d'abominations. La tradition indique une vie longue, des crises, transformations qui peuvent être longues et difficiles, des retards pour un héritage, des aptitudes à transformer les structures et les systèmes, des blocages sexuels et une corruption des principes moraux. Vous pouvez être particulièrement conscient que des causes invisibles déterminent les événements terrestres et pressentir le monde de nos origines spirituelles et celui de notre prochaine estimation.

Cette évolution de conscience peut parfois produire un isolement par rapport au monde, un sentiment d'être différent, marginal ou exclu et quelques difficultés pour vus adapter à l'entourage. Il ne dépend que de vous d'effectuer un travail sur vous-même afin que s'exprime uniquement ce qu'il y a de meilleur en vous. Et vous pouvez avec Saturne en secteur 8 parcourir les différentes étapes de l'initiation, faire du développement personnel, vous transformer en profondeur puis aider autrui à se transformer.

SATURNE EN SECTEUR NEUF

Dans le but de sortir du rôle que vous ont légué vos parents, d'accéder à votre mission personnelle, de réaliser votre mission de vie, de trouver votre voie et de vous épanouir, vous ressentez le besoin compulsif de prendre du recul et de prendre le temps nécessaire, de vous isoler, d'observer en profondeur, de faire une analyse rétrospective, de voir le chemin parcouru et ce qui reste à parcourir, de vous poser les bonnes questions, d'aller à l'essentiel et au fond des choses, d'acquérir une certaine sagesse en apprenant à tirer une leçon de toute chose, d'abandonner ce qui doit l'être, de résister aux pressions extérieures, de faire référence aux lois éternelles et de vous fixer des objectifs à long terme.

Vous ressentez aussi un fort besoin d'organiser ce qui doit l'être, de gérer des projets et des chantiers à long terme, de planifier des étapes, de maîtriser le temps, de construire dans le temps, de vous concentrer et vous discipliner, de faire preuve de patience et de prudence, de surmonter avec acharnement les obstacles susceptibles de vous barrer la route, de gravir des montagnes, d'expérimenter et de faire des recherches, de guider et d'éclairer, de voir la lumière et d'être positif, de faire preuve de vérité et de sagesse, de structurer et de travailler sur les structures, d'utiliser des plans et des schémas, d'être humble et dans la vérité des choses, de faire toujours de votre mieux et de cheminer afin de trouver et vivre votre vérité profonde dans un état de paix intérieure.

Ces compétences sont autant de qualités que vous savez et devez exprimer dès lors qu'il s'agit d'élargir vos horizons ou d'acquérir un certain confort matériel, de voyager ou de partir en expédition, d'exploiter une opportunité ou de provoquer la chance, de légiférer, de représenter, d'organiser, de coordonner, de gérer, d'administrer, de distribuer, d'éduquer, de conseiller, de guider, de faire des affaires, de vous rendre utile ou d'exercer votre activité professionnelle, afin de réaliser votre mission de vie et de vous épanouir. C'est avec une profondeur morale, une rigueur sélective, un certain sérieux mais aussi avec recul, détachement et parfois scepticisme que vous abordez l'insertion sociale, les idéologies, les religions et l'élargissement de vos horizons.

Cette position est propice à la vie intellectuelle et peut déboucher vers une connaissance approfondie des différentes cultures et religions, des mécanismes socioculturels, des lois de l'univers et peut parfois déboucher sur une certaine sagesse. Saturne peut prédisposer à un début difficile dans le domaine de l'insertion sociale, des études supérieures, dans l'intégration de valeurs morales, culturelles ou religieuses. Vos idéaux peuvent manquer de largesse, de tolérance et votre philosophie peut être rigide, austère, pessimiste ou fataliste. Vous devez éviter les conceptions sectaires et de limiter votre expansion par un besoin excessif de sécurité. Si vos opinions mettent du temps à s'établir, ils tendent à être profonds, sérieux et fermement établis. Votre sens de la justice peut être assez stricte et exclure toute magnanimité. Vous avez des aptitudes pour les sciences abstraites, pour les recherches longues et difficiles nécessitant des calculs ardus et une parfaite connaissance des lois physiques et pour tout ce qui touche à l'administration, à la gestion et l'organisation dans un cadre socioprofessionnel.

Saturne en secteur 9 tend à limiter les voyages mais peut vous inciter à vivre des séjours de longue durée, qui peuvent être très marquants, à l'étranger. Vous pouvez parfois faire carrière à l'étranger. Vous pouvez faire preuve d'une grande honnêteté intellectuelle et attacher une grande importance à la vérité. Vous avez un sens prononcé de l'histoire. Vous pouvez être attiré par les antiques civilisations et par les origines des sociétés ou des idéologies. Vous avez des capacités pour organiser des salons ou des expositions et pour gérer des chantiers et projets à long terme. Vos capacités d'approfondissement vous prédisposent à une certaine érudition.

SATURNE EN SECTEUR DIX

Votre chemin d'évolution passe par une capacité à voir que la vie est gouvernée par une réalité invisible éternelle très structurée qui s'exprime dans différentes formes de temps à travers des lois et des cycles. Cela vous rend très sensible au sentiment de manque et d'abandon, à tout ce qui est en décalage et en dysharmonie avec l'ordre éternel des choses, mais aussi aux structures, aux vérités éternelles, à la sagesse, à la valeur des principes, à l'histoire, au temps et aux chiffres.

Cela tend à faire de vous une personne simple, minimaliste, avec un côté solitaire plutôt réservée, parfois dure et distante mais aussi sage et espiègle, calme, prudente, sérieuse, intègre, réfléchie, responsable, mûre, expérimentée, solide, profonde, organisée, rigoureuse, exigeante, déterminée, persévérante, très tenace, soucieuse de qualité, de sécurité et de durée mais aussi souvent en questionnement, en chemin ou en chantier. Doté d'un juge moral particulièrement présent, vous considérez les événements de votre vie avec sérieux et gravité. Vous avez besoin de temps, de cheminer ou d'être toujours en chantier. Vous avez besoin de vous sentir en sécurité pour construire et pour avancer. Vous avez tendance à discipliner, à contrôler, à maîtriser vos instincts et vos élans. Vous avez une tendance naturelle à résister aux sollicitations sensorielles en élaborant un système de défense fait de principes moraux, de règles, de théories, de revendications, d'exigences et parfois de jugements. Cela vous permet certes d'être sélectif dans vos objectifs, vos décisions et de vous protéger vis à vis de tout ce qui ne vous parait pas sain ou en accord avec l'ordre des choses mais cela limite parfois vos possibilités d'expression et votre joie de vivre.

Vos possibilités d'élévation sociale, de réussite sociale et de réalisation mais aussi la leçon majeure que vous devez apprendre et votre mission de vie sont liées à votre capacité de prendre du recul, de vous isoler, de vous intérioriser, d'observer en profondeur, de tirer des leçon de vos expériences, de poser les bonnes questions, de vous organiser et vous discipliner, de maîtriser le temps, d'être humble et dans la vérité des choses, de faire preuve de patience, de prudence, de profondeur et de sagesse, de faire des recherches et des découvertes, d'utiliser des systèmes d'informations, d'abandonner ce qui doit l'être, de résister aux pressions extérieures, de faire référence aux lois éternelles, de vous fixer des objectifs à long terme, de gérer des projets et des chantiers à long terme, de construire et de bâtir, de surmonter avec acharnement les obstacles susceptibles de vous barrer la route, d'être déterminé et exigeant, de gravir des montagnes, d'expérimenter et de faire des recherches, de guider et d'éclairer, de voir la lumière et d'être positif, de structurer et de travailler sur les structures, d'utiliser des plans et des schémas, de faire toujours de votre mieux et de cheminer afin de trouver et vivre votre vérité profonde mais aussi de générer de l'ordre, de la vérité et de la conscience là où elles sont nécessaires.

Vous devenez au fur et à mesure que vous avancez dans votre vie, de plus en plus capable d'exprimer toutes ces qualités, notamment lorsqu'il s'agit d'acquérir ou de préserver une certaine sécurité, lorsque vous êtes face à des difficultés, lorsqu'il s'agit de vous organiser, de mettre de l'ordre, de structurer, de fournir des efforts ou de vous imposer une certaine discipline, lorsque vous abordez l'inconnu ou entreprenez une recherche, une quête ou une étude mais aussi lorsqu'il s'agit de cheminer, de gérer un chantier ou de parcourir les différentes étapes de l'évolution professionnelle et spirituelle. Cela vous permet de construire une vie qui est en harmonie avec les lois éternelles, dans un d'amour et de sérénité puis d'œuvrer pour apporter plus de sagesse autour de vous.

Vous pouvez être particulièrement ambitieux et chercher à construire une destinée stable et structurée, avec un emploi solide et durable. Vous pouvez élaborer un plan de carrière que vous exécutez à la lettre ; plan qui doit aboutir à des résultats concrets et que vous remettez difficilement en cause après l'avoir créer. Vous avez besoin de respecter vos engagements et d'aller jusqu'au bout de vos objectifs. Votre vocation est de bâtir, structurer, organiser, faire de la recherche, travailler la terre, assumer des responsabilités et de s'occuper du long terme. Votre rigueur, votre conscience professionnelle, votre moralité parfois sévère et votre puissance de travail sont vos atouts principaux.

Avec Saturne en maison 10, vous êtes parfois dur et intransigeant dans votre milieu professionnel et votre prestige implique souvent plutôt le respect et la crainte que la sympathie et la popularité. Vous devez dépasser toute ambition égoïste pour atteindre une conscience profonde de vos devoirs professionnels envers la société. Vous devez éviter une ambition égoïste soutenue d'un caractère dur, rigide, asocial, un fatalisme ou des maladresses pouvant créer une chute de position sociale et des revers de fortune ; surtout lorsque l'ascension a été rapide, imméritée et acquise par des moyens douteux.

Saturne en maison 10 indique une élévation lente et régulière, par étapes, et une situation patiemment, laborieusement et prudemment acquise souvent après des efforts longs et difficiles. Vous avez tendance à ne compter que sur vous-mêmes et à résister aux événements, à douter et à manquer de confiance en vous, ce qui explique parfois la lenteur de votre ascension. Des références morales et votre surmoi peuvent jouer un rôle important dans votre vie professionnelle. Vous savez tirer des leçons des événements, acquérir de l'expérience et remettre les choses en question quand vous en sentez la nécessité. Vous sont ouvertes les carrières touchant à l'agriculture, au bâtiment, à l'architecture, à la recherche, aux livres, à l'immobilier, à la terre, à la gestion et aux responsabilités. Vous êtes apte aux entreprises de longue haleine susceptible de laisser des traces durables. La vie socioprofessionnelle est pour vous synonyme de sécurité. Bien vécue, Saturne en 10 vous permet de faire de votre vie un chantier et d'avancer à votre rythme vers votre vérité profonde.

SATURNE EN SECTEUR ONZE

Dans votre vie, les solutions passent par la nécessité de vous dégager de tout sentiment de lourdeur, de tristesse ou de frustration, de vous libérer d'un sentiment éventuel de manque ou d'abandon en ayant conscience de ce qui vous manque réellement et de ce que vous devez abandonner pour avancer, de prendre du recul, de vous isoler, de vous intérioriser, d'apprendre à méditer, d'observer en profondeur, avoir conscience de votre histoire et tirer des leçon de vos expériences, de poser les bonnes questions, de vous organiser et vous discipliner, de prendre le temps nécessaire et de maîtriser le temps, d'être humble et dans la vérité des choses, de faire preuve de patience, de prudence, de profondeur et de sagesse, de faire des recherches et des découvertes, d'utiliser des systèmes d'informations et de faire référence aux lois éternelles.

Elles passent également par la nécessité de vous fixer des objectifs à long terme, de gérer des projets et des chantiers à long terme, de construire et de bâtir, de surmonter avec acharnement les obstacles susceptibles de vous barrer la route, de résister aux pressions extérieures, d'être déterminé et exigeant, de gravir des montagnes, de guider et d'éclairer, de voir la lumière et d'être positif, de structurer et de travailler sur les structures, d'utiliser des plans et des schémas, de faire toujours de votre mieux, de cheminer afin de trouver et vivre votre vérité profonde mais aussi de générer de l'ordre, de la vérité et de la conscience là où elles sont nécessaires.

Elles passent aussi par la nécessité d'être une personne simple, minimaliste, parfois dure et distante mais aussi pleine de bon sens, sage et espiègle, calme, prudente, sérieuse, intègre, réfléchie, responsable, mûre, expérimentée, solide, profonde, organisée, rigoureuse, exigeante, déterminée, persévérante, soucieuse de qualité, de sécurité et de durée, souvent en questionnement, en chemin ou en chantier et accordant de l'importance aux principes. Elles passent finalement par la nécessité de vivre une vie conforme à l'ordre cosmique, de vous construire une situation solide et d'avancer à votre rythme vers votre vérité profonde. Les pierres, et la lithothérapie, mais aussi la conscience des énergies telluriques, c'est-à-dire de la géobiologie, peuvent contribuer à votre évolution.

Vous êtes particulièrement capable de fournir de grosses quantités de travail, de vous organiser et vous discipliner, de construire et de structurer, d'être en chantier, d'assurer votre sécurité, de faire des recherches, de planifier à long terme en définissant les priorités et en fixant des étapes, de trouver votre sécurité, d'évoluer, de grandir, de faire preuve d'exigence, de profondeur, de simplicité et d'intégrité, d'aller à l'essentiel, de trouver la paix intérieure mais aussi parfois d'être distant, de douter et de résister dès lors qu'il s'agit de concrétiser vos projets, lorsqu'il s'agit de vivre des expériences inconnues ou d'explorer de nouveaux horizons, lorsqu'il s'agit de trouver des solutions ou faire des réformes visant à améliorer les situations, lorsqu'il s'agit d'utiliser les nouvelles technologies et de vous adapter à la vie moderne où lorsque vous êtes dans un groupe ou avec des ami(e)s.

Vous ne liez pas des relations amicales facilement et avec n'importe qui. Vous êtes exigeant et sélectif. Il vous faut du temps et beaucoup de confiance pour créer des liens amicaux. Vos relations sont donc difficilement acquises mais peuvent durer toute une vie. Vous pouvez être attiré par des personnes ayant une valeur morale, une certaine intégrité, pouvant vous apporter un appui moral et vous conseiller utilement. Vous ne recherchez des amis que si vous vous sentez en totale sécurité avec. Vous pouvez être attiré par des personnes soucieuses de se perfectionner moralement, d'organiser leur esprit, de maîtriser leur corps et de se détacher du matériel ; ou dans un autre ordre d'idée par des gens simple aimant le travail, la terre, l'agriculture ou le bâtiment.

L'amitié tend à être éprouvée comme un attachement profond, durable, exclusif, parfois jaloux et possessif. Cela favorise les amitiés fidèles et durables mais aussi les projections solides et les bons conseils. Vous pouvez avoir quelques difficultés à vous projeter dans l'avenir et le faites parfois à partir de théories qui ne sont pas toujours en accord avec la réalité, votre sensibilité et vos possibilités. D'où parfois des sentiments d'angoisse et d'insécurité par rapport à l'avenir, et parfois un certain pessimisme. Vous pouvez aussi vous projeter dans l'avenir en fonction d'une loi morale, d'une maîtrise de soi, d'un projet à long terme et avec une certaine sagesse. Vos projets sont établis avec calme, sérieux, patience, d'une façon méticuleuse qui ne laisse rien au hasard et après mûre réflexion. Ils subissent parfois des retards ou mettent un certain temps avant de se concrétiser. La mise en plan se fait de façon ordonnée et peut exiger un temps considérable, mais vous n'êtes pas pressé et savez attendre le moment propice. Bien vécu, Saturne en maison 11 vous permet de gérer de très gros chantiers, d'assumer la responsabilité d'un groupe ou de construire une vie libre et heureuse.

SATURNE EN SECTEUR DOUZE

Votre objectif de vie à long terme, ce que vous pouvez faire de mieux de votre vie, votre moyen d'accéder à la transcendance, vos possibilités de guérir et ce que vous laisserez à la postérité sont liés à votre capacité de voir que la vie est gouvernée par une réalité invisible éternelle très structurée qui s'exprime dans différentes formes de temps à travers des lois et des cycles, à votre capacité de vous dégager de tout sentiment de lourdeur, de tristesse ou de frustration, de vous libérer d'un possible bagage plus ou moins lourd de vies passées ou que vous avez hérité de vos ancêtres, ou d'un sentiment éventuel de manque ou d'abandon, en ayant conscience de ce qui vous manque réellement et de ce que vous devez abandonner pour avancer et surtout à votre capacité de cheminer afin de trouver et vivre votre vérité profonde.

Concrètement, cela passe par une nécessité à prendre du recul, à vous isoler, à vous intérioriser, à observer en profondeur, à tirer des leçon de vos expériences, à poser les bonnes questions, à vous organiser et vous discipliner, à prendre le temps nécessaire et à maîtriser le temps, à être humble et dans la vérité des choses, à faire preuve de patience, à prudence, de profondeur et de sagesse, à faire des recherches et des découvertes, à utiliser des systèmes d'informations, à résister aux pressions extérieures, à faire référence aux lois éternelles, à vous fixer des objectifs à long terme, à gérer des projets et des chantiers à long terme, à construire et à bâtir, à surmonter avec acharnement les obstacles susceptibles de vous barrer la route, à être déterminé et exigeant, à gravir des montagnes, à guider et éclairer, à voir la lumière et être positif, à structurer et à travailler sur les structures, à utiliser des plans et des schémas, à faire toujours de votre mieux mais aussi à générer de l'ordre, de la vérité et de la conscience là où elles sont nécessaires.

Vous êtes particulièrement capable de fournir de grosses quantités de travail, de vous organiser et vous discipliner, de construire et de structurer, d'être en chantier, d'assurer votre sécurité, de faire des recherches, de planifier à long terme en définissant les priorités et en fixant des étapes, de trouver votre sécurité, d'évoluer, de grandir, de faire preuve d'exigence, de profondeur, de simplicité et d'intégrité, d'aller à l'essentiel, de trouver la paix intérieure mais aussi parfois d'être distant, de douter et de résister dès lors qu'il s'agit d'avoir la foi et de lâcher prise, de soulager les souffrances et les misères du monde, de vous évader, de fuir ou d'accéder à d'autres états de conscience, de transcender la réalité, de donner du sens, de rêver et de faire rêver, d'inspirer et d'être inspiré, d'utiliser votre clairvoyance, votre ressenti et votre imagination, de communier et de participer à une entreprise collective.

Cette position peut indiquer une morale exigeante, dure, inflexible et des principes qui peuvent être pesants s'ils ne sont pas en accord avec les lois universelles. Cela peut être difficile à vivre. Vous recherchez d'emblée vous maîtriser, la maîtrise de soi étant synonyme de sécurité. Vous avez un idéal de vous et de la vie tellement élevé qu'il est parfois difficile à incarner et que vous pouvez trouver dur à supporter car il n'est pas toujours en accord avec la réalité. Votre surmoi ou juge intérieur cherche à faire plier votre corps et à vous orienter vers l'introspection et l'évolution spirituelle. Cela peut parfois engendrer des épreuves longues et difficiles si vous n'allez pas dans ce sens. Vous pouvez être attiré par les travaux qui se déroulent loin des turbulences du monde extérieur et avoir un penchant pour la solitude.

Cette position vous permet de donner une forme concrète à vos idéaux et à vos aspirations profondes. Elle vous permet d'organiser, de vous élever au-dessus et de vous détacher des images subconscientes, de pressions venant de groupes, de l'inconscient collectif et des agressions invisibles. Elle peut indiquer que vous êtes porteur d'un lourd bagage qui provint de vies passées ou que vous avez hérité de vos ancêtres.

Vous avez un fort penchant pour la solitude et l'introspection. Un sentiment d'insécurité psychique peut vous inciter à structurer votre vie intérieure et à rechercher des valeurs sûres, des principes sur lesquels vous pouvez vous appuyer. Vous devez éviter de vous imposer des épreuves longues et difficiles, de vous isoler excessivement du reste du monde et de sacrifier votre vie extérieure pour satisfaire vos besoins spirituels, en ayant conscience que si l'âme, pour s'épanouir en profondeur, a besoin de silence et de méditation, elle a en revanche besoin, pour grandir, de vie et d'action dans le monde. Vous devez aussi éviter une tendance au fatalisme due à une forte conscience de ce qui ne va pas dans la société. Les pierres, et la lithothérapie, mais aussi la conscience des énergies telluriques, c'est-à-dire de la géobiologie, peuvent contribuer à votre évolution. Vous portez sans doute en vous la simplicité, les capacités de construction, un lien fort avec la terre et la sagesse de vos ancêtres. Bien vécue, Saturne en maison 12 vous permet de cheminer vers votre vérité profonde à travers une pratique de la méditation, d'effectuer le travail nécessaire pour vous libérer de vos mémoires ancestrales et de vos vie passées, de payer toutes vos dettes karmiques, de vous relier en profondeur aux courants d'amour qui inondent le monde et de faire l'expérience de Dieu.

Uranus en secteurs :

URANUS EN SECTEUR UN

Voyons maintenant dans quel domaine de votre existence, dans quel secteur d'activité s'expriment votre plus grand libre arbitre et votre besoin de liberté et de nouveauté!

Vous vous présentez comme une personne paradoxale, multidimensionnelle, libératrice et dotée d'une grande intelligence, qui est tantôt solitaire, silencieuse, calme, intériorisée voir retirée dans sa tour d'ivoire, concentrée, traditionnelle, très structurée, réfléchie, souvent en questionnement puis qui est tantôt capable d'abaisser ses barrières, électrique, surprenante, pertinente, imprévisible, énergique, tendue, bouillonnante, impatiente, moderne et capable d'augmenter brusquement sa tension intérieure et d'être au bord de l'explosion, tel un bâton de dynamite. En avez-vous conscience ?

Dès lors qu'il s'agit d'entreprendre, d'expérimenter sur le terrain, de vous affirmer, de vous mettre en valeur, d'être opérationnel et efficace ou de travailler dans une entreprise, vous êtes particulièrement capable tantôt de vous intérioriser, de vous concentrer, d'être en silence, de vous libérer du carcan du mental, de vous isoler, d'être dans un état de détachement, de vous barricader dans votre tour, de vous relier à l'ordre universel qui sous-tend toute vie, de prendre en compte la « Nécessité », d'accéder aux vérités spirituelles, d'être en harmonie avec l'ordre cosmique, de cultiver un état de calme intérieur joyeux et vibrant, de faire preuve d'humanité, d'être optimiste, positif et de voir l'aspect prometteur et bénéfique d'une situation, de faire naître l'espoir autour de vous, de différentier et de structurer en optimisant.

Vous êtes aussi très capable d'avoir des inspirations soudaines, d'agir selon vos intuitions et de vivre selon vos propres convictions et votre spécificité, d'intégrer Dieu dans votre vie et tantôt de faire sortir les choses de vous, de faire jaillir votre énergie d'une façon canalisée avec puissance et enthousiasme, de faire tomber les murailles, de briser les chaines, de vous libérer des influences familiales et sociales, de totalement déstructurer, démolir, faire exploser, bouleverser, révolutionner et guérir l'ordre établi et ce qui dois l'être, d'être intérieurement libéré des influences des structures, de rompre avec le passé puis de transformer les êtes et les situations, en générant des prises de conscience et en apportant une vision nouvelle.

Vous êtes aussi particulièrement capable de vous connecter avec les gens ou avec les informations, de travailler en groupe ou en réseau mais aussi d'être autonome, d'acquérir ou de préserver une certaine liberté d'action, de vous libérer des influences familiales et sociales, d'être à l'écoute des coïncidences et des synchronicités mais aussi de les créer, de transférer de la lumière et des informations, de communiquer avec clarté et précision en vous synchronisant avec autrui, d'utiliser des langages, de libérer par la parole, de faire appel à des schémas, des concepts et des idéologies, de vous organiser avec une grande efficacité, de gérer des chantiers ou des affaires immobilières, de vous projeter dans l'avenir, de concrétiser vos projets, de gérer des projets complexes, d'utiliser votre intelligence technique ou psychologique pour trouver des solutions et faire progresser la situation, d'inventer, de faire des découvertes et d'innover, de faire des réformes visant à améliorer les situations, de satisfaire votre besoin de nouveauté, d'utiliser et maîtriser des technologies modernes, de conseiller, aider et guider autrui en indiquant le chemin à suivre, d'accepter l'aide d'autrui, de faire face à l'inconnu et à l'imprévu, d'exprimer votre libre arbitre, de maîtriser la situation et de vous adapter là où vous êtes.

Vous êtes capable d'acquérir ou de préserver une certaine liberté d'action, de vous projeter dans l'avenir et de concrétiser vos projets, de trouver des solutions et de faire des réformes visant à améliorer les situations, d'utiliser les moyens modernes de communication, de faire preuve d'intelligence, d'humanité, d'être optimiste et positif, de voir l'aspect prometteur et bénéfique d'une situation, de faire naître l'espoir autour de vous, d'affirmer votre spécificité et vos convictions, de vous organisez et vous disciplinez pour vous maîtriser ou pour maîtriser la situation, d'inventer, d'innover et de faire des découvertes, de vous synchroniser, d'exprimez votre idéal, votre idéologie ou vos valeurs humaines ou spirituelles dès lors qu'il s'agit d'exprimer votre idéal, d'entreprendre, d'expérimenter sur le terrain, d'être conquérant, offensif et efficace, de vous affirmer et de vous mettre en valeur, d'être opérationnel, de faire du sport ou de travailler dans une entreprise. C'est en étant un intermédiaire entre l'univers et les hommes, en participant au progrès collectif, en utilisant votre intelligence psychologique et technologique pour trouver des solutions synonymes de progrès, en vous consacrant à une cause impersonnelle visant à apporter un mieux être à vos semblables et aux générations futures ou en libérant et en délivrant votre être et les autres de l'esclavage de la peur, de l'ego, de la rigidité ou de la tyrannie, des contraintes intérieures et des pressions extérieures, de la routine et de la banalité que vous pouvez au mieux vous exprimer, vous affirmer et prendre conscience de votre identité.

Si vous êtes très conscient d'être différent des autres, vous pouvez parfois avoir quelques problèmes d'identité et une difficulté à savoir qui vous êtes personnellement parce que vous vous situez plutôt en fonction d'une cause impersonnelle, en fonction du groupe, d'un réseau ou de la société auquel vous appartenez et en tant que membre de l'humanité plutôt que comme un individu isolé. Le sentiment d'amitié, de l'entraide et de la coopération est développé chez vous. Et vous vous positionnez facilement en dominant tendant la main au dominé ou en sauveur apportant des solutions aux autres. Malgré votre coté fraternel et très humain, vous avez besoin d'une totale liberté d'action, d'autonomie, d'indépendance et pouvez faire preuve d'un farouche individualisme.

Vous savez être présent extérieurement tout en étant détaché intérieurement, quitte à paraître indifférent. Votre besoin de liberté et d'indépendance vous pousse à vous dégager des modèles familiaux, des conditionnements socioculturels, des préjugés et des mythes, des structures rigides et de tout ce qui pourrait vous entraver. Votre besoin de liberté vous rend ennemi de la routine et vous pousse à rechercher le changement et l'imprévu. L'avenir peut être pour vous un repère important et vous pouvez avoir des facilités pour vous projeter dans l'avenir, pour voir dans l'avenir, pour vivre l'avenir dans le présent, pour vivre en avance sur votre temps et pour conceptualiser des projets. Vous pouvez parfois donner l'impression d'être un extra terrestre ou de planer loin au-dessus des banalités quotidiennes.

Dans le but de vous faire participer au progrès de l'humanité, Uranus peut mettre à votre disposition un pouvoir colossal et un arsenal de moyens, des dons pour la psychologie, pour l'informatique et pour la gestion de projet. De beaucoup dépendra de ce que vous faites de ce pouvoir qui vous est légué par l'univers. Bien vécu vous aurez conscience qu'il existe un plan universel allant loin au-delà des égoïsmes individuels, que vous faites partie de ce plan à votre niveau et que la liberté réside dans la connaissance et l'application des lois universelles de l'évolution. Vous saurez alors agir en harmonie avec ce plan, faire ce qu'il faut quand il faut comme il faut, et faire preuve d'une efficacité redoutable et peu ordinaire. Votre capacité à être relié à l'univers vous permet de capter de l'énergie et des informations venant du collectif et de l'univers. Ces informations ou images chargées d'énergie peuvent faire irruption de façon subite dans votre conscience et se traduire par des flashes, par de subites intuitions souvent synonymes de solutions, par un puissant magnétisme, et par des réactions électriques, brusques et imprévisibles. De ce lien avec l'univers provient votre intelligence exceptionnelle capable de comprendre les mécanismes qui régissent l'âme humaine, les sociétés et tout ce qui touche aux sciences et techniques modernes.

Vous pouvez ainsi être doué pour l'informatique, la logistique, l'électronique, la psychologie, la politique et avoir un goût pour l'aviation, les associations à but non lucratif, les mouvements idéologiques ou humanitaires et pour tout ce qui contribue à vous apporter un sentiment de plus grande liberté. Vous pouvez aussi être très sensibles aux hasards et synchronicités qui peuvent se produire dans une situation, aux signes et à tout ce qui est synonyme d'espoir et de progrès. Face à une rencontre ou une situation nouvelle, vos réactions sont celle d'une volonté de maîtriser la situation, de vous affirmer et d'affirmer votre différence. Elles peuvent être à la foi fraternelles, humaines, mais détachées et imprévisibles. Les lacunes éventuelles liées à cette position proviennent des défauts d'Uranus, c'est à dire d'une tendance à se dépersonnaliser dans des causes extérieures, d'une tendance à utiliser le pouvoir légué par l'univers ou une idéologie à des fins égoïstes ou destructrices, d'une tendance à la paranoïa, à l'indiscipline, d'un refus des règles et hiérarchies, d'une tendance à étouffer votre émotivité et votre affectivité au profit de l'intellect, d'une tendance à planer dans les hautes sphères des concepts et de la virtualité et d'un besoin excessif de nouveauté, d'originalité ou d'Independence. Il ne dépend que de vous d'effectuer un travail sur vous-même afin que s'exprime uniquement ce qu'il y a de meilleur en vous.

URANUS EN SECTEUR DEUX

Voyons maintenant dans quel domaine de votre existence, dans quel secteur d'activité s'expriment votre plus grand libre arbitre et votre besoin de liberté, de nouveauté et d'indépendance ! Vous exprimez votre maison 2 dès lors qu'il s'agit d'utiliser vos cinq sens, de vous incarner, de satisfaire vos désirs, de vous faire plaisir, de gagner de l'argent, de vous enrichir, de générer de l'abondance, d'attirer, de plaire et de séduire, de créer des liens affectifs, familiaux ou sociaux, d'utiliser votre intelligence relationnelle, de faire preuve d'harmonie, de douceur et de gentillesse, d'exprimer votre sens esthétique ou artistique, de gérer de l'argent et des biens matériels, d'exprimer votre sensualité, de fonder une famille et de conquérir votre bonheur. Vous avez alors une tendance naturelle à être une personne paradoxale, multidimensionnelle, libératrice et dotée d'une grande intelligence, qui est tantôt solitaire, silencieuse, calme, intériorisée voire retirée dans sa tour d'ivoire, concentrée, traditionnelle, très structurée, réfléchie, souvent en questionnement et quelque part à la recherche de Dieu puis qui est tantôt électrique, surprenante, pertinente, imprévisible, énergique, bouillonnante, impatiente, moderne, capable d'abaisser ses barrières, d'augmenter brusquement sa tension intérieure et d'être au bord de l'explosion tel un bâton de dynamite.

Vous êtes alors particulièrement capable d'acquérir ou de préserver une certaine liberté d'action, de vous projeter dans l'avenir et de concrétiser vos projets, de trouver des solutions et de faire des réformes visant à améliorer les situations, d'utiliser les moyens modernes de communication, de faire preuve d'intelligence, d'humanité, d'être optimiste et positif, de voir l'aspect prometteur et bénéfique d'une situation, de faire naître l'espoir autour de vous, d'affirmer votre spécificité et vos convictions, de vous organisez et vous disciplinez pour vous maîtriser ou pour maîtriser la situation, d'inventer, d'innover et de faire des découvertes, de vous synchroniser, d'exprimez votre idéal, votre idéologie ou vos valeurs humaines ou spirituelles.

Vos comportements financiers peuvent être imprévisibles, originaux et parfois surprenant. Vous avez des facilités pour comprendre les mécanismes d'une bonne gestion financière et un sens de l'organisation pouvant vous rendre apte à gérer des grosses sommes d'argent avec expertise. Vous savez faire appel aux outils et moyens techniques moderne qu'offre la société et pouvez avoir des facilités pour gérer votre budget sur ordinateur.

Vous pouvez aimer dépenser vos deniers pour vivre des expériences enrichissantes, pour faire des découvertes, pour affirmer votre spécificité et votre individualité pour acheter un objet dernier cri, pour gagner du temps, pour suivre une psychothérapie ou pour vous libérer des obstacles qui entravent votre sentiment de liberté ou pour vivre avec vote temps afin d'être en accord avec les valeurs de modernité.

Vous avez parfois tendance à vous désintéressez de vos finances et des affaires matérielles au profit de choses plus intellectuelles ou spirituelles. Cela peut vous donner tendance à négliger votre porte feuille et à planer au-dessus des réalités matérielles. Malgré votre capacité à spiritualiser la matière ou à la vivre en fonction d'une idéologie ou de valeurs spirituelles, il peut vous être utile de comprendre que le détachement dont vous savez faire preuve vis à vis de l'argent et de la matière doit avant tout s'effectuer dans votre tête et non pas à l'extérieur par des renoncements extérieurs, et de savoir garder les pieds sur terre afin d'assumer vos responsabilités matérielles.

Il peut être utile pour vous de découvrir le sens spirituel de l'argent et d'apprendre comment votre Ange Gardien peut agir en vous et à travers vous faisant utiliser de l'argent ou des biens matériels. L'argent et les valeurs matérielles peuvent vous permettre de servir de canal entre l'univers et les hommes.

Vous pouvez ainsi être amené à brasser de l'argent pour des causes humaines, sociales et humanitaires ou pour aider et sauver des personnes en détresse. Vous pouvez être très sensible aux finances mondiales, à la bourse, aux répercussions des crises sur la situation économico-financière planétaire et projetez facilement les situations financières collectives sur votre propre situation de sorte que les deux peuvent être liées.

Si vous savez en général maîtriser votre porte feuille avec rigueur et expertise et être clairement conscient de votre situation financière. Celle-ci peut cependant être versatile, instable et sujette à des coups de chances exceptionnelles comme à des tuiles pécuniaires. Vos amis ou vos relations sociales peuvent jouer un rôle important dans votre situation financière, dans le développement de votre sensualité et dans votre aptitude à gérer la matière. Vous pouvez avoir des facilités pour obtenir des crédits de la part d'organismes financiers internationaux.

Vous pouvez avoir tendance à intellectualiser les sens et les plaisirs, ou à les considérer comme un moyen de vous libérer et d'évoluer spirituellement. Cela peut donner à l'expression de vos sens une dimension tout à fait inhabituelle mais parfois produire des dérèglements sensoriels, une recherche de l'amour en groupe ou des tendances homosexuelles. Vous pouvez avoir la possibilité d'inventer des formes artistiques nouvelles, de donner aux plaisirs des sens un sens nouveau ou de bouleverser les structures financières rigides pour instaurer un système plus égalitaire et plus souple. Sous sa meilleure forme, Uranus en maison deux vous permet d'incarner votre spécificité et votre génie et de vivre comme une personne libre et heureuse sur Terre.

URANUS EN SECTEUR TROIS

Voyons maintenant dans quel domaine de votre existence, dans quel secteur d'activité s'expriment votre plus grand libre arbitre et votre besoin de liberté, de nouveauté et d'indépendance ! Vous exprimez votre maison 3 dès lors qu'il s'agit d'aborder votre entourage, de faire des rencontres, de communiquer, de comprendre, d'exprimer ou de défendre vos idées, de découvrir l'inconnu, d'exprimer votre curiosité, de faire du commerce, de faire preuve d'intelligence, de vous mettre en mouvement, de vous informer, de faire du commerce, de propager des informations et de vous adapter à votre environnement.

Vous avez alors une tendance naturelle à être personne paradoxale, multidimensionnelle, libératrice et dotée d'une grande intelligence, qui est tantôt solitaire, silencieuse, calme, intériorisée voire retirée dans sa tour d'ivoire, concentrée, traditionnelle, très structurée, réfléchie, souvent en questionnement et quelque part à la recherche de Dieu puis qui est tantôt électrique, surprenante, pertinente, imprévisible, énergique, bouillonnante, impatiente, moderne, capable d'abaisser ses barrières, d'augmenter brusquement sa tension intérieure et d'être au bord de l'explosion tel un bâton de dynamite.

Vous êtes alors particulièrement capable tantôt de vous intérioriser, de vous concentrer, d'être en silence, de vous libérer du carcan du mental, de vous isoler, d'être dans un état de détachement, de vous barricader dans votre tour, de vous relier à l'ordre universel qui sous-tend toute vie, de prendre en compte la « Nécessité », d'accéder aux vérités spirituelles, d'être en harmonie avec l'ordre cosmique, de cultiver un état de calme intérieur joyeux et vibrant, de faire preuve d'humanité, d'être optimiste, positif et de voir l'aspect prometteur et bénéfique d'une situation, de faire naître l'espoir autour de vous, de différentier et structurer en optimisant, d'avoir des inspirations soudaines, d'agir selon vos intuitions et de vivre selon vos propres convictions et votre spécificité, d'intégrer Dieu dans votre vie et tantôt de faire sortir les choses de vous, de faire jaillir votre énergie d'une façon canalisée avec puissance et enthousiasme, de faire tomber les murailles, de briser les chaines, de vous libérer des influences familiales et sociales, de totalement déstructurer, démolir, faire exploser, bouleverser, révolutionner et guérir l'ordre établi et ce qui dois l'être, d'être intérieurement libéré des influences des structures, de rompre avec le passé puis de transformer les êtes et les situations, en générant des prises de conscience et en apportant une vision nouvelle.

Vous êtes aussi particulièrement capable d'acquérir ou de préserver une certaine liberté d'action, de vous projeter dans l'avenir et de concrétiser vos projets, de trouver des solutions et de faire des réformes visant à améliorer les situations, d'utiliser les moyens modernes de communication, de faire preuve d'intelligence, d'humanité, d'être optimiste et positif, de voir l'aspect prometteur et bénéfique d'une situation, de faire naître l'espoir autour de vous, d'affirmer votre spécificité et vos convictions, de vous organisez et vous disciplinez pour vous maîtriser ou pour maîtriser la situation, d'inventer, d'innover et de faire des découvertes, de vous synchroniser, d'exprimez votre idéal, votre idéologie ou vos valeurs humaines ou spirituelles.

Votre mental est vif, curieux, bien différencié, psychologue, ouvert aux nouveautés et à l'originalité, capable de saisir et de traiter des données et des systèmes d'informations compliqués et techniques (informatique, psychologie, électronique, aviation, comptabilité etc.). Vous comprenez rapidement et pouvez travailler très vite. Vous savez faire preuve d'un certain sens psychologique dans vos rapports avec les autres et dans vos écrits ce qui pourrait faire de vous un expert en communication et dans tout ce qui touche au traitement et à la transmission de l'information. Un esprit scientifique peut parfois vous prédisposer à la recherche, aux inventions, et à une certaine réussite dans tout ce qui touche à la technique. Si votre sociabilité vous permet de vous faire facilement des amis dans votre entourage, vous avez en revanche besoin de conserver une certaine indépendance.

Vos idées peuvent être originales et avant-gardistes. Vous vous exprimez de façon franche, parfois un peu brusque, et vous plaisez à démonter les préjugés, les idées toutes faites, et les attaches du passé pour rechercher une liberté dans l'échange et la communication. Vous attachez parfois peu d'importance à l'enseignement officiel et préférez étudier ce qui vous intéresse vraiment. Vous pouvez être attiré par les ouvrages techniques, la science fiction, la littérature cinématographique, la psychologie, les sciences sociales ou politiques et vers tout ce qui est tourné vers le progrès et l'avenir.

Vous pouvez avoir de remarquables facilités d'adaptation à un environnement qui change rapidement. Certains peuvent être initiés à un art divinatoire, avoir des facilités pour interpréter les signes extérieurs et les synchronicités ou avoir des dons pour la psychologie, la graphologie, l'astrologie et l'ésotérisme. Vous pouvez aussi être attiré par les jeux vidéo. Vous pouvez par contre éviter d'être brusque ou excentrique dans vos relations, d'interrompre vos études ou de rompre brusquement avec vos relations. Vous devez surveiller une tendance à la nervosité, un attrait excessif pour la vitesse au volant ou une tendance à accorder trop d'espace aux concepts, aux projets et à la virtualité. La communication peut être pour vous un instrument du progrès et un outil vous aidant à vous libérer.

URANUS EN SECTEUR QUATRE

Voyons maintenant dans quel domaine de votre existence, dans quel secteur d'activité s'expriment votre plus grand libre arbitre et votre besoin de liberté, de nouveauté et d'indépendance !

De part ce que vous portez de vos parents, vous êtes venu sur Terre avec la capacité innée de vous intérioriser, de vous concentrer, d'être en silence, de vous libérer du carcan du mental, de vous isoler, d'être dans un état de détachement, de vous barricader dans votre tour, de vous relier à l'ordre universel qui sous-tend toute vie, de prendre en compte la « Nécessité », d'accéder aux vérités spirituelles, d'être en harmonie avec l'ordre cosmique, de cultiver un état de calme intérieur joyeux et vibrant, de faire preuve d'humanité, d'être optimiste, positif et de voir l'aspect prometteur et bénéfique d'une situation, de faire naître l'espoir autour de vous, de différentier et structurer en optimisant.

Vous avez aussi hérité de la capacité d'avoir des inspirations soudaines, d'agir selon vos intuitions et de vivre selon vos propres convictions et votre spécificité, d'intégrer Dieu dans votre vie mais aussi de faire sortir les choses de vous, de faire jaillir votre énergie d'une façon canalisée avec puissance et enthousiasme, de faire tomber les murailles, de briser les chaines, de vous libérer des influences familiales et sociales, de totalement déstructurer, démolir, faire exploser, bouleverser, révolutionner et guérir l'ordre établi et ce qui dois l'être, d'être intérieurement libéré des influences des structures, de rompre avec le passé puis de transformer les êtes et les situations, en générant des prises de conscience et en apportant une vision nouvelle.

Vos parents vous ont aussi rendu capable de vous connecter avec les gens ou avec les informations, de travailler en groupe ou en réseau mais aussi d'être autonome, d'acquérir ou de préserver une certaine liberté d'action, de vous libérer des influences familiales et sociales, d'être à l'écoute des coïncidences et des synchronicités mais aussi de les créer, de transférer de la lumière et des informations, de communiquer avec clarté et précision en vous synchronisant avec autrui, d'utiliser des langages, de libérer par la parole, de faire appel à des schémas, des concepts et des idéologies, de vous organiser avec une grande efficacité, de gérer des chantiers ou des affaires immobilières, de vous projeter dans l'avenir, de concrétiser vos projets, de gérer des projets complexes, d'utiliser votre intelligence technique ou psychologique pour trouver des solutions et faire progresser la situation, d'inventer, de faire des découvertes et d'innover, de faire des réformes visant à améliorer les situations, d'utiliser et maîtriser des technologies modernes, de conseiller, aider et guider autrui en indiquant le chemin à suivre, d'accepter l'aide d'autrui, de faire face à l'inconnu et à l'imprévu, d'exprimer votre libre arbitre, de maîtriser la situation et de vous adapter là où vous êtes.

Ils ont fait de vous une personne atypique, multidimensionnelle et paradoxale, à la fois très autonome et éprise de liberté tout en ayant des obstinations très enracinées, libératrice et dotée d'une grande intelligence, qui est tantôt solitaire, silencieuse, calme, intériorisée voire retirée dans sa tour d'ivoire, concentrée, traditionnelle, très structurée, réfléchie, souvent en questionnement et quelque part à la recherche de Dieu et de la liberté puis qui est tantôt électrique, surprenante, pertinente, imprévisible, énergique, bouillonnante, impatiente, moderne, capable d'abaisser ses barrières, d'augmenter brusquement sa tension intérieure et d'être au bord de l'explosion tel un bâton de dynamite.

Mais peut-être portez-vous quelque part une mémoire d'enfermement, d'emprisonnement, de catastrophe, de cataclysme, de révolution, de la vie avant votre incarnation et de l'état de connexion avec la Source qui existait alors, de la vie sur des planètes plus avancées technologiquement et spirituellement ou encore une mémoire d'abandon ou une mémoire d'un frère ou d'une sœur perdue parce qu'il ou elle n'a pas pu s'incarner dans votre famille. Vous sentez alors toujours en manque de quelque chose, comme une personne étrangère sur une terre étrange. Vous êtes alors sans doute venu sur Terre pour apprendre à vous incarner en toute conscience, tout en retrouvant pleinement vos origines spirituelles et votre joie, afin d'aider les « anges » à aider et faire progresser vos frères et sœurs humains.

Comment exprimez-vous votre héritage ? Si votre héritage parental est problématique et mal intégré, vous pouvez alors parfois apparaître comme une personne enfermée dans son monde ou dans une prison mentale, aveuglée par ses illusions, planante, utopiste, cérébrale, artificielle, imprévisible, asexuée, indifférente, effacée, impersonnelle, rigide, excessivement nerveuse, stressée, survoltée, explosive, gaffeuse, maladroite, ayant tendance à provoquer, choquer et secouer autrui, totalement dépendante de ses pensées, de son cerveau et de ses programmes intérieurs.

Vos faiblesses éventuelles peuvent provenir d'une tendance à abandonner par peur d'être abandonnée où inversement à vous comporter comme un Saint-bernard au détriment de votre évolution personnelle ou comme un ouragan qui balaie et foudroie tout sur son passage, à être trop préoccupé par vos relations amicales, votre groupe ou votre réseau au point de négliger votre bien-être personnel, à manquer de fluidité, d'énergie et de réalisme, à être déconnectée de votre corps, de vos désirs et des réalités matérielles, à nourrir des situations de dépendance envers des habitudes ou des personnes, à être victime du fantôme de la liberté, à provoquer des catastrophes ou encore de problèmes de langage et de communication. Vous risquez d'avoir recours à de la violence verbale ou d'attirer des personnes violentes tant que vous ne voyez pas la violence qu'il y a en vous et tant que vous ne la canalisez pas.

Ces difficultés font alors obstacle à la réalisation de votre mission de vie et à votre évolution et elles doivent être transformées pour que vous soyez libre et heureux. Il ne dépend alors que de vous pour effectuer un travail sur vous-même afin que s'exprime uniquement ce qu'il y a de meilleur en vous. Pour les dépasser et pour avancer sur votre chemin, vous pouvez effectuer des prises de conscience sur la nature et le rôle de l'ordre universel, de la Nécessité, de la liberté, de Dieu, des Anges, des technologies modernes, de l'intériorisation, du langage, de l'expression, de l'énergie du corps et de l'âme et de la joie d'aider autrui à être plus libre et autonome.

Lorsque vous parvenez à exprimer le côté positif d'Uranus, vous devenez alors capable de l'exprimer en toute conscience. Vous êtes alors capable de d'apporter un vent de renouveau là où vous êtes et de participer à votre manière au plan d'évolution de l'humanité.

Vous êtes alors particulièrement capable d'acquérir ou de préserver une certaine liberté d'action, de vous projeter dans l'avenir et de concrétiser vos projets, de trouver des solutions et de faire des réformes visant à améliorer les situations, d'utiliser les moyens modernes de communication, de faire preuve d'intelligence, d'humanité, d'être optimiste et positif, de voir l'aspect prometteur et bénéfique d'une situation, de faire naître l'espoir autour de vous, d'affirmer votre spécificité et vos convictions, de vous organisez et vous disciplinez pour vous maîtriser ou pour maîtriser la situation, d'inventer, d'innover et de faire des découvertes, de vous synchroniser, d'exprimez votre idéal, votre idéologie ou vos valeurs humaines ou spirituelles dès lors qu'il s'agit de créer votre univers intime, un foyer, une famille ou un clan, lorsqu'il s'agit d'acquérir, de préserver ou de défendre votre cadre de vie, votre bien être, votre équilibre personnel ou votre progéniture.

Cette position prédispose à ressentir assez tôt un besoin de vous détacher du cercle familial, à remettre en question l'autorité, les valeurs et le mode de vie de vos parents et de prendre votre indépendance. Vous ne vous attachez pas spontanément à des traditions familiales rigides, à un lieu défini ou à des comportements traditionnels. Votre désir d'avoir un lieu de repos stable peut être contrecarré par un besoin d'indépendance, par un besoin de changement ou par des circonstances indépendantes de votre volonté.

Cela peut vous inciter à changer régulièrement de lieu de résidence. Ou alors vous pouvez être attiré par une vie au foyer libre et sans contraintes, où chacun s'exprime et vit librement. Votre image du foyer est celle d'un lieu aéré, bien éclairé, moderne ou original, où vous pouvez recevoir des amis et des inconnu(e)s. Votre sens familial n'est pas toujours très développé car vous n'aimez pas trop les contraintes liées à la vie de famille. Pourtant, vos enfants ou votre famille peuvent contribuer à votre évolution psychologique et à votre libération.

Vous vous attachez plus à des gens avec qui vous avez des affinités intellectuelles ou idéologiques et à des souvenirs précis qu'à un foyer ou à un lieu. Vous pouvez être issu d'un milieu peu banal ou participant activement au progrès collectif ; ou être né dans des circonstances sortant de la norme et de l'ordinaire. Votre capacité à vous ressourcer, à vivre l'intimité et la quiétude dépend plus de votre état psychologique que du lieu où vous êtes et des personnes présentes. Vous pouvez par contre être sensible aux ondes qui se dégagent d'un lieu ou d'une ambiance.

De part les besoins d'auto dépassement, d'évolution, de libération, de progrès et de nouveauté qui vous habitent, vos bases et vos racines peuvent paraître instables et abstraites. Elles peuvent se construire à travers une idéologie, un savoir technique, des expériences psychologiques ou spirituelles. Vous pouvez d'ailleurs avoir des facilités pour saisir l'ésotérisme, la psychologie et la métaphysique, pour voir les origines spirituelles de l'humanité, et cela peut vous servir de valeur refuge. Votre universalisme n'est compatible avec l'esprit de clan que lorsque l'amitié sincère ou le progrès collectif sont en jeu. Vous avez des facilités pour vous projeter dans l'avenir pour tout ce qui touche au foyer, votre vision claire et votre sens de l'organisation pouvant contribuer à créer un lieu moderne, propre ou tout est contrôlé efficacement de façon à avoir le moins de contraintes possibles.

URANUS EN SECTEUR CINQ

Voyons maintenant dans quel domaine de votre existence, dans quel secteur d'activité s'expriment votre plus grand libre arbitre et votre besoin de liberté, de nouveauté et d'indépendance ! La connexion très particulière que vous avez avec la terre d'un côté et avec le ciel de l'autre vous confère une intelligence des technologies et de l'âme humaine mais fait surtout de vous une personne atypique, multidimensionnelle et paradoxale, à la fois très autonome et éprise de liberté tout en ayant des idées voire des obstinations très enracinées.

Vous êtes une personne libératrice et dotée d'une grande intelligence, qui est tantôt solitaire, silencieuse, calme, intériorisée voire retirée dans sa tour d'ivoire, concentrée, traditionnelle, très structurée, réfléchie, souvent en questionnement et quelque part à la recherche de Dieu puis qui est tantôt électrique, surprenante, pertinente, imprévisible, énergique, bouillonnante, impatiente, moderne, capable d'abaisser ses barrières, d'augmenter brusquement sa tension intérieure et d'être au bord de l'explosion tel un bâton de dynamite.

Vous avez au plus profond de vous le besoin et la capacité de vous intérioriser, de vous concentrer, d'être en silence, de vous libérer du carcan du mental, de vous isoler, d'être dans un état de détachement, de vous barricader dans votre tour, de vous relier à l'ordre universel qui sous-tend toute vie, de prendre en compte la « Nécessité », d'accéder aux vérités spirituelles, d'être en harmonie avec l'ordre cosmique, de cultiver un état de calme intérieur joyeux et vibrant, de faire preuve d'humanité, d'être optimiste, positif et de voir l'aspect prometteur et bénéfique d'une situation, de faire naître l'espoir autour de vous, de différentier et structurer en optimisant.

Vous avez besoin d'avoir des inspirations soudaines, d'agir selon vos intuitions et de vivre selon vos propres convictions et votre spécificité, d'intégrer Dieu dans votre vie et tantôt de faire sortir les choses de vous, de faire jaillir votre énergie d'une façon canalisée avec puissance et enthousiasme, de faire tomber les murailles, de briser les chaines, de vous libérer des influences familiales et sociales, de totalement déstructurer, démolir, faire exploser, bouleverser, révolutionner et guérir l'ordre établi et ce qui dois l'être, d'être intérieurement libéré des influences des structures, de rompre avec le passé puis de transformer les êtes et les situations, en générant des prises de conscience et en apportant une vision nouvelle.

Vous avez aussi le besoin et la capacité de vous connecter avec les gens ou avec les informations, de travailler en groupe ou en réseau mais aussi d'être autonome, d'acquérir ou de préserver une certaine liberté d'action, de vous libérer des influences familiales et sociales, d'être à l'écoute des coïncidences et des synchronicités mais aussi de les créer, de transférer de la lumière et des informations, de communiquer avec clarté et précision en vous synchronisant avec autrui, d'utiliser des langages, de libérer par la parole, de faire appel à des schémas, des concepts et des idéologies, de vous organiser avec une grande efficacité, de gérer des chantiers ou des affaires immobilières, de vous projeter dans l'avenir, de concrétiser vos projets, de gérer des projets complexes, d'utiliser votre intelligence technique ou psychologique pour trouver des solutions et faire progresser la situation, d'inventer, de faire des découvertes et d'innover, de faire des réformes visant à améliorer les situations, d'utiliser et maîtriser des technologies modernes, de conseiller, aider et guider autrui en indiquant le chemin à suivre, d'accepter l'aide d'autrui, de faire face à l'inconnu et à l'imprévu, d'exprimer votre libre arbitre, de maîtriser la situation et de vous adapter là où vous êtes.

Vous exprimez votre maison 5 dès lors qu'il s'agit de vous repérer et d'être clair, de gérer l'image que vous donnez et votre réputation, d'incarner votre idéal, vos valeurs et vos principes, de vous fixer des objectifs et de déployer votre volonté, d'être créatif, de vous engager en donnant le meilleur de vous-même, de vous imposer avec autorité, de maîtriser la situation, d'éduquer des enfants, de réussir voire même de briller et de rayonner, de vous exprimer à travers des activités de loisirs ou des créations, de vous réaliser ou lorsque l'Amour est en jeu.

Vous êtes alors particulièrement capable d'acquérir ou de préserver une certaine liberté d'action, de satisfaire votre besoin de nouveauté, de vous projeter dans l'avenir et de concrétiser vos projets, d'exprimer une intelligence psychologique ou technologique, de trouver des solutions et de faire des réformes visant à améliorer les situations, d'utiliser les moyens modernes de communication, de faire preuve d'intelligence, d'humanité, d'être optimiste et positif, de voir l'aspect prometteur et bénéfique d'une situation, de faire naître l'espoir autour de vous, d'affirmer votre spécificité et vos convictions, d'être original voire atypique, de vous organiser et vous disciplinez pour vous maîtriser ou pour maîtriser la situation, d'inventer, d'innover et de faire des découvertes, de vous synchroniser, d'exprimez votre idéal, votre idéologie ou vos valeurs humaines ou spirituelles ou encore de moderniser ou révolutionner totalement une situation.

Vous avez tendance à cérébraliser la relation amoureuse qui est plus facilement vécue comme une grande amitié. Mais votre sexualité est plutôt libre et ouverte. Changer de partenaire ne vous pose aucun problème. L'acte d'amour est parfois vu comme une aventure cosmique, à travers un idéal ou une impression de participer à l'universel. Cette position exalte les sentiments platoniques et altruistes. Vous tirez votre plaisir avant tout de manière idéologique et cérébrale, à travers l'amitié, le partage d'idées, une activité en groupe ou en réseau ou à travers une participation au progrès collectif. Votre génie créatif peut vous permettre d'entreprendre des créations révolutionnaires. Vous pouvez avoir des dons pour la technique, le cinéma, l'informatique, la psychologie ou tout simplement pour vous adapter à la société moderne.

Votre vie sentimentale est souvent peu banale et peut comporter des épisodes romanesques et des liaisons « coup de foudre » au caractère inconventionnel. Vous pouvez être difficile à satisfaire niveau plaisirs car vous êtes toujours en quête de divertissements nouveaux et avez besoin d'aller toujours plus loin. Votre refus de la monotonie vous permet par contre d'avoir des relations riches, vivantes et pleines d'imprévus. Vous êtes facilement sujet aux coups de foudre mais préférer l'union libre au mariage en raison de votre besoin d'indépendance. Vous pouvez être attiré par les sports comportant une part de risque, de technique ou de performances peu ordinaires (aviation, chute libre, parapente, automobile, etc.). Cette position vous demande non pas de créer et vivre la relation amoureuse d'une façon traditionnelle mais de développer une nouvelle manière de libérer vos énergies de façon à faire progresser la société. Vous devez éviter les comportements brusques qui peuvent induire des ruptures dans les relations amoureuses.

URANUS EN SECTEUR SIX

Voyons maintenant dans quel domaine de votre existence, dans quel secteur d'activité s'expriment votre plus grand libre arbitre et votre besoin de liberté, de nouveauté et d'indépendance ! Initialement, Uranus en maison six peut être synonyme de difficultés importantes et récurrentes, par exemple, à vous intérioriser, à vous concentrer, à être en silence, à vous libérer du carcan du mental, à vous isoler, à être dans un état de détachement, à vous barricader dans votre tour, à vous relier à l'ordre universel qui sous-tend toute vie, à prendre en compte la « Nécessité », à accéder aux vérités spirituelles et à être en harmonie avec l'ordre cosmique.

Vous pouvez initialement éprouver des difficultés à cultiver un état de calme intérieur joyeux et vibrant, à faire preuve d'humanité, à être optimiste, positif et à voir l'aspect prometteur et bénéfique d'une situation, à faire naître l'espoir autour de vous, à différentier et structurer en optimisant, à avoir des inspirations soudaines, à intégrer Dieu dans votre vie ou au contraire à faire sortir les choses de vous, à faire jaillir votre énergie d'une façon canalisée avec puissance et enthousiasme, à faire tomber les murailles, à briser vos chaines, à totalement déstructurer, démolir, faire exploser, bouleverser, révolutionner et guérir l'ordre établi et ce qui dois l'être, à libérer les structures enfermantes puis à transformer les êtes et les situations en générant des prises de conscience et en apportant une vision nouvelle.

Pourquoi avez-vous des difficultés à exprimer cette planète d'une façon positive ? Parce qu'au lieu d'être dans l'instant présent et dans l'action, vous pensez trop, vous « réfléchissez » et vous nourrissez la croyance que votre intelligence terrestre, celle qui accumule des connaissances, c'est-à-dire votre mental, va vous apporter toutes les solutions ! Vous êtes trop centré dans votre mental au lieu d'être centré dans votre ressenti, dans votre corps et dans votre cœur ! Il est également possible que vous ayez des souvenirs personnels, des « mémoires généalogiques » ou des «mémoires d'âmes », où l'expression, par exemple, de vos besoins de construction, d'évolution, de révolution, de liberté, de progrès, de technologie et conscience spirituelle n'étaient pas justes et équilibrés. Peut-être portez-vous quelque part une mémoire d'enfermement, d'emprisonnement, de catastrophe, de cataclysme, de révolution, de la vie avant votre incarnation et de l'état de connexion avec la Source qui existait alors, de la vie sur des planètes plus avancées technologiquement et spirituellement ou encore une mémoire d'abandon ou une mémoire d'un frère ou d'une sœur perdue parce qu'il ou elle n'a pas pu s'incarner dans votre famille ? Vous sentez alors toujours en manque de quelque chose, comme une personne étrangère sur une terre étrange. Vous êtes alors sans doute venu sur Terre pour apprendre à vous incarner en toute conscience, tout en retrouvant pleinement vos origines spirituelles et votre joie, afin d'aider les « anges » à aider et faire progresser vos frères et sœurs humains.

Si la planète Uranus est vécue de façon disharmonieuse, vous pouvez alors parfois apparaître comme une personne enfermée dans son monde ou dans une prison mentale, aveuglée par ses illusions, planante, utopiste, cérébrale, artificielle, imprévisible, asexuée, indifférente, effacée, impersonnelle, rigide, excessivement nerveuse, stressée, survoltée, explosive, gaffeuse, maladroite, ayant tendance à provoquer, choquer et secouer autrui, totalement dépendante de ses pensées, de son cerveau et de ses programmes intérieurs. Vos faiblesses éventuelles peuvent provenir d'une tendance à abandonner par peur d'être abandonnée où inversement à vous comporter comme un Saint-bernard au détriment de votre évolution personnelle ou comme un ouragan qui balaie et foudroie tout sur son passage, à être trop préoccupé par vos relations amicales, votre groupe ou votre réseau au point de négliger votre bien-être personnel, à manquer de fluidité, d'énergie et de réalisme, à être déconnectée de votre corps, de vos désirs et des réalités matérielles, à nourrir des situations de dépendance envers des habitudes ou des personnes, à être victime du fantôme de la liberté, à provoquer des catastrophes ou encore de problèmes de langage et de communication.

Vous risquez d'avoir recours à de la violence verbale ou d'attirer des personnes violentes tant que vous ne voyez pas la violence qu'il y a en vous et tant que vous ne la canalisez pas. Vous devez néanmoins éviter les excès de tension nerveuse, les tensions avec les collègues et les accidents de travail par brusquerie. Ces difficultés font alors obstacle à la réalisation de votre mission de vie et à votre évolution et elles doivent être transformées pour que vous soyez libre et heureux. Il ne dépend alors que de vous pour effectuer un travail sur vous-même afin que s'exprime uniquement ce qu'il y a de meilleur en vous. Pour les dépasser et pour avancer sur votre chemin, vous pouvez effectuer des prises de conscience sur la nature et le rôle de l'ordre universel, de la Nécessité, de la liberté, de Dieu, des Anges, des technologies modernes, de l'intériorisation, du langage, de l'expression, de l'énergie du corps et de l'âme et de la joie d'aider autrui à être plus libre et autonome.

Lorsque vous parvenez à exprimer le côté positif d'Uranus, vous devenez alors capable de l'exprimer en toute conscience, avec une grande intelligence technique et avec une certaine expertise. Vous pouvez développer de grandes capacités pour libérer autrui, pour mettre votre intelligence et vos inspirations au service de la santé et du bien-être et pour accéder aux vérités spirituelles. Vous êtes alors capable d'apporter un vent de renouveau là où vous êtes. Vous pouvez être capable de révolutionner les systèmes d'informations, le domaine des chiffres, les techniques thérapeutiques, les techniques d'organisation, l'utilisation des plantes, les relations avec l'environnement et les outils de connaissance de soi. Vous pouvez ainsi participer à votre manière au plan d'évolution de l'humanité.

Vous êtes particulièrement capable d'acquérir ou de préserver une certaine liberté d'action, de vous projeter dans l'avenir et de concrétiser vos projets, de trouver des solutions et de faire des réformes visant à améliorer les situations, d'utiliser les moyens modernes de communication, de faire preuve d'intelligence, d'humanité, d'être optimiste et positif, de voir l'aspect prometteur et bénéfique d'une situation, de faire naître l'espoir autour de vous, d'affirmer votre spécificité et vos convictions, de vous organisez et vous disciplinez pour vous maîtriser ou pour maîtriser la situation, d'inventer, d'innover et de faire des découvertes, de vous synchroniser, d'exprimez votre idéal, votre idéologie ou vos valeurs humaines ou spirituelles dès lors qu'il s'agit de servir, de communiquer, d'effectuer des échanges commerciaux, de vous adapter aux réalités matérielles en utilisant des outils et des techniques, de vous organiser, de traiter des questions d'hygiène ou de santé, d'être en sécurité, ou d'utiliser des systèmes d'information.

Vous savez faire preuve d'indépendance, d'autonomie, d'ingéniosité et d'inventivité dans le travail quotidien et en rendant service. Vous pouvez aimer travailler quand vous voulez, avoir une certaine liberté et refusez d'être abruti ou assujetti par ce que vous faites. Vous pouvez d'ailleurs avoir tendance à bâcler le quotidien qui vous ennuie facilement. Rendre service et travailler peut être pour vous synonyme de participation au progrès collectif, aussi pouvez-vous être attiré par des lieux de travail ou des professions techniques et modernes en rapport avec des associations ou des grandes entreprises (Edf, France Télécom, psychologie, syndicalisme, groupements humanitaires, associations, aviation).

Vous n'aimez pas vraiment la routine et pouvez avoir quelques difficultés à accepter la hiérarchie. Vous pouvez être apprécié grâce à vos qualités techniques, votre aptitude à trouver des solutions et à susciter l'espoir, votre côté humain et fraternel, mais pouvez être méprisé par votre brusquerie et votre manque de diplomatie. Vous pouvez être attiré par l'informatique, la gestion de production, et pouvez avoir des aptitudes pour les chiffres, la précision, l'ingénierie, et pour tout ce qui touche à l'électricité. Vous pouvez aussi exercer une activité concernant la guérison des maladies physiques et morales par des moyens modernes. Bien vécue, Uranus en 6 vous permet d'entretenir un corps sain et vigoureux et d'utiliser une puissante intelligence pour maîtriser le monde de la matière.

URANUS EN SECTEUR SEPT

Voyons maintenant dans quel domaine de votre existence, dans quel secteur d'activité s'expriment votre plus grand libre arbitre et votre besoin de liberté, de nouveauté et d'indépendance !

Initialement, Uranus en maison sept peut être synonyme de difficultés importantes et récurrentes, par exemple, à vous intérioriser, à vous concentrer, à être en silence, à vous libérer du carcan du mental, à vous isoler, à être dans un état de détachement, à vous barricader dans votre tour, à vous relier à l'ordre universel qui sous-tend toute vie, à prendre en compte la « Nécessité », à accéder aux vérités spirituelles et à être en harmonie avec l'ordre cosmique.

Vous pouvez éprouver des difficultés à cultiver un état de calme intérieur joyeux et vibrant, à faire preuve d'humanité, à être optimiste, positif et à voir l'aspect prometteur et bénéfique d'une situation, à faire naître l'espoir autour de vous, à différentier et structurer en optimisant, à avoir des inspirations soudaines, à intégrer Dieu dans votre vie ou au contraire à faire sortir les choses de vous, à faire jaillir votre énergie d'une façon canalisée avec puissance et enthousiasme, à faire tomber les murailles, à briser les chaines, à totalement déstructurer, démolir, faire exploser, bouleverser, révolutionner et guérir l'ordre établi et ce qui dois l'être, à libérer les structures puis à transformer les êtes et les situations, en générant des prises de conscience et en apportant une vision nouvelle.

Vous pouvez aussi ressentir un fort besoin mais des difficultés à vous connecter avec les gens ou avec les informations, à travailler en groupe ou en réseau, à être autonome, à acquérir ou à préserver une certaine liberté d'action, à vous libérer des influences familiales et sociales, à être à l'écoute des coïncidences et des synchronicités ou à les créer, à transférer de la lumière et des informations, à communiquer avec clarté et précision en vous synchronisant avec autrui, à utiliser des langages, à libérer par la parole, à faire appel à des schémas, des concepts et des idéologies, à vous organiser avec une grande efficacité, à gérer des chantiers ou des affaires immobilières, à vous projeter dans l'avenir, à concrétiser vos projets, à gérer des projets complexes, à utiliser votre intelligence technique ou psychologique pour trouver des solutions et faire progresser la situation, à inventer, à faire des découvertes et à innover, à faire des réformes visant à améliorer les situations, à utiliser et maîtriser des technologies modernes, à conseiller, aider et guider autrui en indiquant le chemin à suivre, à accepter l'aide d'autrui, à faire face à l'inconnu et à l'imprévu, à exprimer votre libre arbitre, votre spécificité et vos convictions, à maîtriser la situation et à vous adapter là où vous êtes.

Vous risquez d'avoir recours à de la violence verbale ou d'attirer des personnes violentes tant que vous ne voyez pas la violence qu'il y a en vous et tant que vous ne la canalisez pas. Vos difficultés à exprimer positivement cette planète font obstacle à la réalisation de votre mission de vie et à votre évolution. Pourquoi avez-vous des difficultés à exprimer cette planète d'une façon positive ? Parce qu'au lieu d'être centré dans votre corps, dans l'instant présent et dans l'action, vous avez tendance à vous décentrer et à compter sur les autres pour exprimer cette planète à votre place.

C'est comme si vous rejetiez tout ou partie de la planète parce que vous la voyez comme étant perturbatrice. Elle tend alors à s'exprimer, depuis votre inconscient, sous sa forme inférieure et à s'associer avec votre ombre. Il est également possible que vous ayez des souvenirs personnels, des « mémoires généalogiques » ou des «mémoires d'âmes », où l'expression, par exemple, de vos besoins de construction, d'évolution, de révolution, de liberté, de progrès, de technologie et conscience spirituelle n'étaient pas justes et équilibrés.

Peut-être portez-vous quelque part une mémoire d'enfermement, d'emprisonnement, de cataclysme, de révolution, de la vie avant votre incarnation et de l'état de connexion avec la Source qui existait alors, de la vie sur des planètes plus avancées technologiquement et spirituellement ou encore une mémoire d'abandon ou une mémoire d'un frère ou d'une sœur perdue parce qu'il ou elle n'a pas pu s'incarner dans votre famille ? Vous avez pu être frappé par une catastrophe, qui, en ouvrant une brèche dans votre édifice, à pu vous bouleverser au point de vous rapprocher de Dieu.

Vous risquez d'avoir recours à de la violence verbale ou d'attirer des personnes violentes tant que vous ne voyez pas la violence qu'il y a en vous et tant que vous ne la canalisez pas. Vous sentez alors toujours en manque de quelque chose, comme une personne étrangère sur une terre étrange. Vous êtes alors sans doute venu sur Terre pour apprendre à vous incarner en toute conscience, tout en retrouvant pleinement vos origines spirituelles et votre joie, afin d'aider les « anges » à aider et faire progresser vos frères et sœurs humains.

Si cette planète est mal intégrée, vous pouvez alors parfois apparaître comme une personne enfermée dans son monde ou dans une prison mentale, aveuglée par ses illusions, planante, utopiste, cérébrale, artificielle, imprévisible, asexuée, indifférente, effacée, impersonnelle, rigide, excessivement nerveuse, stressée, survoltée, explosive, gaffeuse, maladroite, ayant tendance à provoquer, choquer et secouer autrui, totalement dépendante de ses pensées, de son cerveau et de ses programmes intérieurs.

Vos faiblesses éventuelles peuvent provenir d'une tendance à abandonner par peur d'être abandonnée où inversement à vous comporter comme un Saint-bernard au détriment de votre évolution personnelle ou comme un ouragan qui balaie et foudroie tout sur son passage, à être trop préoccupé par vos relations amicales, votre groupe ou votre réseau au point de négliger votre bien-être personnel, à manquer de fluidité, d'énergie et de réalisme, à être déconnectée de votre corps, de vos désirs et des réalités matérielles, à nourrir des situations de dépendance envers des habitudes ou des personnes, à être victime du fantôme de la liberté, à provoquer des catastrophes ou encore de problèmes de langage et de communication. Vous pouvez être sujet aux coups de foudre qu'aux soudaines ruptures d'alliance ou de contrats.

Ces difficultés font alors obstacle à la réalisation de votre mission de vie et à votre évolution et elles doivent être transformées pour que vous soyez libre et heureux. Il ne dépend alors que de vous pour effectuer un travail sur vous-même afin que s'exprime uniquement ce qu'il y a de meilleur en vous. Pour les dépasser et pour avancer sur votre chemin, vous pouvez effectuer des prises de conscience sur la nature et le rôle de l'ordre universel, de la Nécessité, de la liberté, de Dieu, des Anges, des technologies modernes, de l'intériorisation, du langage, de l'expression, de l'énergie du corps et de l'âme et de la joie d'aider autrui à être plus libre et autonome.

 Lorsque vous parvenez à exprimer le côté positif d'Uranus, vous devenez alors capable de l'exprimer en toute conscience, avec une grande finesse. Vous pouvez développer de grandes capacités pour libérer autrui, pour mettre votre intelligence et vos inspirations au service de la civilisation et pour accéder aux vérités spirituelles. Vous êtes alors capable d'apporter un vent de renouveau là où vous êtes. Vous pouvez être capable de révolutionner le monde des relations humaines, des rencontres, du couple, des associations, du droit, des contrats, de la mode, de la danse, de l'art ou des structures de la civilisation, avec ces systèmes d'informations et ses règles. Vous pouvez ainsi participer à votre manière au plan d'évolution de l'humanité.

Vous exprimez votre maison 7 dès lors qu'il s'agit de trouver votre équilibre ou de le préserver, de créer des liens, de construire des relations sociales, d'utiliser votre intelligence relationnelle, de fonder un couple, de faire preuve d'harmonie, de douceur et de gentillesse, d'attirer, de plaire et de séduire, d'exprimer votre sens esthétique, artistique ou juridique, de coopérer et de participer à la civilisation. Vous êtes alors particulièrement capable d'acquérir ou de préserver une certaine liberté d'action, de vous projeter dans l'avenir et de concrétiser vos projets, de trouver des solutions et de faire des réformes visant à améliorer les situations, d'utiliser les moyens modernes de communication, de faire preuve d'intelligence, d'humanité, d'être optimiste et positif, de voir l'aspect prometteur et bénéfique d'une situation, de faire naître l'espoir autour de vous, d'affirmer votre spécificité et vos convictions, de vous organisez et vous disciplinez pour vous maîtriser ou pour maîtriser la situation, d'inventer, d'innover et de faire des découvertes, de vous synchroniser, d'exprimez votre idéal, votre idéologie ou vos valeurs humaines ou spirituelles

Votre besoin de liberté, d'indépendance, de progrès collectifs, d'évolution psychologique ainsi que votre besoin de ne pas faire comme les autres tend à se manifester au sein du couple et des relations sociales. Vous recherchez donc souvent une vie conjugale ou chacun à sa part d'indépendance, fondée sur les échanges intellectuels, idéologiques ou spirituels, sur l'amitié; la compréhension et la coopération. Malgré votre grande sociabilité et un côté humain, amical et fraternel, vous devez faire preuve de diplomatie pour éviter les ruptures et pour contrôler les motifs de séparation. Vos relations peuvent être mouvementées car votre besoin de renouveau perpétuel et d'indépendance s'accorde mal avec des relations rigides ou banales, vous pouvez être intransigeant.

Vos comportements relationnels peuvent être brusques, imprévisibles, et inconstants. Aussi êtes-vous aussi bien sujet aux coups de foudre qu'aux soudaines ruptures d'alliance ou de contrats. Si les coups de tonnerre peuvent être fréquents lorsque vous sentez votre liberté menacée, vous faites en revanche preuve d'une grande ouverture envers les gens qui ont des idées ou projets sortant de l'ordinaire. Vous pouvez avoir tendance à idéaliser la relation amoureuse et le partenaire. Ce côté un peu utopique peut vous prédisposer à de graves désillusions tout comme il peut vous faire vivre des relations auréolées de merveilleux et de fantastique.

Vous pouvez parfois vous représenter les autres comme des frères appartenant au même univers, frères que vous pouvez chercher à secourir à travers des projets humanitaires. Vous pouvez rencontrer beaucoup de gens peu ordinaires au cours de votre existence, les autres ayant en quelque sorte le rôle de vous révéler ce qu'est l'originalité, la liberté, l'indépendance, la participation au progrès collectif et la maîtrise de la vie. Vous êtes attiré par des partenaires originaux avec qui vous pouvez échanger des idées et élaborer des projets. Vous avez de toute façon du mal à vous satisfaire d'une relation normale ou banale. Votre sens psychologique s'exerçant spontanément dans les questions affectives et relationnelles, il peut vous aider à traiter les crises dans les relations privilégiées et apporter une vision nouvelle du couple ou des activités de coopération. Vous avez en général une vision claire du couple et du type de partenaire recherché. Bien vécue, Uranus en maison 7 vous permet de créer une vie de couple moderne et libératrice.

URANUS EN SECTEUR HUIT

Voyons maintenant dans quel domaine de votre existence, dans quel secteur d'activité s'expriment votre plus grand libre arbitre et votre besoin de liberté, de nouveauté et d'indépendance ! Initialement, Uranus en maison huit peut être synonyme de difficultés importantes et récurrentes, par exemple, à vous intérioriser, à vous concentrer, à être en silence, à vous libérer du carcan du mental, à vous isoler, à être dans un état de détachement, à vous barricader dans votre tour, à vous relier à l'ordre universel qui sous-tend toute vie, à prendre en compte la « Nécessité », à accéder aux vérités spirituelles.

Vous pouvez ressentir des difficultés à être en harmonie avec l'ordre cosmique, à cultiver un état de calme intérieur joyeux et vibrant, à faire preuve d'humanité, à être optimiste, positif et à voir l'aspect prometteur et bénéfique d'une situation, à faire naître l'espoir autour de vous, à différentier et structurer en optimisant, à avoir des inspirations soudaines, à intégrer Dieu dans votre vie ou au contraire à faire sortir les choses de vous, à faire jaillir votre énergie d'une façon canalisée avec puissance et enthousiasme, à faire tomber les murailles, à briser les chaines, à totalement déstructurer, démolir, faire exploser, bouleverser, révolutionner et guérir l'ordre établi et ce qui dois l'être, à libérer les structures puis à transformer les êtes et les situations, en générant des prises de conscience et en apportant une vision nouvelle.

Vous pouvez aussi ressentir un fort besoin mais des difficultés à vous connecter avec les gens ou avec les informations, à travailler en groupe ou en réseau, à être autonome, à acquérir ou à préserver une certaine liberté d'action, à vous libérer des influences familiales et sociales, à être à l'écoute des coïncidences et des synchronicités ou à les créer, à transférer de la lumière et des informations, à communiquer avec clarté et précision en vous synchronisant avec autrui, à utiliser des langages, à libérer par la parole, à faire appel à des schémas, des concepts et des idéologies, à vous organiser avec une grande efficacité, à gérer des chantiers ou des affaires immobilières, à vous projeter dans l'avenir, à concrétiser vos projets, à gérer des projets complexes, à utiliser votre intelligence technique ou psychologique pour trouver des solutions et faire progresser la situation, à inventer, à faire des découvertes et à innover, à faire des réformes visant à améliorer les situations, à utiliser et maîtriser des technologies modernes, à conseiller, aider et guider autrui en indiquant le chemin à suivre, à accepter l'aide d'autrui, à faire face à l'inconnu et à l'imprévu, à exprimer votre libre arbitre, votre spécificité et vos convictions, à maîtriser la situation et à vous adapter là où vous êtes.

Vous risquez d'avoir recours à de la violence verbale ou d'attirer des personnes violentes tant que vous ne voyez pas la violence qu'il y a en vous et tant que vous ne la canalisez pas. Vos difficultés à exprimer positivement cette planète font obstacle à la réalisation de votre mission de vie et à votre évolution. Pourquoi avez-vous des difficultés à exprimer cette planète d'une façon positive ? Parce qu'il y a une part de vous, votre part d'ombre ou votre saboteur, qui refuse ce que représente Uranus. C'est alors comme si tout ou partie de la planète, en vous, était occulté. Vous avez donc parfois l'impression qu'il manque en vous et dans votre vie un espace de liberté, des ami(e)s ou le soutien d'un réseau. Si cette planète est intégrée de façon disharmonieuse, vous pouvez alors parfois apparaître comme une personne enfermée dans son monde ou dans une prison mentale, aveuglée par ses illusions, planante, utopiste, cérébrale, artificielle, imprévisible, asexuée, indifférente, effacée, impersonnelle, rigide, excessivement nerveuse, stressée, survoltée, explosive, gaffeuse, maladroite, ayant tendance à provoquer, choquer et secouer autrui, totalement dépendante de ses pensées, de son cerveau et de ses programmes intérieurs.

Vos faiblesses éventuelles peuvent alors provenir d'une tendance à abandonner par peur d'être abandonnée où inversement à vous comporter comme un Saint-bernard au détriment de votre évolution personnelle ou comme un ouragan qui balaie et foudroie tout sur son passage et qui génère des catastrophes. Elles peuvent provenir d'une tendance à être trop préoccupé par vos relations amicales, votre groupe ou votre réseau au point de négliger votre bien-être personnel, à manquer de fluidité, d'énergie et de réalisme, à être déconnectée de votre corps, de vos désirs et des réalités matérielles, à nourrir des situations de dépendance envers des habitudes ou des personnes, à être victime du fantôme de la liberté ou encore de problèmes de langage et de communication.

Ces difficultés font alors obstacle à la réalisation de votre mission de vie et à votre évolution et elles doivent être transformées pour que vous soyez libre et heureux. Il ne dépend alors que de vous pour effectuer un travail sur vous-même afin que s'exprime uniquement ce qu'il y a de meilleur en vous. Pour les dépasser et pour avancer sur votre chemin, vous pouvez effectuer des prises de conscience sur la nature et le rôle de l'ordre universel, de la Nécessité, de la liberté, de Dieu, des Anges, des technologies modernes, de l'intériorisation, du langage, de l'expression, de l'énergie du corps et de l'âme et de la joie d'aider autrui à être plus libre et autonome.

Lorsque vous parvenez à exprimer le côté positif d'Uranus, vous devenez alors capable de l'exprimer en toute conscience, avec une grande intensité. Vous pouvez développer de grandes capacités pour libérer autrui, pour mettre votre intelligence et vos inspirations au service de la sécurité et pour accéder aux vérités spirituelles. Vous êtes alors capable d'apporter de grandes transformations et un vent de renouveau là où vous êtes. Vous pouvez être par exemple capable de révolutionner le monde de la sécurité, de la gestion des crises et des conflits, tout ce qui nécessite des transformations et tout ce qui permet un développement personnel. Vous pouvez ainsi participer à votre manière au plan d'évolution de l'humanité. Cette position indique la présence de facultés psychiques et occultes très développées. Vous pouvez avoir une vision claire de l'au-delà et une relation plutôt idéalisée et cérébralisée avec tout ce qui concerne l'au-delà.

Vous pouvez avoir la sensation que l'au-delà est une source où l'on peut puiser et se désaltérer. Et peut-être croyez-vous aux extra-terrestres et aux anges-gardiens? La capacité à voir derrière les apparences, à agir à distance, à gérer les problèmes de l'existence associée à une capacité de maîtrise des situations, un sens psychologique et une puissante volonté d'affirmation peut vous donner des aptitudes à soigner les plaies de l'humanité et à vous occuper de projets humanitaires à l'échelle internationale.

C'est à travers des transformations, des crises, la sexualité, des morts et renaissances et à travers la gestion de problèmes que peut se manifester et se développer au mieux votre besoin de liberté, votre sentiment d'indépendance et votre capacité à participer au progrès collectif. Cette position prédispose parfois à mélanger amitié et sexualité et les attitudes de sauveur cachent parfois des intérêts mesquins et des instincts de domination. Votre volonté puissance peut tirer sa source dans l'au-delà et vous pouvez être investi d'une mission secrète libératrice pour vous et pour les autres.

Vous exprimez votre maison 8 dès lors qu'il s'agit de vous engagez dans un combat, dès lors qu'il s'agit de transformer et vous transformer, de faire face à une situation difficile, à des crises ou des obstacles, à des pressions occultes, à des manipulations insidieuses ou des magouilles, lorsque votre sécurité et votre survie sont en jeu, lorsque vous êtes en temps de guerre ou face à l'ennemi, lorsqu'il s'agit d'élucider un mystère, d'influencer le cours des événements ou de parcourir les différentes étapes de l'initiation.

Vous êtes alors particulièrement capable d'acquérir ou de préserver une certaine liberté d'action, de vous projeter dans l'avenir et de concrétiser vos projets, de trouver des solutions et de faire des réformes visant à améliorer les situations, d'utiliser les moyens modernes de communication, de faire preuve d'intelligence, d'humanité, d'être optimiste et positif, de voir l'aspect prometteur et bénéfique d'une situation, de faire naître l'espoir autour de vous, d'affirmer votre spécificité et vos convictions, de vous organisez et vous disciplinez pour vous maîtriser ou pour maîtriser la situation, d'inventer, d'innover et de faire des découvertes, de vous synchroniser, d'exprimez votre idéal, votre idéologie ou vos valeurs humaines ou spirituelles

URANUS EN SECTEUR NEUF

Voyons maintenant dans quel domaine de votre existence, dans quel secteur d'activité s'expriment votre plus grand libre arbitre et votre besoin de liberté, de nouveauté et d'indépendance !

Dans le but de sortir du rôle que vous ont légué vos parents, d'accéder à votre mission personnelle, de réaliser votre mission de vie, de trouver votre voie et de vous épanouir, vous ressentez un besoin compulsif et parfois excessif de vous intérioriser, de vous concentrer, d'être en silence, de vous libérer du carcan du mental, de vous isoler, d'être dans un état de détachement, de vous barricader dans votre tour, de vous relier à l'ordre universel qui sous-tend toute vie, de prendre en compte la « Nécessité », d'accéder aux vérités spirituelles.

Vous ressentez également un fort besoin d'être en harmonie avec l'ordre cosmique, de cultiver un état de calme intérieur joyeux et vibrant, de faire preuve d'humanité, d'être optimiste, positif et de voir l'aspect prometteur et bénéfique d'une situation, de faire naître l'espoir autour de vous, de différentier et structurer en optimisant, d'avoir des inspirations soudaines, d'agir selon vos intuitions et de vivre selon vos propres convictions et votre spécificité, d'intégrer Dieu dans votre vie et tantôt de faire sortir les choses de vous, de faire jaillir votre énergie d'une façon canalisée avec puissance et enthousiasme, de faire tomber les murailles, de briser les chaines, de vous libérer des influences familiales et sociales, de totalement déstructurer, démolir, faire exploser, bouleverser, révolutionner et guérir l'ordre établi et ce qui dois l'être, d'être intérieurement libéré des influences des structures, de rompre avec le passé puis de transformer les êtes et les situations, en générant des prises de conscience.

Vous avez aussi le besoin et la capacité de vous connecter avec les gens ou avec les informations, de travailler en groupe ou en réseau mais aussi d'être autonome, d'acquérir ou de préserver une certaine liberté d'action, de vous libérer des influences familiales et sociales, d'être à l'écoute des coïncidences et des synchronicités mais aussi de les créer, de transférer de la lumière et des informations, de communiquer avec clarté et précision en vous synchronisant avec autrui, d'utiliser des langages, de libérer par la parole, de faire appel à des schémas, des concepts et des idéologies, de vous organiser avec une grande efficacité, de gérer des chantiers ou des affaires immobilières, de vous projeter dans l'avenir, de concrétiser vos projets, de gérer des projets complexes, d'utiliser votre intelligence technique ou psychologique pour trouver des solutions et faire progresser la situation, d'inventer, de faire des découvertes et d'innover, de faire des réformes visant à améliorer les situations, d'utiliser et maîtriser des technologies modernes, de conseiller, aider et guider autrui en indiquant le chemin à suivre, d'accepter l'aide d'autrui, de faire face à l'inconnu et à l'imprévu, d'exprimer votre libre arbitre, de maîtriser la situation et de vous adapter là où vous êtes.

Vous exprimez votre maison 9 dès lors qu'il s'agit d'acquérir un certain confort matériel, de voyager, lorsqu'il s'agit d'exploiter une opportunité ou de provoquer la chance ou lorsqu'il s'agit de légiférer, de représenter, d'organiser, de coordonner, de gérer, d'administrer, de distribuer, d'éduquer, de conseiller, de guider, de faire des affaires ou de vous rendre utile.

Vous êtes particulièrement capable d'acquérir ou de préserver une certaine liberté d'action, de vous projeter dans l'avenir et de concrétiser vos projets, de trouver des solutions et de faire des réformes visant à améliorer les situations, d'utiliser les moyens modernes de communication, de faire preuve d'intelligence, d'humanité, d'être optimiste et positif, de voir l'aspect prometteur et bénéfique d'une situation, de faire naître l'espoir autour de vous, d'affirmer votre spécificité et vos convictions, de vous organisez et vous disciplinez pour vous maîtriser ou pour maîtriser la situation, d'inventer, d'innover et de faire des découvertes, de vous synchroniser, d'exprimez votre idéal, votre idéologie ou vos valeurs humaines ou spirituelles

Vos opinions et croyances sont placées sous le signe de l'universalisme, de l'originalité et de l'innovation. Vos conceptions peuvent être avant-gardistes et votre philosophie être un idéal de liberté, de fraternité, de progrès et de coopération.

Vous pouvez être intéressé par l'action humanitaire, les causes peu banales, les sciences et techniques, l'aviation et les médias, les études sociales ou politiques, la psychologie et l'ésotérisme. Vous avez besoin d'élargir votre conscience sociale, et de vous internationaliser et de rencontrer des gens intéressants. Votre volonté de puissance, votre sens de l'organisation et de la spécialisation, vos connaissances techniques ou psychologiques peuvent jouer un rôle important dans votre processus d'insertion sociale.

Vous balayez facilement le passé religieux, culturel ou philosophique et rejetez toute idée ou conception vous paraissant rigide et caduque. Vous pouvez faire un spiritualiste actif qui cherche à avoir une vision indépendante et originale des religions et philosophies. La dimension spéculative et intellectuelle de l'existence, qui vous est facilement accessible, peut faire de vous un spécialiste des cultures, religions, philosophies et vous permettre de bien maîtriser votre rôle dans la société. Vous avez besoin de vous sentir libre côté idéologique et n'acceptez pas facilement les idées des autres. Vous avez parfois des idées révolutionnaires et faites parfois preuve de fanatisme idéologique. Vous pouvez cependant adhérer à une association ou à un courant jouant un rôle dans le progrès social, humanitaire, psychologique ou technique. Bien vécue, Uranus en maison 9 vous permet de maîtriser votre participation au sein de la société et d'apporter votre contribution au monde moderne.

URANUS EN SECTEUR DIX

Voyons maintenant dans quel domaine de votre existence, dans quel secteur d'activité s'expriment votre plus grand libre arbitre et votre besoin de liberté, de nouveauté et d'indépendance !

Vos possibilités de réalisation, la leçon majeure que vous devez apprendre et votre mission de vie sont liées à votre capacité de vous intérioriser, de vous concentrer, d'être en silence, de vous libérer du carcan du mental, de vous isoler, d'être dans un état de détachement, de vous barricader dans votre tour, de vous relier à l'ordre universel qui sous-tend toute vie, de prendre en compte la « Nécessité », d'accéder aux vérités spirituelles, d'être en harmonie avec l'ordre cosmique, de cultiver un état de calme intérieur joyeux et vibrant, de faire preuve d'humanité, d'être optimiste, positif et de voir l'aspect prometteur et bénéfique d'une situation, de faire naître l'espoir autour de vous, de différentier et structurer en optimisant, d'avoir des inspirations soudaines, d'intégrer Dieu dans votre vie et tantôt de faire sortir les choses de vous, de faire jaillir votre énergie d'une façon canalisée avec puissance et enthousiasme, de faire tomber les murailles, de briser les chaines, de vous libérer des influences familiales et sociales, de totalement déstructurer, démolir, faire exploser, bouleverser, révolutionner et guérir ce qui dois l'être, de libérer les structures puis de transformer les êtes et les situations, en générant des prises de conscience et en apportant une vision nouvelle.

Elles sont aussi liées à votre capacité de vous connecter avec les gens ou avec les informations, de travailler en groupe ou en réseau mais aussi d'être autonome, d'acquérir ou de préserver une certaine liberté d'action, de vous libérer des influences familiales et sociales, d'être à l'écoute des coïncidences et des synchronicités mais aussi de les créer, de transférer de la lumière et des informations, de communiquer avec clarté et précision en vous synchronisant avec autrui, d'utiliser des langages, de libérer par la parole, de faire appel à des schémas, des concepts et des idéologies, de vous organiser avec une grande efficacité, de gérer des chantiers ou des affaires immobilières, de vous projeter dans l'avenir, de concrétiser vos projets, de gérer des projets complexes, d'utiliser votre intelligence technique ou psychologique pour trouver des solutions et faire progresser la situation, d'inventer, de faire des découvertes et d'innover, de faire des réformes visant à améliorer les situations, d'utiliser et maîtriser des technologies modernes, de conseiller, aider et guider autrui en indiquant le chemin à suivre, d'accepter l'aide d'autrui, de faire face à l'inconnu et à l'imprévu, d'exprimer votre libre arbitre, votre spécificité et vos convictions, de maîtriser la situation et de vous adapter là où vous êtes. Le fait d'exprimer ces qualités nourrit votre évolution.

Vous exprimez votre maison 10 dès lors qu'il s'agit de fournir de grosses quantités de travail, de construire et de structurer, d'être en chantier, d'assurer votre sécurité, de faire des recherches, de planifier à long terme en définissant les priorités et en fixant des étapes, de trouver votre sécurité, d'évoluer, de grandir, de faire preuve d'exigence, de profondeur, de simplicité et d'intégrité, d'aller à l'essentiel, de trouver la paix intérieure mais aussi lorsqu'il s'agit de parcourir les différentes étapes de l'évolution professionnelle et spirituelle.

Vous êtes alors particulièrement capable d'acquérir ou de préserver une certaine liberté d'action, de vous projeter dans l'avenir et de concrétiser vos projets, de trouver des solutions et de faire des réformes visant à améliorer les situations, d'utiliser les moyens modernes de communication, de faire preuve d'intelligence, d'humanité, d'être optimiste et positif, de voir l'aspect prometteur et bénéfique d'une situation, de faire naître l'espoir autour de vous, d'affirmer votre spécificité et vos convictions, de vous organisez et vous disciplinez pour vous maîtriser ou pour maîtriser la situation, d'inventer, d'innover et de faire des découvertes, de vous synchroniser, d'exprimez votre idéal, votre idéologie ou vos valeurs humaines ou spirituelles

Vous avez besoin de vous individualiser à travers votre profession ou votre destin et de faire quelque chose d'original, sortant des sentiers battus. Vous avez besoin de vous démarquer et vous différencier des autres dans votre vie professionnelle et êtes attiré par les professions où existe l'imprévu, le changement, l'utilisation de techniques modernes, une participation au progrès collectif, l'aide de vos concitoyens et les médias. Vous pouvez être attiré par les métiers touchant à l'aviation, à l'électricité et au téléphone, à la radio et à la télévision, aux transports modernes, aux mouvements syndicaux et corporatismes, aux associations et mouvements humanitaires, aux sciences, aux ressources humaines, à la psychologie, graphologie et astrologie et à tout ce qui peut libérer vos semblables des attachements et entraves à leur liberté.

Vous avez un sens de la nécessité des choses, un besoin d'appliquer vos méthodes personnelles, une certaine ingéniosité dans l'architecture ou l'organisation et des aptitudes à trouver des solutions pour aider autrui. Vous pouvez devenir un spécialiste dans votre branche. Votre destin peut comporter de nombreux imprévus et un train de vie intense. C'est grâce à votre affirmation individuelle, votre sens psychologique, vos capacités techniques et votre sens de l'organisation, à votre capacité à innover et à inventer, votre sens amical et fraternel, mais aussi grâce à vos amis ou des personnes influentes que vous pouvez vous élever socialement. Vous avez des exemples de métiers en lien avec Uranus en maison 10 dans le livre Maîtriser l'analyse et l'interprétation du thème astral au chapitre sur l'orientation professionnelle. Bien vécu, Uranus en 10 vous permet de vous libérer et d'accéder à la paix intérieure de l'âme parce que vous avez su accéder à votre vérité profonde et réaliser votre destinée.

URANUS EN SECTEUR ONZE

Voyons maintenant dans quel domaine de votre existence, dans quel secteur d'activité s'expriment votre plus grand libre arbitre et votre besoin de liberté, de nouveauté et d'indépendance ! Dans votre vie, les solutions passent par la nécessité de vous intérioriser, de vous concentrer, d'être en silence, de vous libérer du carcan du mental, de vous isoler, d'être dans un état de détachement, de vous barricader dans votre tour, de vous relier à l'ordre universel qui sous-tend toute vie, de prendre en compte la « Nécessité », d'accéder aux vérités spirituelles.

Elles passent par la nécessité d'être en harmonie avec l'ordre cosmique, de cultiver un état de calme intérieur joyeux et vibrant, de faire preuve d'humanité, d'être optimiste, positif et de voir l'aspect prometteur et bénéfique d'une situation, de faire naître l'espoir autour de vous, de différentier et structurer en optimisant, d'avoir des inspirations soudaines, d'intégrer Dieu dans votre vie et tantôt de faire sortir les choses de vous, de faire jaillir votre énergie d'une façon canalisée avec puissance et enthousiasme, de faire tomber les murailles, de briser les chaines, de totalement déstructurer, démolir, faire exploser, bouleverser, révolutionner et guérir ce qui dois l'être, de libérer les structures puis de transformer les êtes et les situations, en générant des prises de conscience et en apportant une vision nouvelle.

Elles passent aussi par la nécessité de vous connecter avec les gens ou avec les informations, de travailler en groupe ou en réseau mais aussi d'être autonome, d'acquérir ou de préserver une certaine liberté d'action, de vous libérer des influences familiales et sociales, d'être à l'écoute des coïncidences et des synchronicités mais aussi de les créer, de transférer de la lumière et des informations, de communiquer avec clarté et précision en vous synchronisant avec autrui, d'utiliser des langages, de libérer par la parole, de faire appel à des schémas, des concepts et des idéologies, de vous organiser avec une grande efficacité, de gérer des chantiers ou des affaires immobilières, de vous projeter dans l'avenir, de concrétiser vos projets, de gérer des projets complexes, d'utiliser votre intelligence technique ou psychologique pour trouver des solutions et faire progresser la situation, d'inventer, de faire des découvertes et d'innover, de faire des réformes visant à améliorer les situations, d'utiliser et maîtriser des technologies modernes, de conseiller, aider et guider autrui en indiquant le chemin à suivre, d'accepter l'aide d'autrui, de faire face à l'inconnu et à l'imprévu, d'exprimer votre libre arbitre, votre spécificité et vos convictions, de maîtriser la situation et de vous adapter là où vous êtes.

Vous exprimez votre maison 11 dès lors qu'il s'agit de vous libérer, d'utiliser les nouvelles technologies et de vous adapter à la vie moderne où lorsque vous êtes dans un groupe ou avec des ami(e)s. Vous êtes alors particulièrement capable d'acquérir ou de préserver une certaine liberté d'action, de vous projeter dans l'avenir et de concrétiser vos projets, de trouver des solutions et de faire des réformes visant à améliorer les situations, d'utiliser les moyens modernes de communication, de faire preuve d'intelligence et d'humanité, d'être optimiste et positif, de voir l'aspect prometteur et bénéfique d'une situation et de faire naître l'espoir autour de vous.

Vous êtes particulièrement capable d'affirmer votre spécificité et vos convictions, de vous organisez et vous disciplinez pour vous maîtriser ou pour maîtriser la situation, d'inventer, d'innover et de faire des découvertes, de vous synchroniser, d'exprimez votre idéal, votre idéologie ou vos valeurs humaines ou spirituelles ou de satisfaire votre besoin de nouveauté.

Vous pouvez être attiré par les activités touchant à l'aviation, à l'électricité et au téléphone, à la radio et à la télévision, aux transports modernes, aux mouvements syndicaux et corporatismes, aux associations et mouvements humanitaires, aux sciences, aux ressources humaines, à la psychologie, à la graphologie et à l'astrologie et à tout ce qui peut libérer vos semblables des attachements et entraves à leur liberté. Vous vous projetez dans l'avenir d'une façon claire et précise, comme quelqu'un d'indépendant, de libre et d'original, comme quelqu'un réalisant ses projets et comme entouré d'amis. Vous pouvez vous faire assez facilement des amis de façon désintéressée mais préférez souvent les gens avec qui vous partagez une idéologie, un projet, ou par des personnes qui entreprennent un travail d'évolution. Vous êtes attiré par les amis originaux et avant-gardistes. Vos amis peuvent influencer votre évolution mentale et vous être utiles juste au bon moment.

Vous pouvez avoir le culte de l'amitié pour l'amitié et vivre vos relations surtout dans la tête, à distance ou de façon virtuelle. L'amitié est plutôt basée sur les échanges intellectuels et vécus sous le signe de la liberté réciproque. Vous pouvez être attiré par les amis pouvant vous apporter de précieux conseils et pouvant vous faire évoluer psychologiquement. Vous pouvez parfois avoir du mal à conserver vos relations à cause de vos conceptions déroutantes et de vos comportements brusques qui peuvent entraîner des ruptures d'amitié. Vous pouvez combiner des plans ingénieux et des projets exécutables grâce à un concours de circonstances exceptionnelles. Bien vécue, Uranus en maison 11 peut vous permettre d'apporter votre contribution au plan d'évolution de l'humanité.

URANUS EN SECTEUR DOUZE

Voyons maintenant dans quel domaine de votre existence, dans quel secteur d'activité s'expriment votre plus grand libre arbitre et votre besoin de liberté, de nouveauté et d'indépendance !

Votre objectif de vie à long terme, ce que vous pouvez faire de mieux de votre vie, votre moyen d'accéder à la transcendance, vos possibilités de guérir et ce que vous laisserez à la postérité est lié Uranus, c'est-à-dire à votre capacité de vous intérioriser, de vous concentrer, d'être en silence, de vous libérer du carcan du mental, de vous isoler, d'être dans un état de détachement, de vous barricader dans votre tour, de vous relier à l'ordre universel qui sous-tend toute vie, de prendre en compte la « Nécessité », d'accéder aux vérités spirituelles, d'être en harmonie avec l'ordre cosmique, de cultiver un état de calme intérieur joyeux et vibrant, de faire preuve d'humanité, d'être optimiste, positif et de voir l'aspect prometteur et bénéfique d'une situation, de faire naître l'espoir autour de vous, de différentier et structurer en optimisant, d'avoir des inspirations soudaines, d'intégrer Dieu dans votre vie et tantôt de faire sortir les choses de vous, de faire jaillir votre énergie d'une façon canalisée avec puissance et enthousiasme, de faire tomber les murailles, de briser les chaines, de totalement déstructurer, démolir, faire exploser, bouleverser, révolutionner et guérir ce qui dois l'être, de libérer les structures puis de transformer les êtes et les situations, en générant des prises de conscience et en apportant une vision nouvelle.

Votre objectif de vie à long terme, ce que vous pouvez faire de mieux de votre vie, votre moyen d'accéder à la transcendance, vos possibilités de guérir et ce que vous laisserez à la postérité est aussi lié à votre capacité de vous connecter avec les gens ou avec les informations, de travailler en groupe ou en réseau mais aussi d'être autonome, d'acquérir ou de préserver une certaine liberté d'action, de vous libérer des influences familiales et sociales, d'être à l'écoute des coïncidences et des synchronicités mais aussi de les créer, de transférer de la lumière et des informations, de communiquer avec clarté et précision en vous synchronisant avec autrui, d'utiliser des langages, de libérer par la parole, de faire appel à des schémas, des concepts et des idéologies, de vous organiser avec une grande efficacité, de gérer des chantiers ou des affaires immobilières, de vous projeter dans l'avenir, de concrétiser vos projets, de gérer des projets complexes, d'utiliser votre intelligence technique ou psychologique pour trouver des solutions et faire progresser la situation, d'inventer, de faire des découvertes et d'innover, de faire des réformes visant à améliorer les situations, d'utiliser et maîtriser des technologies modernes, de conseiller, aider et guider autrui en indiquant le chemin à suivre, d'accepter l'aide d'autrui, de faire face à l'inconnu et à l'imprévu, d'exprimer votre libre arbitre, votre spécificité et vos convictions, de maîtriser la situation et de vous adapter là où vous êtes.

Et vous êtes particulièrement capable de le faire dès lors qu'il s'agit d'avoir la foi et de lâcher prise, de soulager les souffrances et les misères du corps, de l'âme et du monde, de vous évader ou d'accéder à d'autres états de conscience, de transcender la réalité, de donner du sens, de rêver et de faire rêver, d'inspirer et d'être inspiré, d'utiliser votre clairvoyance, votre ressenti et votre imagination, de communier ou de participer à une entreprise collective. Votre morale tend à se baser sur valeurs humaines, sur des lois et références cosmiques, universelles, en remplaçant la morale terrestre par des idéaux célestes. Ou elle peut dépendre d'une idéologie, de principes psychologiques ou de vos relations amicales. Vous pouvez avoir l'impression d'être une personne à la conscience cosmique et d'avoir une vision de vous comme quelqu'un faisant partie de l'univers. Et vous pouvez parfois sembler vivre dans un autre monde.

Vous pouvez avoir vos propres règles et vous faites en général peu de soucis pour celles habituellement admises en société. Vous pouvez plutôt vous sentir habité par des desseins cosmiques que par des devoirs terrestres. Et si vous avez des comptes à rendre, c'est plutôt vis-à-vis de l'univers. Vous pouvez avoir tendance à entourer vos relations amicales et votre affirmation individuelle d'un certain secret et de mystère. Cette position peut vous permettre de différencier, de conceptualiser les images et les émotions présentes dans l'inconscient collectif, de nettoyer vos mémoires généalogiques en balayant ce qui s'oppose aux processus de libération intérieure et d'organiser puis de maîtriser ce domaine de la maison 12 (collectivités, mémoires, souffrances, spiritualité, émotions et moyens d'évasions).

Neptune en secteurs :

NEPTUNE EN SECTEUR UN

Voyons maintenant dans quel domaine de votre existence, dans quel secteur d'activité, s'expriment votre foi, vos mémoires généalogiques et votre clairvoyance. Vous vous présentez comme une personne pleine d'émotions, ayant un sixième sens ou une vision spirituelle, ayant la foi, détenant un savoir ancestral, spirituel ou un savoir capable de soulager les souffrances et les misères du corps, de l'âme et du monde, de délivrer les âmes de leurs souffrances, de dénouer les situations, de participer à une action collective ou d'être intégrée dans une collectivité, de lâcher prise, de vivre sans attentes, d'accepter les gens et les situations comme elles sont, de s'évader des réalités et parfois d'accéder à d'autres réalités ou à la transcendance. En avez-vous conscience ?

Vous êtes particulièrement capable de lâcher prise, de rêver, de vous évader ou de fuir, d'avoir la foi, de vous connecter à vos mémoires généalogiques et à vos vies passées, de faire appel à vos ancêtres où à vos croyances spirituelles, d'être inspiré, de faire appel à votre sens du sacré, de répondre aux besoins collectifs et de puiser des informations dans l'inconscient collectif, de vivre en fusion émotionnelle avec la situation et les personnes qui la compose, d'utiliser votre sixième sens et votre intuition, mais aussi de faire preuve d'amour inconditionnel, de dévouement, de pardon, de compassion et de charité, de soulager les souffrances et les misères du mondes, de participer à une structure collective mais aussi parfois de vous faire des illusions et d'être chaotique lorsqu'il s'agit d'exprimer votre idéal, d'entreprendre, d'expérimenter sur le terrain, d'être conquérant, offensif et efficace, de vous affirmer et de vous mettre en valeur, d'être opérationnel, de faire du sport ou de travailler dans une entreprise.

Vous pouvez acquérir un sens de l'identité à travers une éducation spirituelle ou religieuse, en adhérant à un courant religieux, en élargissant votre conscience pour accéder à des vérités spirituelles, en intégrant votre hypersensibilité dans vos expériences personnelles, en participant à une grande entreprise collective à dimension internationale et en développant les valeurs de charité, de foi, d'abnégation et d'Amour. Lorsque vous vous affirmez ou lorsque vous êtes face à une situation nouvelle, vous tendez à vous laissez guider par l'inspiration du moment ou par le hasard, en vous glissant dans le flot des événements. Vous tendez à agir en fonction de détails subtils souvent imperceptibles pour autrui, en fonction de votre feeling et de votre ressenti, en fonction d'une logique qui vous est propre et qui le plus souvent n'est pas rationnelles; ce qui ne l'empêche pas forcément d'être efficace.

Vous le sentez ou vous ne le sentez pas et l'on peut parfois vous reprocher de ne pas assez formuler verbalement le pourquoi de vos actes et de vos décisions. Tout le monde n'est pas forcément télépathe. Vous savez faire preuve de beaucoup de dévouement et fonctionner en symbiose avec les événements. La foi peut être en vous très fonctionnelle et vous pouvez avoir pleinement conscience de la force de la foi. Votre sensibilité hors du commun vous permet de vous brancher sur l'inconscient collectif et d'en extraire des informations. Elle peut aussi vous conférer un goût ou des dons pour la musique. Votre intuition tourne parfois à la médiumnité. Elle vous permet de ressentir les courants, les modes ou les émotions collectives, de naviguer au radar ou à la boussole et d'être efficace dans le désordre, face à des situations chaotiques ou dans les situations où il n'y a plus de repères classiques.

Lorsque vous vous engagez dans une situation, vous savez capter l'ambiance, l'énergie vibratoire du lieu, glaner les rumeurs et les bruits qui courent et deviner des informations et des non dits. Votre capacité à utiliser activement votre intuition peut alors vous permettre de réaliser des coups de génie. Une facilité à vous familiariser avec l'âme et avec l'irrationnel peut vous conférer des goûts et aptitudes pour les métiers à caractères psychologiques et sociaux tandis que votre sensibilité à la souffrance d'autrui et votre sens du dévouement peut vous orienter vers les professions médicales et paramédicales; ou plus simplement vous pousser à vous montrer charitable envers les plus défavorisés. Cette position peut vous permettre de prendre conscience de vos vies antérieures, d'exploiter les expériences acquises durant cette existence et d'être très proche de vos ancêtres.

Vous pouvez avoir des facilités pour vous évader après avoir rempli vos obligations et pour vous créer un monde de rêve quand les temps sont trop durs. Vous donner parfois l'apparence d'une personne qui est souvent ailleurs ou qui vit dans un autre monde. Cette position vous demande d'intégrer le collectif et l'inconscient collectif dans vos affirmations individuelles. Elle peut parfois vous poser un problème d'identité dans le sens où elle peut vous inciter à vous définir en fonction de vos ancêtres, de vos vies antérieures ou comme un membre d'un groupe ou d'une collectivité plutôt que comme un individu isolé.

Si cette planète n'est pas correctement intégré, vous pouvez parfois apparaître comme une personne un peu perdue, confuse, incohérente, désordonnée, chaotique, compliquée, bizarre, étrange, souffrante ou bloquée dans des schémas généalogiques répétitifs que vous devez désamorcer. Vos faiblesses éventuelles peuvent alors être une tendance à vous complaire dans le flou et la clandestinité, à nourrir des souffrances, à vous embarquer dans des galères ou dans des situations embrouillées, un certain pessimisme et un côté plaintif, une tendance à fuir la réalité dans des mondes imaginaires, à vous faire des illusions et à manquer de dynamisme, d'organisation, de réalisme et de sens pratique, une tendance à trop dépendre du hasard ou de l'assistanat pour faire avancer les choses et parfois une tendance à vous laisser endoctriner dans des systèmes de croyances ou des pratiques religieuses ou spirituelles plus ou moins saines. Il ne dépend alors que de vous pour effectuer un travail sur vous-même afin que s'exprime uniquement ce qu'il y a de meilleur en vous.

Sans doute devrez vous effectuer un travail de prise de conscience et de différenciation quant à ce qu'il y a en vous et autour de vous pour dépasser un sens de l'identité qui initialement peut être assez flou et ambigu. Il ne dépend que de vous d'effectuer un travail sur vous-même afin que s'exprime uniquement ce qu'il y a de meilleur en vous.

NEPTUNE EN SECTEUR DEUX

Voyons maintenant dans quel domaine de votre existence, dans quel secteur d'activité, s'expriment votre foi, vos mémoires généalogiques et votre clairvoyance. Vous exprimez votre maison 2 dès lors qu'il s'agit d'utiliser vos cinq sens, de vous incarner, de satisfaire vos désirs, de vous faire plaisir, de gagner de l'argent, de générer de l'abondance, d'attirer, de plaire et de séduire, de créer des liens affectifs, familiaux ou sociaux, d'utiliser votre intelligence relationnelle, de faire preuve d'harmonie, de douceur et de gentillesse, d'exprimer votre sens esthétique ou artistique, de gérer de l'argent et des biens matériels, d'exprimer votre sensualité, de fonder une famille et de conquérir votre bonheur.

Vous avez alors une tendance naturelle à être une personne pleine d'émotions, ayant un sixième sens ou une vision spirituelle, ayant la foi, détenant un savoir ancestral, spirituel ou un savoir capable de soulager les souffrances et les misères du corps, de l'âme et du monde, de délivrer les âmes de leurs souffrances, de dénouer les situations, de participer à une action collective ou d'être intégrée dans une collectivité, de lâcher prise, de vivre sans attentes, d'accepter les gens et les situations comme elles sont, de vivre sainement votre besoin d'évasion et d'accéder quand c'est possible à d'autres réalités ou à la transcendance.

Vous êtes particulièrement capable de lâcher prise, de rêver, de vous évader ou de fuir, d'avoir la foi, de vous connecter à vos mémoires généalogiques et à vos vies passées, de faire appel à vos ancêtres où à vos croyances spirituelles, d'être inspiré, de faire appel à votre sens du sacré, de répondre aux besoins collectifs et de puiser des informations dans l'inconscient collectif, de vivre en fusion émotionnelle avec la situation et les personnes qui la compose, d'utiliser votre sixième sens et votre intuition, mais aussi de faire preuve d'amour inconditionnel, de dévouement, de pardon, de compassion et de charité, de soulager les souffrances et les misères du mondes, de participer à une structure collective mais aussi parfois de vous faire des illusions et d'être chaotique lorsqu'il s'agit de créer des liens, de construire des relations sociales, d'utiliser votre intelligence relationnelle, de créer un couple, de faire preuve d'harmonie, de douceur et de gentillesse, d'attirer, de plaire et de séduire, d'exprimer votre sens esthétique ou artistique, de gérer de l'argent et des biens matériels, d'exprimer votre sensualité et d'utiliser vos cinq sens, de satisfaire vos désirs, de conquérir votre bonheur ou de fonder une famille.

Votre besoin d'avoirs, d'acquérir, de posséder mais aussi votre besoin d'exprimer votre sensualité et de jouir des plaisirs de la chair peut être assez flou, pas nettement défini, vague, diffus et imprécis. Vos comportements financiers peuvent parfois être irrationnels. Vous ne savez pas toujours comment vous allez gagner de l'argent ni combien vous allez gagner, mais souvent le hasard, sur qui vous comptez beaucoup, fait bien les choses et l'argent arrive au bon moment, comme si la providence ou une fée tenant une baguette magique avait agi en votre faveur. Vous avez tendance à avoir la foi coté matériel et à faire confiance au destin pour arranger les choses, d'où parfois des périodes de galères ou votre chance insolite.

Votre capacité à comprendre le sens spirituel de l'argent et à mettre de coté votre ego lorsqu'il s'agit de gérer des biens peut vous rendre apte à gérer des sommes importantes provenant de fonds ou d'entreprises collectives. Un lien chez vous entre votre situation financière et la collectivité, l'état des marchés et la situation économique collective fait que des événements et des éléments extérieurs à votre vie personnelle peuvent avoir une incidence sur votre porte feuille. Vous avez parfois tendance à faire preuve d'une certaine insouciance et de laissez allez lorsque des intérêts financiers sont en jeux voire à être parfois complètement indifférent et détaché des affaires matérielles. Vous devez donc apprendre à faire preuve de précision dans la gestion de votre budget, apprendre à être conscient de la valeur marchande des biens et services que vous utilisez et arriver à savoir où vous en êtes coté finances pour ne pas être largué quand les factures arrivent.

Vous devez aussi éviter de comptez sur les autres ou sur la société pour vous assumer financièrement. Vous pouvez avoir tendance à cacher ou à dissimuler votre capital dont la valeur est parfois un mystère. Parce que vous êtes tête en l'air ou parce que vous ne savez pas suffisamment protéger vos biens, vous pouvez être victime de vols ou d'infractions.

Dans certains cas, vous pouvez être capable de réaliser des gains considérables dans des affaires appuyées par de grosses opérations publicitaires ou suite à des intuitions géniales. Plus modestement, vous pouvez réaliser des gains à travers le commerce de liquides ou de boissons, de pétrole ou de plastic, de tabac, de drogues et de médicaments, ou par l'exploitation d'un don occulte.

Votre sensualité tend à être diffuse et à être influencée par votre imaginaire, par vos émotions et par votre hypersensibilité. Parce que vous n'êtes pas toujours conscient de vos sens et de vos besoins sensoriels, vous pouvez avoir quelques difficultés à les contrôler de façon claire et franche. Le besoin et la tendance à fantasmer peut être très développé chez vous. Vous pouvez aussi être très sensibles aux courants et désirs collectifs en rapport avec les mœurs, le plaisir, l'art ou les revendications financières.

D'après la tradition, dans un sens négatif, Neptune en secteur deux peut induire dans quelques cas isolés des dérèglements sensoriels, un attrait pour les plaisirs illicites, une tendance à la débauche, une tendance au parasitisme, une tentation pour les gains faciles, pour le commerce de stupéfiants ou de produits illégaux; des affaires malhonnêtes reposant sur la crédulité humaine; la possibilité d'être victime d'escroqueries ou d'abus de confiance, de scandales financiers ou d'avoir une situation financière pas claire.

Si vous n'exprimez pas votre richesse en conscience, Vous vous servez parfois de l'argent ou du plaisir des sens pour expérimenter votre corps de souffrance afin de vous en libérer, ce qui peut vous inciter à créer des situations compliquées. Vous pouvez alors parfois apparaître comme une personne un peu perdue, confuse, incohérente, désordonnée, chaotique, compliquée, bizarre, étrange, souffrante ou bloquée dans des schémas généalogiques répétitifs que vous devez désamorcer.

Vos faiblesses éventuelles peuvent alors être une tendance à vous complaire dans le flou et la clandestinité, à nourrir des souffrances, à vous embarquer dans des galères ou dans des situations embrouillées, à entretenir un certain pessimisme et un côté plaintif ; une tendance à fuir la réalité dans des mondes imaginaires, à vous faire des illusions et à manquer de dynamisme, d'organisation, de réalisme et de sens pratique ; une tendance à trop dépendre du hasard ou de l'assistanat pour faire avancer les choses et parfois une tendance à vous laisser endoctriner dans des systèmes de croyances ou des pratiques religieuses ou spirituelles plus ou moins saines. Il ne dépend alors que de vous pour effectuer un travail sur vous-même afin que s'exprime uniquement ce qu'il y a de meilleur en vous.

NEPTUNE EN SECTEUR TROIS

Voyons maintenant dans quel domaine de votre existence, dans quel secteur d'activité, s'expriment votre foi, vos mémoires généalogiques et votre clairvoyance. Les études, le savoir, les contacts, les échanges commerciaux, la communication et les échanges d'informations, le mouvement et les petits déplacements peuvent être pour vous une source d'inspirations, une religion, un moyen d'évasion ou de transcendance. Votre sens de l'adaptation, vos capacités de communication, votre dextérité manuelle, vos capacités commerciales, vos facultés de communication et la qualité de votre environnement proche peuvent contribuer à votre évolution spirituelle.

Vous êtes particulièrement capable de lâcher prise, de rêver, de vous évader ou de fuir, d'avoir la foi, de vous connecter à vos mémoires généalogiques et à vos vies passées, de faire appel à vos ancêtres où à vos croyances spirituelles, d'être inspiré, de faire appel à votre sens du sacré, de répondre aux besoins collectifs et de puiser des informations dans l'inconscient collectif, de vivre en fusion émotionnelle avec la situation et les personnes qui la compose, d'utiliser votre sixième sens et votre intuition, mais aussi de faire preuve d'amour inconditionnel, de dévouement, de pardon, de compassion et de charité, de soulager les souffrances et les misères du mondes, de participer à une structure collective mais aussi parfois de vous faire des illusions et d'être chaotique lorsqu'il s'agit d'aborder votre entourage, de faire des rencontres, de communiquer, d'être informé et de comprendre, d'exprimer ou de défendre vos idées, de découvrir l'inconnu, d'explorer l'environnement, de négocier et de faire du commerce, de vous adapter et de faire preuve d'intelligence.

Votre pensée est guidée par l'inspiration, le ressenti, l'émotion et l'intuition plus que par la logique. Vous ressentez les données plus que vous ne les comprenez et devez passer d'une vision intellectuelle confuse à un état de quasi-clairvoyance pour exploiter au mieux cette position. Vous avez plutôt tendance à vous fondre dans l'entourage, à adopter d'écoute, de réceptivité et parfois de soumission plutôt que de cherchez à vous affirmer et influencer votre entourage. Vous pouvez par contre avoir de remarquables facilités à comprendre autrui en vous mettant à sa place, mais aussi pour deviner ce que veulent exprimer les autres et ce qui se cache émotionnellement derrière ce qui est dit. Vous êtes facilement prédisposé à baigner dans l'ambiance qui peut vous influencer sans que vous en soyez toujours conscient. Les écrits, le jeu, les relations, les ballades, les livres peuvent être pour vous un moyen d'évasion.

Malgré quelques difficultés d'organisation dans vos idées, vous avez de remarquables facilités d'assimilation. Vous pouvez apprendre sans efforts, presque inconsciemment, et faire revenir les notions apprises sous forme d'inspirations. Vous avez une intelligence intuitive capable de comprendre l'âme humaine, les réalités spirituelles, les flux et reflux de la vie et la façon dont l'espace des possibles peut devenir réalité grâce à la force de la foi. Vous pouvez comprendre facilement des concepts évolués touchant à la sociologie, la psychologie, l'ésotérisme, tout ce qui touche à l'occulte et l'irrationnel ou dans un ordre plus matériel, la publicité, le marketing, la chimie et pétrochimie. Votre imagination peut être qualifiée pour réaliser une œuvre littéraire à caractère transcendent.

Vous pouvez être attiré par les rencontres sans but précis et faites au hasard, le syndicalisme et la religion. Votre mental est ouvert à l'inconscient collectif et c'est en permettant aux forces collectives (besoins et comportement collectif) ou mystiques d'illuminer ou de transfigurer votre mental et votre sens de l'adaptation que vous intégrerez au mieux cette pièce de votre structure. Vous avez aussi la possibilité d'exprimer les divers besoins collectifs. Vous devez aussi apprendre à gérer les intrusions d'éléments collectifs dans votre mental personnel afin d'éviter une confusion mentale qui peut vous déboussoler. Vous devez éviter la rêverie permanente, une tendance à être ailleurs, les excès de tabac, d'alcool et les stupéfiants, une tendance à vous égarer par manque de sens de l'orientation, des malentendus et complications dans vos relations par manque de définition des situations ou de prises de position et les erreurs d'appréciation dans le traitement des données. Il ne dépend alors que de vous pour effectuer un travail sur vous-même afin que s'exprime uniquement ce qu'il y a de meilleur en vous.

Pour bien intégrer votre Neptune en maison 3, vous pouvez développer vos capacités d'adaptation en utilisant la force de la foi et vos facultés magiques, à travers la méditation ou une pratique spirituelle ou religieuse, en élargissant votre conscience pour accéder à des vérités spirituelles, en intégrant votre hypersensibilité dans vos expériences personnelles, en participant à une grande entreprise collective ou à dimension internationale, en développant les valeurs de charité, de foi, d'abnégation et d'Amour et en soulageant les souffrances et les misères du monde, du corps et de l'âme à travers une activité sociale ou médicale.

NEPTUNE EN SECTEUR QUATRE

Voyons maintenant dans quel domaine de votre existence, dans quel secteur d'activité, s'expriment votre foi, vos mémoires généalogiques et votre clairvoyance.

De part ce que vous portez de vos parents, vous êtes venu sur Terre avec des capacités innées pour vous fier à votre intuition et à votre ressenti, pour ressentir l'ambiance et l'énergie vibratoire d'un lieu, pour être inspiré, pour vous glisser dans le flot des événements comme un poisson dans l'eau, pour vivre en fusion émotionnelle ou en symbiose avec la situation et les personnes qui la compose mais aussi pour prendre un certain recul, pour vous situer au-delà du matériel et pour donner du sens, pour vous laisser porter par les courants du hasard, pour lâcher prise en acceptant totalement les gens et les situations telles qu'elles sont, pour avoir la foi et pour exprimer la force de la foi, pour faire preuve de dévotion, de charité, de compassion et d'amour inconditionnel et enfin pour pardonner. Vos parents vous ont aussi transmis la capacité à être une personne pleine d'émotions, à utiliser votre sixième sens, une vision spirituelle, un savoir ancestral, ou un savoir capable de soulager les souffrances et les misères du corps, de l'âme et du monde, à délivrer les âmes de leurs souffrances, à dénouer les situations, à participer à une action collective ou à vous intégrer dans une collectivité, à lâcher prise, à vivre sans attentes, à accepter les gens et les situations comme elles sont, à vous évader des réalités, parfois à accéder à d'autres réalités ou à expérimenter la transcendance. Tout cela est inscrit dans vos cellules.

Mais peut-être portez vous également une mémoire de souffrance, de misère, de chaos, d'endoctrinement, de maladie, de naufrage ou d'un événement collectif douloureux. Vous êtes fortement impacté par vos mémoires généalogiques et par vos mémoires d'âmes. Il existe peut-être, profondément ancré en vous, quelque chose qui n'a pas été accepté et pardonné. Vous êtes alors sans doute venu sur terre pour dénouer ces mémoires et vous en libérer. Parce que l'on sort de « l'ère des religions, An 0 à an 2000, Ere des Poissons », il est possible que ces éléments soient en lien avec des événements religieux, avec un exil ou avec la notion de sacrifice. Comment exprimez-vous votre héritage ? Si votre héritage parental est problématique et mal intégré, vous pouvez parfois apparaître comme une personne un peu perdue, confuse, incohérente, désordonnée, chaotique, compliquée, bizarre, étrange, souffrante ou bloquée dans des schémas généalogiques répétitifs que vous devez désamorcer. Vous risquez alors d'avoir des difficultés à exprimer les qualités de Neptune décrites précédemment.

Vous risquez de nourrir une tendance à vous complaire dans le flou et la clandestinité, à nourrir des souffrances, à vous embarquer dans des galères ou dans des situations embrouillées, un certain pessimisme et un côté plaintif, une tendance à fuir la réalité dans des mondes imaginaires, à vous faire des illusions et à manquer de dynamisme, d'organisation, de réalisme et de sens pratique, une tendance à trop dépendre du hasard ou de l'assistanat pour faire avancer les choses et parfois une tendance à vous laisser endoctriner dans des systèmes de croyances ou des pratiques religieuses ou spirituelles plus ou moins saines.

Peut-être avez-vous une tendance à la fuite, à l'immobilisme, à répéter des schémas d'échec parce que vous voulez rester fidèle à vos ancêtres ? Les liens vous attachant à votre famille, à votre lieu natal ou à vos traditions peuvent être tellement forts émotionnellement que vous pouvez parfois vous en sentir prisonnier et avoir du mal à vous en détacher. Peut-être nourrissez-vous une peur de souffrir ou la peur que les choses vous échappent ? Les liens vous attachant à votre famille, votre lieu natal ou vos traditions peuvent être tellement forts émotionnellement que vous pouvez parfois vous en sentir prisonnier et avoir du mal à vous en détacher. Ces difficultés font alors obstacle à la réalisation de votre mission de vie et à votre évolution et elles doivent être transformées pour que vous soyez libre et heureux. Il ne dépend alors que de vous pour effectuer un travail sur vous-même afin que s'exprime uniquement ce qu'il y a de meilleur en vous. Pour les dépasser et pour avancer sur votre chemin, vous pouvez effectuer des prises de conscience sur la nature et le rôle de la spiritualité, de la religion, de la foi, de la méditation et de la souffrance. Dans le cas de cette planète, il est indispensable d'effectuer le travail nécessaire pour libérer votre arbre généalogique et vos vies passées.

Lorsque vous parvenez à exprimer le côté positif de Neptune, vous devenez alors capable de l'exprimer en toute conscience. Vous êtes alors capable d'intégrer des valeurs spirituelles qui vous permettent d'accéder à la transcendance, d'agir selon les lois spirituelles, de découvrir le sacré en vous et dans la situation, de faire appel à la force de vos ancêtres, de vous libérer de votre arbre généalogique et de vos vies passées, de vous libérer des croyances qui vous retiennent et qui vous empêchent d'avancer, de vous délier, d'inverser vos croyances et de changer vos points de vues quand ils sont inadaptés, d'attendre le bon moment, de vous dévouer à une cause ou à une institution, de générer de la fluidité, d'exprimer l'amour inconditionnel et la magie de la foi capable d'enchanter les êtres et les lieux ou de soulager les souffrances et les misères du corps, de l'âme et du monde à travers par exemple une activité sociale ou médicale.

Toutes ces qualités s'expriment d'autant plus dès lors qu'il s'agit de prendre soin de vous et de votre bien-être ou de celui d'autrui, de vous nourrir sur tous les plans, de créer un univers intime ressourçant, un foyer, une famille ou un clan mais aussi lorsqu'il s'agit d'acquérir, de préserver ou de défendre un patrimoine, des traditions, votre équilibre personnel ou votre progéniture. Vous pouvez être issu d'un milieu évolué, spirituel, attachant une importance à la religion, à la prière, à la foi ou à des valeurs ancestrales. Vous pouvez aussi avoir une vision confuse de votre passé, de vos racines et ignorer vos origines réelles ou vous pouvez être issu de parents inconnus, disparus ou de l'assistance publique. Vous pouvez aimer aménager votre foyer pour donner un maximum de recueillement, d'inspiration, d'intimité, parfois avec des bougies, de l'encens, des lumières tamisées et des objets permettant de vous créer un lieu de rêve et d'évasion.

Vous pouvez être attiré par les jets d'eau, les jeux de glace, l'architecture courbe et les objets ou meubles de type oriental. Vous pouvez être attiré par des relations familiales de type communautaire, où règne un partage idéologique, religieux ou émotionnel fort, et voir la famille comme un refuge vous permettant de vous évader du monde extérieur. Votre foyer peut aussi être désordonné et chaotique et vos relations familiales confuses dues à une tendance à laisser les choses se faire au petit bonheur la chance, sans intervenir pour structurer votre vie intime et privée. Neptune vous demande d'utiliser des moyens ou courants collectifs pour établir un fondement d'existence plus vaste et étendre les limites de votre vie familiale et privée à l'ensemble de l'humanité. Mais cela ne veut pas dire que votre foyer doit être ouvert à tous les vents et marées. Cette position peut vous amener à gérer et sublimer des fatalités domestiques dues à la négligence (gaz, insectes), des parents alcooliques ou drogués, inconnus ou disparus, des scandales au foyer ou des perturbations causées par des événements collectifs. Elle peut aussi faire de votre foyer le cadre d'un vrai conte de fée ou vous inciter à vivre dans une île ou au bord de la mer ou de l'océan.

NEPTUNE EN SECTEUR CINQ

Voyons maintenant dans quel domaine de votre existence, dans quel secteur d'activité, s'expriment votre foi, vos mémoires généalogiques et votre clairvoyance. Vous avez au plus profond de vous le besoin et la capacité de vous fier à votre intuition et à votre ressenti, de ressentir l'ambiance et l'énergie vibratoire du lieu, d'être inspiré, de vous glisser dans le flot des événements comme un poisson dans l'eau, de vivre en fusion émotionnelle ou en symbiose avec la situation et les personnes qui la compose mais aussi de prendre un certain recul, de vous situer au-delà du matériel et de donner du sens, de vous laisser porter par les courants du hasard, de vivre sans attentes, de lâcher prise en acceptant totalement les gens et les situations telles qu'elles sont.

Vous avez aussi le besoin et la capacité d'avoir la foi et d'exprimer la force de la foi, de faire preuve de dévotion, de charité, de compassion et d'amour inconditionnel, de pardonner, d'intégrer des valeurs spirituelles et d'agir selon les lois spirituelles, de découvrir le sacré en vous et dans la situation, de faire appel à la force de vos ancêtres, de vous libérer de votre arbre généalogique et de vos vies passées, de vous libérer des croyances qui vous retiennent et qui vous empêchent d'avancer, de vous délier, d'inverser vos croyances et de changer vos points de vues quand ils sont inadaptés, d'attendre le bon moment, de vous dévouer à une cause ou à une institution, de soulager les souffrances et les misères du corps, de l'âme et du monde, de générer de la fluidité et de créer de la magie et de l'enchantement là où vous êtes. Votre vie amoureuse peut être très influencée par vos mémoires généalogiques ou par vos mémoires de vies passées.

Vous avez également besoin d'être une personne pleine d'émotions, d'utiliser votre sixième sens, une vision spirituelle, un savoir ancestral, ou un savoir capable de soulager les souffrances et les misères du corps, de l'âme et du monde, de délivrer les âmes de leurs souffrances, de dénouer les situations, de participer à une action collective, de vous intégrer dans une collectivité, de rêves et d'évasion, d'accéder à d'autres réalités ou d'expérimenter la transcendance. Vous êtes particulièrement capable de faire appel aux talents décrits précédemment dès lors qu'il s'agit de vous repérer, d'avoir une vision, d'être clair, d'être visible, connu et reconnu, de gérer l'image que vous donnez et votre réputation, d'incarner votre idéal, vos valeurs et vos principes, de vous fixer des objectifs et de déployer votre volonté, d'exprimer votre créativité, de vous engager, de vous imposer avec autorité, de maîtriser la situation, de réussir, de briller, de rayonner, de créer votre bonheur ou lorsque l'Amour est en jeu.

Vous avez tendance à vivre la relation amoureuse plutôt à travers une attitude d'attente, de réceptivité et à laisser les choses se faire au hasard qu'à travers une attitude de conquête et d'action constructive. Vous avez besoin d'une relation d'osmose, de communion des âmes, d'une tendre complicité qui se passe des mots et de vous donner entièrement à l'autre. Votre vie amoureuse peut être très influencée par vos mémoires généalogiques ou par vos mémoires de vies passées.

Vous avez aussi besoin de dévouement de la part de l'autre et de vous sentir étroitement lié. Vous pouvez rechercher une relation s'exprimant dans un certain niveau de conscience avec un être évolué, ou vous pouvez être attiré par les relations sentimentales romantiques, romanesques, idéalisées, spirituelles, platoniques et qui deviennent des contes de fées.

Vous recherchez avant tout des affinités de l'âme et avez du mal à vous accorder à des relations trop axées sur la vie matérielle. Amour et spiritualité peuvent être étroitement liés dans vos relations amoureuses, aussi pouvez vous avoir des relations avec des êtres évolués. L'amour est sans doute pour vous une œuvre sacrée plus qu'une aventure banale. Le plaisir, la création, les loisirs peuvent être pour vous un moyen d'évasion. Vous pouvez être attiré par les sports nautiques ou avoir des dons pour la musique mais aussi une forte réceptivité vous permettant de saisir les courants collectifs, les rumeurs qui courent, les événements qui sont dans l'air et l'âme des gens.

Si cette planète est mal intégrée, vous devez éviter un excès de passivité, une tendance à trop laisser les choses se faire au hasard, une tendance aux emballements et illusions sources de déceptions, les relations clandestines, embrouillées, compliquées et pas claires, les relations sexuelles troubles et malsaines, la fuite dans les plaisirs, une tendance à répondre trop facilement aux sollicitations des autres ainsi que les trahisons, scandales et infidélités sources de souffrances. Il ne tient qu'à vous de faire le choix d'incarnez le côté positif de Neptune.

NEPTUNE EN SECTEUR SIX

Voyons maintenant dans quel domaine de votre existence, dans quel secteur d'activité, s'expriment votre foi, vos mémoires généalogiques et votre clairvoyance. Initialement, Neptune en maison six peut être synonyme de difficultés importantes et récurrentes, par exemple, à vous fier à votre intuition et à votre ressenti, à ressentir l'ambiance et l'énergie vibratoire d'un lieu, à être inspiré, à vous glisser dans le flot des événements comme un poisson dans l'eau, à vivre en fusion émotionnelle ou en symbiose avec la situation et les personnes qui la compose mais aussi à prendre un certain recul, à vous situer au-delà du matériel et à donner du sens, à vous laisser porter par les courants du hasard, à lâcher prise en acceptant totalement les gens et les situations telles qu'elles sont, à avoir la foi et à exprimer la force de la foi, à faire preuve de dévotion, de charité, de compassion et d'amour inconditionnel et à pardonner.

Pourquoi avez-vous des difficultés à exprimer cette carte d'une façon positive ? Parce qu'au lieu d'être dans l'instant présent et dans l'action, vous pensez trop, vous « réfléchissez » et vous nourrissez la croyance que votre intelligence terrestre, celle qui accumule des connaissances, c'est-à-dire votre mental, va vous apporter toutes les solutions ! Vous êtes trop centré dans votre mental au lieu d'être centré dans votre ressenti, dans votre corps et dans votre cœur !

Il est également possible que vous ayez des souvenirs, vos « mémoires généalogiques » ou « vos mémoires d'âmes », où l'expression, par exemple, de vos besoins d'évolution spirituelle, de communion avec vous-même et avec autrui, de transcendance, de vivre votre foi ou de soulager des souffrances n'étaient pas justes et équilibrés. Peut-être portez vous une mémoire de souffrance, de misère, de chaos, d'endoctrinement, de maladie, de naufrage ou d'un événement collectif douloureux. Il existe peut-être, profondément ancré en vous, quelque chose qui n'a pas été accepté et pardonné. Parce que l'on sort de « l'ère des religions, An 0 à an 2000, Ere des Poissons », il est possible que ces éléments soient en lien avec des événements religieux, avec un exil ou avec la notion de sacrifice.

Cela vous apporte des croyances qui vous empêchent d'exprimer le meilleur de cette planète. Peut-être avez-vous une tendance à répéter des schémas d'échec parce que vous voulez rester fidèle à vos ancêtres, par peur de souffrir ou par peur que les choses vous échappent ? Vous êtes alors parfois englué dans des schémas répétitifs que vous choisissez de nourrir parce que vous en tirez un bénéfice secondaire. Pouvez-vous observer et reconnaitre que vos difficultés en lien avec cette planète font obstacle à la réalisation de votre mission de vie et à votre évolution? Vous êtes alors sans doute venu sur Terre pour dénouer ces mémoires et vous en libérer afin de vivre votre vie à vous.

Si cette planète n'est pas correctement intégrée, vous pouvez parfois apparaître comme une personne un peu perdue, confuse, incohérente, désordonnée, chaotique, compliquée, bizarre, étrange, souffrante ou bloquée dans des schémas généalogiques répétitifs que vous devez désamorcer. Vos faiblesses éventuelles peuvent alors être une tendance à vous complaire dans le flou et la clandestinité, à nourrir des souffrances, à vous embarquer dans des galères ou dans des situations embrouillées, un certain pessimisme et un côté plaintif, une tendance à fuir la réalité dans des mondes imaginaires, à vous faire des illusions et à manquer de dynamisme, d'organisation, de réalisme et de sens pratique, une tendance à trop dépendre du hasard ou de l'assistanat pour faire avancer les choses et parfois une tendance à vous laisser endoctriner dans des systèmes de croyances ou des pratiques religieuses ou spirituelles plus ou moins saines. Il ne dépend alors que de vous pour effectuer un travail sur vous-même afin que s'exprime uniquement ce qu'il y a de meilleur en vous.

Vous avez peut-être alors une difficulté initiale à travailler concrètement dû à des difficultés à prendre des initiatives, à vous organiser concrètement et dû à une tendance à trop laisser les choses au hasard. Vous pouvez avoir du mal à développer de bonnes relations avec l'entourage de part une difficulté à se situer par rapport aux autres. Vous ne savez pas trop prendre des initiatives et pouvez avoir besoin d'être pris en charge et diriger pour arriver à faire face aux labeurs quotidiens. Vous pouvez être attiré par un mode de vie nomade ou naturiste.

Vous pouvez aussi avoir quelques difficultés à définir votre rôle social dans la mesure où vous fonctionner plutôt par coups d'inspiration à ce niveau. Dans un sens négatif la tradition indique que cette position peut provoquer des complications, tromperies ou trahisons dans le cadre du travail, des ennuis de santé dus à des maladies glandulaires ou psychiques, dus à l'alcool ou aux stupéfiants ainsi qu'une tendance à la paresse au travail. Il ne dépend que de vous d'effectuer un travail sur vous-même afin que s'exprime uniquement ce qu'il y a de meilleur en vous. Pour dépasser les difficultés générées par Neptune en maison 6 et pour avancer sur votre chemin, vous pouvez effectuer des prises de conscience sur la nature et le rôle de la spiritualité, de la religion, de la foi, de la méditation et de la souffrance. Dans le cas de cette planète, il est indispensable d'effectuer le travail nécessaire pour libérer votre arbre généalogique et vos vies passées.

Lorsque vous parvenez à exprimer le côté positif de Neptune, vous devenez alors capable de l'exprimer en toute conscience. Vous êtes alors particulièrement capable, avec une certaine expertise, d'intégrer des valeurs spirituelles qui vous permettent d'accéder à la transcendance, d'agir selon les lois spirituelles, de découvrir le sacré en vous et dans la situation, de faire appel à la force de vos ancêtres, de vous libérer de votre arbre généalogique et de vos vies passées, de vous libérer des croyances qui vous retiennent et qui vous empêchent d'avancer, de vous délier, d'inverser vos croyances et de changer vos points de vues quand ils sont inadaptés, d'attendre le bon moment, de vous dévouer à une cause ou à une institution, de générer de la fluidité, d'exprimer l'amour inconditionnel et la magie de la foi capable d'enchanter les êtres, les lieux et votre vie toute entière mais aussi de soulager les souffrances et les misères du corps, de l'âme et du monde.

Toutes ces qualités s'expriment d'autant plus dès lors qu'il s'agit de travailler et de servir, de communiquer, d'effectuer des échanges commerciaux, de vous adapter, d'utiliser des outils et des techniques, de vous organiser, de traiter des questions d'hygiène ou de santé, d'être en sécurité ou d'utiliser des systèmes d'information. Côté travail vous avez plutôt tendance à vous laisser guider par votre sixième sens et vos inspirations que par la logique de règles précises. Vous pouvez vous accomplir dans un travail grâce à votre dévouement, votre sensibilité, votre bonté, et par votre aptitude à comprendre et assouvir les besoins collectifs. Aussi peuvent vous convenir les métiers sociaux, en rapport avec la santé, les soins, l'eau, le gaz, le pétrole, le tabac, le plastique, l'hydrologie ou la thalassothérapie, les métiers de la mer et toutes les activités en rapport avec l'invisible (bactériologie, voyance).

NEPTUNE EN SECTEUR SEPT

Voyons maintenant dans quel domaine de votre existence, dans quel secteur d'activité, s'expriment votre foi, vos mémoires généalogiques et votre clairvoyance. Initialement, Neptune en maison sept peut être synonyme de difficultés importantes et récurrentes à intégrer des valeurs spirituelles qui permettent d'accéder à la transcendance, à agir selon les lois spirituelles, à découvrir le sacré en vous et dans la situation, à faire appel à la force de vos ancêtres, à vous libérer de votre arbre généalogique et de vos vies passées, à vous libérer des croyances qui vous retiennent et qui vous empêchent d'avancer, à vous délier, à inverser vos croyances et à changer vos points de vues quand ils sont inadaptés, à attendre le bon moment, à vous dévouer à une cause ou à une institution, à générer de la fluidité, à exprimer l'amour inconditionnel et la magie de la foi capable d'enchanter les êtres, les lieux et votre vie toute entière mais aussi à soulager les souffrances et les misères du corps, de l'âme et du monde.

Sans doute avez-vous aussi des difficultés à vous fier à votre intuition et à votre ressenti, à ressentir l'ambiance et l'énergie vibratoire d'un lieu, à être inspiré, à vous glisser dans le flot des événements comme un poisson dans l'eau, à vivre en fusion émotionnelle ou en symbiose avec la situation et les personnes qui la compose mais aussi à prendre un certain recul, à vous situer au-delà du matériel et à donner du sens, à vous laisser porter par les courants du hasard, à lâcher prise en acceptant totalement les gens et les situations telles qu'elles sont, à avoir la foi et à exprimer la force de la foi, à faire preuve de dévotion, de charité, de compassion et d'amour inconditionnel et à pardonner ?

Vos difficultés à exprimer positivement cette planète font obstacle à la réalisation de votre mission de vie et à votre évolution. Pourquoi avez-vous des difficultés à exprimer cette planète d'une façon positive ? Parce qu'au lieu d'être centré dans votre corps, dans l'instant présent et dans l'action, vous avez tendance à vous décentrer et à compter sur les autres pour exprimer cette carte à votre place. C'est comme si vous rejetiez tout ou partie de la carte parce que vous la voyez comme étant perturbatrice. Elle tend alors à s'exprimer, depuis votre inconscient, sous sa forme inférieure et à s'associer avec votre ombre. Il est également possible que vous ayez des souvenirs, vos « mémoires généalogiques » ou « vos mémoires d'âmes », où l'expression, par exemple, de vos besoins d'évolution spirituelle, de communion avec vous-même et avec autrui, de transcendance, de vivre votre foi ou de soulager des souffrances n'étaient pas justes et équilibrés. Peut-être portez vous une mémoire de souffrance, de misère, de chaos, d'endoctrinement, de maladie, de naufrage ou d'un événement collectif douloureux qui a affecté votre vie sentimentale.

Il existe peut-être, profondément ancré en vous, quelque chose qui n'a pas été accepté et pardonné. Parce que l'on sort de « l'ère des religions, An 0 à an 2000, Ere des Poissons », il est possible que ces éléments soient en lien avec des événements religieux, avec un exil ou avec la notion de sacrifice. Cela vous apporte des croyances qui vous empêchent d'exprimer le meilleur de cette carte.

 Peut-être avez-vous une tendance à répéter des schémas d'échec parce que vous voulez rester fidèle à vos ancêtres, par peur de souffrir ou par peur que les choses vous échappent ? Vous êtes alors parfois englué dans des schémas répétitifs que vous choisissez de nourrir parce que vous en tirez un bénéfice secondaire. Pouvez-vous observer et reconnaitre que vos difficultés en lien avec cette planète font obstacle à la réalisation de votre mission de vie et à votre évolution? Vous êtes alors sans doute venu sur terre pour dénouer ces mémoires et vous en libérer.
Si vous exprimez l'ombre de Neptune, vous pouvez parfois apparaître comme une personne un peu perdue, confuse, incohérente, désordonnée, chaotique, compliquée, bizarre, étrange, souffrante ou bloquée dans des schémas généalogiques répétitifs.

Vos faiblesses éventuelles peuvent alors être une tendance à vous complaire dans le flou et la clandestinité, à nourrir des souffrances, à vous embarquer dans des galères ou dans des situations embrouillées, à entretenir un certain pessimisme et un côté plaintif, une tendance à fuir la réalité dans des mondes imaginaires, à vous faire des illusions et à manquer de dynamisme, d'organisation, de réalisme et de sens pratique, une tendance à trop dépendre du hasard ou de l'assistanat pour faire avancer les choses et parfois une tendance à vous laisser endoctriner dans des systèmes de croyances ou des pratiques religieuses ou spirituelles plus ou moins saines.

Vous devez aussi apprendre à concentrer votre attention sur une seule association car vous avez tendance à ressentir l'humanité entière comme votre partenaire et pouvez être attiré par les activités touchant au secourisme et au social. Dans le sens négatif, la tradition indique des associations ou unions confuses, pas claires, frauduleuses, compliquées, bizarres, et parfois perverses, des risques de tromperie et d'adultère et une tendance à nourrir des liens de souffrance. Vous devez donc apprendre à définir clairement votre image du couple et le genre de vie conjugale que vous souhaitez vivre. Vous pouvez être attiré par des partenaires manquant de sens pratique ou peu aptes à contribuer à la prospérité du ménage. Vous devez veiller à éviter de laisser votre vie affective trop dépendre des autres ou du hasard et surveillez une tendance à négliger vos relations.

Vous vous liez tellement à l'autre que vous en déliez n'est pas toujours chose facile. Il y a souvent une certaine imprécision sur l'image du couple et du partenaire, ainsi qu'une difficulté à savoir comment se comporter avec autrui. Parfois, il peut y avoir une tendance à fuir le partenaire et l'engagement dans la relation sans trop qu'on sache pourquoi. La vie de couple peut être parfois difficile si vous avez des difficultés à prendre des décisions et des initiatives et si vous manquez d'autorité avec l'autre.

Vos difficultés doivent être transformées pour que vous soyez libre et heureux, ce que vous pouvez faire en voyant l'aspect positif de Neptune. Il ne dépend alors que de vous pour effectuer un travail sur vous-même afin que s'exprime uniquement ce qu'il y a de meilleur en vous. Pour dépasser les difficultés générées par Neptune en maison 7 et pour avancer sur votre chemin, vous pouvez effectuer des prises de conscience sur la nature et le rôle de la spiritualité, de la religion, de la foi, de la méditation, des mémoires et de la souffrance, notamment en lien avec le couple et les relations. Dans le cas de cette planète, il est indispensable d'effectuer le travail nécessaire pour libérer votre arbre généalogique et vos vies passées afin de vivre votre vie à vous.

Lorsque vous parvenez à exprimer le côté positif de Neptune, vous devenez alors capable de l'exprimer avec une grande finesse, en toute conscience. Vous êtes alors particulièrement capable d'intégrer des valeurs spirituelles qui vous permettent d'accéder à la transcendance, d'agir selon les lois spirituelles, de découvrir le sacré en vous et dans la situation, de faire appel à la force de vos ancêtres, de vous libérer de votre arbre généalogique et de vos vies passées, de vous libérer des croyances qui vous retiennent et qui vous empêchent d'avancer, de vous délier, d'inverser vos croyances et de changer vos points de vues quand ils sont inadaptés, d'attendre le bon moment, de vous dévouer à une cause ou à une institution, de générer de la fluidité, d'exprimer l'amour inconditionnel et la magie de la foi capable d'enchanter les êtres, les lieux et votre vie toute entière mais aussi de soulager les souffrances et les misères du corps, de l'âme et du monde.

Toutes ces qualités s'expriment d'autant plus dès lors qu'il s'agit de trouver votre équilibre ou de le préserver, de créer des liens, de construire des relations sociales, d'utiliser votre intelligence relationnelle, de fonder un couple, de faire preuve d'harmonie, de douceur et de gentillesse, d'attirer, de plaire et de séduire, d'exprimer votre sens esthétique, artistique ou juridique, de coopérer et de participer à la civilisation. Vous vivez alors une débordante activité relationnelle et avez la possibilité de vivre des relations transcendantales. Quand vous réagissez sous l'impact d'une mémoire, cela vous prédispose à être attiré d'une façon étrange, mystérieuse et parfois fatale vers des êtres hypersensibles, fuyants, émotifs, influençables, dévoués, mystiques, puis à vous lier à un être qui fascine et vous tient par mille liens subtils et impondérables, comme par une sorte d'emprise psychique un peu hypnotique. Cette tendance à la fusion totale avec l'autre, mais aussi une tendance à vous laisser porté par la relation et à laisser les choses au hasard peut aussi bien vous apporter une relation platonique et spirituelle de type "conte de fée" où la recherche de transcendance est partagée.

NEPTUNE EN SECTEUR HUIT

Voyons maintenant dans quel domaine de votre existence, dans quel secteur d'activité, s'expriment votre foi, vos mémoires généalogiques et votre clairvoyance ! Votre chemin initiatique ou votre quête est une quête pour parvenir à éprouver un sentiment de joie et d'amour inconditionnel, de devenir libre de toute souffrance, pour rendre à vos ancêtres, avec amour et respect, ce qui leur appartient, pour vous libérer de vos mémoires généalogique et de vos mémoires de vies passées, pour soulager les souffrances et les misères du corps, de l'âme et du monde, pour aller au bout de chacune des impulsions et des besoins de votre âmes, pour fusionner avec la vie telle une goutte d'eau retournant à l'océan d'où elle est issue, pour expérimenter la transcendance et l'union avec Dieu.

Mais initialement, Neptune en maison huit peut être synonyme de difficultés à intégrer des valeurs spirituelles qui permettent d'accéder à la transcendance, à agir selon les lois spirituelles, à découvrir le sacré en vous et dans la situation, à faire appel à la force de vos ancêtres, à vous libérer de votre arbre généalogique et de vos vies passées, à vous libérer des croyances qui vous retiennent et qui vous empêchent d'avancer, à vous délier, à inverser vos croyances et à changer vos points de vues quand ils sont inadaptés, à attendre le bon moment, à vous dévouer à une cause ou à une institution, à générer de la fluidité, à exprimer l'amour inconditionnel et la magie de la foi capable d'enchanter les êtres, les lieux et votre vie toute entière mais aussi à soulager les souffrances et les misères du corps, de l'âme et du monde.

Sans doute avez-vous aussi des difficultés à vous fier à votre intuition et à votre ressenti, à ressentir l'ambiance et l'énergie vibratoire d'un lieu, à être inspiré, à vous glisser dans le flot des événements comme un poisson dans l'eau, à vivre en fusion émotionnelle ou en symbiose avec la situation et les personnes qui la compose mais aussi à prendre un certain recul, à vous situer au-delà du matériel et à donner du sens, à vous laisser porter par les courants du hasard, à lâcher prise en acceptant totalement les gens et les situations telles qu'elles sont, à avoir la foi et à exprimer la force de la foi, à faire preuve de dévotion, de charité, de compassion et d'amour inconditionnel et à pardonner ?

Pourquoi ? Parce qu'il y a une part de vous, votre part d'ombre ou votre saboteur, qui refuse ce que représente Neptune, c'est-à-dire par exemple de prendre en compte vos mémoires ancestrales, vos mémoires de vie passées, votre besoin de spiritualité et de transcendance ou vos souffrances. C'est alors comme si «Neptune», en vous, était occultée. Vous avez donc parfois l'impression qu'il manque en vous et dans votre vie une capacité à inverser vos croyances, une connexion au divin, à vos mémoires ancestrales et à vos vies passées ainsi qu'une part de foi, de sens, de lâcher-prise, de sacré, de rêve et d'évasion, d'acceptation, d'abandon, de transcendance et d'amour inconditionnel.

Pouvez-vous observer cela ? Votre quête passe donc par une exploration de tout ce que représente Neptune et par votre capacité à mettre toute votre énergie et votre passion pour vivre les différentes impulsions de votre âme, pour expérimenter la foi, le sacré, l'évasion et la transcendance, pour participer à une activité collective, pour soulager vos souffrances, pour naviguer sur l'océan des forces de l'âme afin d'aller au bout de vous-même et retrouver votre unité intérieure.

Cette position peut donner l'impression d'être pénétrée par une mission, un destin particulier, d'être conscient de ses vies antérieures et des origines spirituelles de l'humanité. Vous pouvez être hypersensible aux forces occultes de la terre, aux énigmes de la vie et de la mort et vous intéresser aux recherches occultes. Néanmoins vous pouvez avoir conscience de tous les problèmes et souffrances de l'humanité ce qui n'est pas facile à vivre. Vous pouvez aussi avoir quelques difficultés à y voir clair dans l'invisible, à laisser les choses au hasard dans vos processus d'initiation et être victimes d'attachements malsains et destructeurs. Vous êtes influençables et devez veiller à ne pas vous laisser embobiner dans des expériences malsaines pour l'âme.

Vous devenez, au fur et à mesure que vous avancez dans la vie, de plus en plus capable de lâcher prise, de rêver, de vous évader ou de fuir, d'avoir la foi, de vous connecter à vos mémoires généalogiques et à vos vies passées, de faire appel à vos ancêtres où à vos croyances spirituelles, d'être inspiré, de faire appel à votre sens du sacré, de répondre aux besoins collectifs et de puiser des informations dans l'inconscient collectif, de vivre en fusion émotionnelle avec la situation et les personnes qui la compose, d'utiliser votre sixième sens et votre intuition, mais aussi de faire preuve d'amour inconditionnel, de dévouement, de pardon, de compassion et de charité, de soulager les souffrances et les misères du mondes, de participer à une structure collective mais aussi parfois de vous faire des illusions et d'être chaotique lorsqu'il s'agit d'élucider un mystère, d'influencer le cours des événements ou de parcourir les différentes étapes de l'initiation vers votre vérité profonde.

NEPTUNE EN SECTEUR NEUF

Voyons maintenant dans quel domaine de votre existence, dans quel secteur d'activité, s'expriment votre foi, vos mémoires généalogiques et votre clairvoyance. Dans le but de sortir du rôle que vous ont légué vos parents, d'accéder à votre mission personnelle, de réaliser votre mission de vie, de trouver votre voie et de vous épanouir, vous ressentez un besoin compulsif et parfois excessif de vous fier à votre intuition et à votre ressenti, de ressentir l'ambiance et l'énergie vibratoire du lieu, d'être inspiré, de vous glisser dans le flot des événements comme un poisson dans l'eau, de vivre en fusion émotionnelle ou en symbiose avec la situation et les personnes qui la compose mais aussi de prendre un certain recul, de vous situer au-delà du matériel et de donner du sens, de vous laisser porter par les courants du hasard, d'avoir la foi et d'exprimer la force de la foi, de faire preuve de dévotion, de charité, de compassion et d'amour inconditionnel, de pardonner, d'intégrer des valeurs spirituelles et d'agir selon les lois spirituelles, de découvrir le sacré en vous et dans la situation, de faire appel à la force de vos ancêtres, de vous libérer de votre arbre généalogique et de vos vies passées, de vous libérer des croyances qui vous retiennent et qui vous empêchent d'avancer, de vous délier, d'inverser vos croyances et de changer vos points de vues quand ils sont inadaptés, d'attendre le bon moment, de vous dévouer à une cause ou à une institution, de soulager les souffrances et les misères du corps, de l'âme et du monde, de générer de la fluidité et de créer de la magie et de l'enchantement là où vous êtes.

Vous êtes particulièrement capable de lâcher prise, de rêver, de vous évader ou de fuir, d'avoir la foi, de vous connecter à vos mémoires généalogiques et à vos vies passées, de faire appel à vos ancêtres où à vos croyances spirituelles, d'être inspiré, de faire appel à votre sens du sacré, de répondre aux besoins collectifs et de puiser des informations dans l'inconscient collectif, de vivre en fusion émotionnelle avec la situation et les personnes qui la compose, d'utiliser votre sixième sens et votre intuition, mais aussi de faire preuve d'amour inconditionnel, de dévouement, de pardon, de compassion et de charité, de soulager les souffrances et les misères du mondes, de participer à une structure collective mais aussi parfois de vous faire des illusions et d'être chaotique lorsqu'il s'agit d'acquérir un certain confort matériel, de voyager, lorsqu'il s'agit d'exploiter une opportunité ou de provoquer la chance ou lorsqu'il s'agit de légiférer, de représenter, d'organiser, de coordonner, de gérer, d'administrer, de distribuer, d'éduquer, de conseiller, de guider, de faire des affaires ou de vous rendre utile.

Cette position vous prédispose à fusionner avec une religion, une philosophie, une culture. Vous pouvez avoir l'impression que tous les hommes sont frères et que les frontières de races n'existent pas. Vous pouvez ressentir l'univers dans sa totalité et dans sa globalité, et développer une certaine clairvoyance sur le monde extérieur ou sur l'univers dans son ensemble. Certains peuvent se dissoudre dans de grands élans collectivistes ou mystiques ce qui peut parfois entraîner une certaine confusion intérieure et des spéculations nébuleuses. Vous pouvez faire preuve d'une excellente compréhension intuitive des choses, adhérer à une communauté spirituelle, vivre les voyages sous le signe de l'évasion et être attiré par les grands voyages au-delà des mers.

Vous avez parfois besoin d'atteindre une forme de conscience cosmique, et la dévotion, la foi, la religion peuvent jouer un rôle important dans votre vie. Vous devez éviter de vous isoler du monde, dépasser une difficulté à définir un chemin professionnel clair et à laisser es choses se faire au hasard à ce niveau ainsi qu'une tendance aux conceptions qui vous embrouillent en vous coupant de vous-mêmes et de la réalité. Il ne dépend que de vous d'effectuer un travail sur vous-même afin que s'exprime uniquement ce qu'il y a de meilleur en vous.

NEPTUNE EN SECTEUR DIX

Voyons maintenant dans quel domaine de votre existence, dans quel secteur d'activité, s'expriment votre foi, vos mémoires généalogiques et votre clairvoyance.

Vos possibilités de réalisation, la leçon majeure que vous devez apprendre et votre mission de vie sont liées à votre capacité de vous fier à votre intuition et à votre ressenti, de ressentir l'ambiance et l'énergie vibratoire du lieu, d'être inspiré, de vous glisser dans le flot des événements comme un poisson dans l'eau, de vivre en fusion émotionnelle ou en symbiose avec la situation et les personnes qui la compose mais aussi de prendre un certain recul, de vous situer au-delà du matériel et de donner du sens, de vous laisser porter par les courants du hasard, d'avoir la foi et d'exprimer la force de la foi, de faire preuve de dévotion, de charité, de compassion et d'amour inconditionnel, de pardonner, d'intégrer des valeurs spirituelles et d'agir selon les lois spirituelles, de découvrir le sacré en vous et dans la situation, de faire appel à la force de vos ancêtres, de vous libérer de votre arbre généalogique et de vos vies passées, de vous libérer des croyances qui vous retiennent et qui vous empêchent d'avancer, de vous délier, d'inverser vos croyances et de changer vos points de vues quand ils sont inadaptés, d'attendre le bon moment, de vous dévouer à une cause ou à une institution, de soulager les souffrances et les misères du corps, de l'âme et du monde, de générer de la fluidité et de créer de la magie et de l'enchantement là où vous êtes. Le fait d'exprimer ces qualités nourrit votre évolution.

Vous êtes alors particulièrement capable d'avoir la foi, d'écouter votre intuition et de suivre vos inspirations dès lors qu'il s'agit de trouver votre voie, d'assumer des responsabilités, d'évoluer et de vous construire, que ce soit dans le monde extérieur où au niveau du développement de vôtre être.

Vous pouvez être porté par un courant social, par un mouvement collectif, par une vague qui vous entraîne au-delà de vous-mêmes et vous pouvez réussir par des idées géniales, au sein d'une grande entreprise, d'une collectivité qui contribue à soulager les souffrances et les misères du monde. Votre destinée peut être influencée par événements nationaux ou internationaux. Vous pouvez vous dévouer au service d'œuvres sociales, d'institutions religieuses ou d'œuvres de nature spirituelle. Votre situation sociale peut être assez dépendante du collectif, des événements extérieurs ou du hasard. La réalisation de votre Etre peut se faire hors des sentiers battus par des voies inédites.

Vous avez besoin de vous rendre utile dans votre métier et pouvez avoir une vocation d'assistance, de secouriste, de médecin du corps ou de l'âme. Vous pouvez avoir deux métiers et une activité touchant un très vaste public. Vous devez éviter la dépendance envers la société, de vous élever socialement par des moyens louches, douteux ou illicites, de vous engager dans des situations confuses et les réactions de fuite devant les responsabilités. Avec Neptune dans ce secteur 10, vous êtes moins fait pour diriger que pour servir, et notamment pour servir de lien avec la collectivité et pour unir les différentes couches de la société. Vous avez plutôt tendance à vous laisser guider par le destin que de chercher à l'imprimer. Vous pouvez avoir quelques difficultés à exercer un effort continu et vous préférez l'effacement ou la discrétion au vedettariat.

Exemple de métiers : Les métiers sociaux, les métiers de services, les activités en rapport avec la santé, les soins, le médical et le paramédical, (assistante sociale, infirmière, secouriste, ambulancier, médecin du corps et de l'âme), les activités en rapport avec l'eau, le gaz, le pétrole, le tabac, le plastique, l'hydrologie, la thalassothérapie, les métiers de la mer, les activités en rapport avec l'invisible (bactériologie, voyance), la religion et la spiritualité ou générant du rêve et de l'évasion.

NEPTUNE EN SECTEUR ONZE

Voyons maintenant dans quel domaine de votre existence, dans quel secteur d'activité, s'expriment votre foi, vos mémoires généalogiques et votre clairvoyance ! Cette planète n'est pas particulièrement en analogie avec la maison 11. Elle ne facilite donc pas, à première vue, la possibilité d'exprimer les besoins de la maison. La maison 11 ayant la capacité de libérer le potentiel positif d'un arcane, il est nécessaire d'identifier la clef que vous avez choisie, de comprendre pourquoi vous avez choisi cette clef spécifique, puis de l'utiliser.

Pour accéder à la clef de cet arcane, il y a une nécessité de vous fier à votre intuition et à votre ressenti, de ressentir l'ambiance et l'énergie vibratoire des lieux, d'être inspiré, de vous glisser dans le flot des événements comme un poisson dans l'eau, de vivre en fusion émotionnelle ou en symbiose avec la situation et les personnes qui la compose mais aussi de prendre un certain recul, de vous situer au-delà du matériel et de donner du sens, d'intégrer des valeurs spirituelles et d'agir selon les lois spirituelles, de vous dévouer à une cause ou à une institution, de dépasser une peur de l'abandon, de soulager les souffrances et les misères du corps, de l'âme et du monde, d'aider à chacun à découvrir le Christ (le sacré, la lumière incarnée, la foi et l'amour inconditionnel) en soi, de savoir lâcher prise en acceptant les gens et les situations telles qu'elles sont, d'avoir la foi, d'exprimer la force de la foi, d'apprendre à pardonner et enfin de faire preuve de dévotion, de charité, de compassion et d'amour inconditionnel.

Vous êtes particulièrement sensible à la souffrance et aux misères du monde. Vous êtes sans doute fortement impacté par vos mémoires généalogiques et vos mémoires d'âmes, ou par des croyances religieuses. Vous avez aussi une ouverture de conscience vis-à-vis des courants d'amour inconditionnel qui inondent discrètement l'univers.

Ces courants vous font prendre conscience de l'immensité de la vie dans toutes ces dimensions, de la puissance de Dieu et de l'éternité de la vie, où chaque être humain est une petite goutte d'eau dans l'océan du collectif. Dans le cas de cette planète, il est particulièrement bénéfique d'effectuer le travail nécessaire pour libérer votre arbre généalogique et vos vies passées. Il y a aussi une nécessité d'inverser vos croyances et d'inciter autrui à inverser les leurs, de changer vos points de vues quand ils sont inadaptés, de fuir ou de savoir attendre quand cela est nécessaire, de vous libérer des croyances qui vous retiennent et vous empêchent d'avancer tout en sachant utiliser les compétences que vos « mémoires » vous ont transmises. Dans votre vie, les solutions passent donc par la nécessité de vous laisser guider et porter par les courants du hasard ou de vos aspirations profondes, de générer de la fluidité et de créer de la magie et de l'enchantement là où vous êtes. Vous pouvez alors utiliser la magie de la foi et de l'amour inconditionnel, celle capable de « soulever même des montagnes ».

Vous êtes particulièrement capable de lâcher prise, de rêver, de vous évader ou de fuir, d'avoir la foi, de vous connecter à vos mémoires généalogiques et à vos vies passées, de faire appel à vos ancêtres où à vos croyances spirituelles, d'être inspiré, de faire appel à votre sens du sacré, de répondre aux besoins collectifs et de puiser des informations dans l'inconscient collectif, de vivre en fusion émotionnelle avec la situation et les personnes qui la compose, d'utiliser votre sixième sens et votre intuition, mais aussi de faire preuve d'amour inconditionnel, de dévouement, de pardon, de compassion et de charité, de soulager les souffrances et les misères du mondes, de participer à une structure collective mais aussi parfois de vous faire des illusions et d'être chaotique lorsqu'il s'agit de vous libérer, d'utiliser les nouvelles technologies et de vous adapter à la vie moderne où lorsque vous êtes dans un groupe ou avec des ami(e)s.

Vous pouvez être attiré par des amis hypersensibles, évolués, mystiques et créer des liens amicaux indissolubles parce qu'établis sur des plans élevés. Votre image de l'amitié étant parfois un peu floue, vous pouvez avoir quelques difficultés à créer des relations amicales bien définies. Vos attitudes hyper-réceptives en amitié ainsi qu'une tendance à laisser les choses se faire au hasard fait que vos amis ont parfois une certaine emprise psychique sur vous. Vous pouvez avoir de vastes idéaux sociaux, humanitaires ou spirituels mais aussi des conceptions assez nébuleuses. Vous pouvez avoir du mal à vous projeter dans l'avenir de façon bien définie et pouvez vous projeter dans l'avenir comme quelqu'un vivant au jour le jour ou comme quelqu'un qui participe à une collectivité ou à un groupe plus large.

NEPTUNE EN SECTEUR DOUZE

Voyons maintenant dans quel domaine de votre existence, dans quel secteur d'activité, s'expriment votre foi, vos mémoires généalogiques et votre clairvoyance. Votre objectif de vie à long terme, ce que vous pouvez faire de mieux de votre vie, votre moyen d'accéder à la transcendance, vos possibilités de guérir et ce que vous laisserez à la postérité est lié à votre capacité de vous fier à votre intuition et à votre ressenti, de ressentir l'ambiance et l'énergie vibratoire des lieux, d'être inspiré, de vous glisser dans le flot des événements comme un poisson dans l'eau, de vivre en fusion émotionnelle ou en symbiose avec la situation et les personnes qui la compose mais aussi de prendre un certain recul, de vous situer au-delà du matériel et de donner du sens, d'intégrer des valeurs spirituelles et d'agir selon les lois spirituelles, de vous dévouer à une cause ou à une institution, de dépasser une peur de l'abandon, de soulager les souffrances et les misères du corps, de l'âme et du monde, d'aider à chacun à découvrir le Christ (le sacré, la lumière incarnée, la foi et l'amour inconditionnel) en soi et de savoir lâcher prise en acceptant les gens et les situations telles qu'elles sont, d'avoir la foi, d'exprimer la force de la foi et d'apprendre à pardonner et enfin de faire preuve de dévotion, de charité, de compassion et d'amour inconditionnel.

Concrètement, cela passe par une nécessité d'inverser vos croyances et d'inciter autrui à inverser les leurs, de changer vos points de vues quand ils sont inadaptés, de fuir ou de savoir attendre quand cela est nécessaire, de vous libérer des croyances qui vous retiennent et vous empêchent d'avancer tout en sachant utiliser les compétences que vos « mémoires » vous ont transmises. Dans votre vie, les solutions passent donc par la nécessité de vous laisser guider et porter par les courants du hasard ou de vos aspirations profondes, de générer de la fluidité et de créer de la magie et de l'enchantement là où vous êtes. Vous pouvez alors utiliser la magie de la foi et de l'amour inconditionnel, celle capable de « soulever même des montagnes » et accéder à la transcendance. Cette planète étant en affinité avec la maison 12, elle peut s'exprimer avec une certaine intensité. Si vous ne l'exprimez pas d'une façon harmonieuse, vous pouvez alors parfois apparaître comme une personne un peu perdue, confuse, incohérente, désordonnée, chaotique, compliquée, bizarre, étrange, souffrante ou bloquée dans des schémas généalogiques répétitifs que vous devez désamorcer.

Vos faiblesses éventuelles peuvent alors être une tendance à vous complaire dans le flou et la clandestinité, à nourrir des souffrances, à vous embarquer dans des galères ou dans des situations embrouillées, à entretenir un certain pessimisme et un côté plaintif ; une tendance à fuir la réalité dans des mondes imaginaires, à vous faire des illusions et à manquer de dynamisme, d'organisation, de réalisme et de sens pratique ; une tendance à trop dépendre du hasard ou de l'assistanat pour faire avancer les choses et parfois une tendance à vous laisser endoctriner dans des systèmes de croyances ou des pratiques religieuses ou spirituelles plus ou moins saines.

Il peut être particulièrement important pour vous de faire votre arbre généalogique afin de ne pas reproduire les schémas de vos ancêtres et surtout afin de vivre votre vie à vous, une vie fondée sur vos aspirations profondes ! Des images ou éléments de l'inconscient collectifs peuvent facilement faire irruption dans votre conscience personnelle. Associé à une forte sensibilité aux souffrances du monde cela peut être difficile à supporter et il est important pour vous d'arriver à différencier les différents éléments qui parviennent à votre conscience. Votre âme aspire à la transcendance, à la communion et à l'évolution spirituelle. Votre besoin d'évasion est puissant et s'il peut contribuer à la ressource contre les tensions de la vie extérieure, il ne doit pas vous inciter à la fuite du monde dans les paradis artificiels, la maladie, les fantasmes et l'imaginaire.

Vous êtes particulièrement capable de lâcher prise, de rêver, de vous évader ou de fuir, d'avoir la foi, de vous connecter à vos mémoires généalogiques et à vos vies passées, de faire appel à vos ancêtres où à vos croyances spirituelles, d'être inspiré, de faire appel à votre sens du sacré, de répondre aux besoins collectifs et de puiser des informations dans l'inconscient collectif, de vivre en fusion émotionnelle avec la situation et les personnes qui la compose, d'utiliser votre sixième sens et votre intuition, mais aussi de faire preuve d'amour inconditionnel, de dévouement, de pardon, de compassion et de charité, de soulager les souffrances et les misères du mondes, de participer à une structure collective mais aussi parfois de vous faire des illusions et d'être chaotique. Cette position vous donne un goût du recueillement, de l'isolement, de la solitude et de l'effacement, une hypersensibilité, une capacité à se dévouer sans désir de récompense des aptitudes à la recherche et aux investigations et sondages, une forte sensibilité aux souffrances d'autrui et un penchant pour chercher à soulager cette souffrance, parfois des tendances mystiques prononcées et des capacités pour les sciences occultes et le paranormal, ou pour tout ce qui touche à ce qui est invisible. Elle vous prédispose à être particulièrement sensible à tout ce qui est mémoires généalogiques et vies passées. Votre surmoi demande une intégration aux vérités universelles. Il vous demande d'expérimenter la transcendance et l'amour inconditionnel.

Pluton en secteurs :

PLUTON EN SECTEUR UN

Voyons maintenant dans quel domaine de votre existence ou dans quel secteur d'activité s'expriment votre lucidité, votre combativité et votre besoin d'initiation vers votre vérité profonde !

Vous vous présentez comme une personne secrète et mystérieuse, authentique et captivante, au regard profond et perçant, dotée d'une force magnétique et d'un certain pouvoir personnel, d'une très grande intensité émotionnelle et dotée d'une sensibilité extrême capable d'accéder aux profondeurs de votre inconscient, de celui des autres et de celui de l'humanité, de vivre une sorte d'échange médiumnique avec votre milieu, de voir derrière les apparences, de pressentir les non-dits, les sous-entendus, les craintes et les angoisses non exprimées, de flairer et détecter les tensions, les risques, les failles, les difficultés, les rapports de forces, les dangers et les enjeux présent dans la situation, de déceler les causes de ce qui existent dans l'instant présent, de décoder les signes et les symboles, d'élucider les énigmes, de révéler à chacun sa problématique, d'exprimer ce qu'il y a dans votre code génétique, d'assurer la sécurité, d'aller au fond des choses, de percer les mystères de la vie et de la mort, d'aller explorer l'au-delà, à travers les sorties hors du corps ou les rêves lucides, de voir les fantômes et certaines entités du monde invisible, de vous situer par rapport à l'éternité et de vous métamorphoser petit à petit afin de vivre votre vérité profonde et de réintégrer votre dimension éternelle. En avez-vous conscience ?

Vous êtes particulièrement capable d'exprimer vos pulsions et votre vouloir le plus profond, de faire preuve d'authenticité, d'exercer un pouvoir, de concentrer votre énergie, d'être à 100% présent, de vous battre, d'être offensif et s'il le faut agressif, de pressentir les non dits, les émotions et les craintes non exprimées, de flairer les rapports de forces, les dangers et les enjeux présent dans la situation, de déceler les tentatives de manipulations et ceux qui tirent les ficelles, de décoder les signes et les symboles, de capter l'envers du décor, de tirer des conclusions à partir du moindre indice, de percer les mystères, d'être lucide, de vivre une sorte d'échange médiumnique avec votre milieu, de cerner ce qui se passe dans les coulisses ou dans les profondeurs de votre inconscient, d'élucider les mystères, de faire face à l'inconnu, de résister à de très fortes pressions, de vivre l'intensité, de vous régénérer tel le phœnix qui renaît de ces cendres, d'utiliser vos instincts ou des forces occultes pour de franchir les différentes étapes de l'initiation, de gérer les crises, de procéder à des transformations et de jouer un rôle initiatique dès lors qu'il s'agit d'exprimer votre idéal, de prendre conscience de votre identité, d'entreprendre, d'expérimenter sur le terrain, d'être conquérant, offensif et efficace, de vous affirmer et de vous mettre en valeur, d'être opérationnel, de faire du sport ou de travailler dans une entreprise.

Vous savez parfaitement fonctionner à l'instinct, au flair, en fonction de vos pulsions et emmener autrui là où vous voulez aller. Et quand vous voulez quelque chose ou quand vous avez décidé quelque chose, c'est parfois plus fort que vous parce que vos décisions se font en fonction de vos pulsions inconsciente ou de votre vouloir le plus profond, pour le meilleur ou pour le pire. Avec vous, on ne sait donc pas forcément où l'on va ! Vous avez tendance à refuser les modèles, à n'accorder que peu d'importance au monde des apparences et aux valeurs socioculturelles, pouvez avoir un coté individualiste et une tendance à suivre votre voie personnelle sans rien devoir à personne. Vous vivez en vous une tension intérieure volcanique qui peut se traduire par une puissante combativité, une volonté acharné, beaucoup d'agressivité et un caractère difficile. Vous avez besoin de vivre intensément.

C'est en prenant conscience de la dimension occulte de l'existence, des causes qui engendrent les événements, en vous situant par rapport à l'éternité et en vivant chaque jour comme une petite partie de votre vie éternelle, en vous transformant perpétuellement jusqu'à devenir ce que vous êtes éternellement, à travers une quête initiatique vers le pouvoir ou à travers la gestion de situations conflictuelles et problématiques que vous parviendrez à vous affirmer et à prendre conscience de votre identité. Cette position ouvre la porte à une évolution subtile de la conscience, à la perception des rapports de forces sous jacents, aux sous-entendus, à l'envers du décor, à des expériences occultes ou à l'expérience de l'au-delà. Ce qui entre par cette porte peut vos aveugler complètement ou vous rendre extrêmement lucide. La conscience et les expériences correspondant à Pluton en 1 peuvent être difficiles à vivre pour les consciences centrées sur leur ego; elles peuvent donner l'impression d'être exclu ou d'avoir conscience de vérités dérangeantes et inavouables. Par contre elle peut permettre de percer et d'élucider les secrets et les mystères de la vie et de la mort.

Vous avez tendance à refuser les modèles, à n'accorder que peu d'importance au monde des apparences et aux valeurs socioculturelles, pouvez avoir un coté individualiste et une tendance à suivre votre voie personnelle sans rien devoir à personne. Vous vivez en vous une tension intérieure volcanique qui peut se traduire par une puissante combativité, une volonté acharné et beaucoup d'agressivité. Vous recherchez l'intensité dans l'affirmation et avez besoin de vous affirmer et de vivre intensément. Vous pouvez avoir un coté manipulateur ou tout au moins un besoin de tirer les ficelles dans toute situation et un besoin d'exercer une influence visant à transformer les êtres et les événements. Votre puissante agressivité peut prendre la forme d'une capacité à lutter dans l'invisible, vous rendre expert dans l'art des guerres psychologiques grâce à un système de missiles à têtes chercheuses que vous envoyer sur l'adversaire.

Et vous pouvez passer maître dans l'art d'utiliser l'émotion, le suspens et parfois le chantage pour vous affirmer. Vous vivez d'impressions et d'émotions intenses qui atteignent votre conscience et parfois carrément une sorte d'échange médiumnique avec votre environnement. Vous tolérez difficilement toute pression ou toute autorité extérieure sauf quand vous avez une réelle estime pour celui qui le professe. Volontariste, passionné et passionnel, vos instincts et vos pulsions s'expriment à travers des besoins sexuels intenses. Une bonne maîtrise de votre sexualité peut vous conférer un intense magnétisme animal.

Votre capacité à résister à de fortes pressions et à vous régénérer rapidement après une expérience pénible peut vous permettre de faire face à des situations difficiles. Et d'une manière générale, quand vous voulez quelque chose ou quand vous avez décidé quelque chose, c'est parfois plus fort que vous parce que vos décisions se font en fonction de vos pulsions inconsciente ou de votre vouloir le plus profond, pour le meilleur ou pour le pire. Il est particulièrement important pour vous d'apprendre à canaliser vos pulsions et votre agressivité. Vous êtes parfois déchiré entre le besoin d'évolution spirituelle ou de besoin de conquérir votre âme et la tentation de céder à vos démons intérieurs. Vos réactions sont parfois dures et peuvent manquer de tendresse, de pitié, de diplomatie et de bonté voir être sadiques ou machiavéliques. Vous ne vous embarrassez en général guère des sentiments d'autrui et méprisez facilement la médiocrité.

Si cette planète n'est pas correctement intégrée, vous pouvez alors parfois apparaître, par exemple, comme une personne angoissée, tourmentée, torturée, compliquée, louche, malsaine, insipide, bloquée dans des schémas destructeurs que vous devez désamorcer, dans des habitudes néfastes que vous devez éliminer, dans des toxines physiologiques ou psychologiques que vous devez évacuer, dans un besoin excessif de rupture et de transformations ou dans des excès que vous devez rééquilibrer, toujours en guerre où toujours en train de nourrir des tensions et des crises plus ou moins violentes et ayant un gout pour les drame, les tragédies, les sinistres et les désastres. Vos faiblesses éventuelles peuvent alors être une tendance à trop focaliser sur les problèmes et les difficultés, à vous complaire dans le secret, la clandestinité, la négativité, la laideur, l'agressivité, l'ignorance, l'aveuglement, la stupidité, le rejet, l'exclusion, la misère, la douleur et un refus d'être en vie. Il ne dépend alors que de vous pour effectuer un travail sur vous-même afin que s'exprime uniquement ce qu'il y a de meilleur en vous. Il dépend de vous d'effectuer un travail sur vous-même afin que s'exprime uniquement ce qu'il y a de meilleur en vous.

PLUTON EN SECTEUR DEUX

Voyons maintenant dans quel domaine de votre existence ou dans quel secteur d'activité s'expriment votre lucidité, votre combativité et votre besoin de purification et d'initiation vers votre vérité profonde ! Vous exprimez votre maison 2 dès lors qu'il s'agit d'utiliser vos cinq sens, de vous incarner, de satisfaire vos désirs, de vous faire plaisir, de gagner de l'argent, de générer de l'abondance, d'attirer, de plaire et de séduire, de créer des liens affectifs, familiaux ou sociaux, d'utiliser votre intelligence relationnelle, de faire preuve d'harmonie, de douceur et de gentillesse, d'exprimer votre sens esthétique ou artistique, de gérer de l'argent et des biens matériels, d'exprimer votre sensualité, de fonder une famille et de conquérir votre bonheur.

Vous avez alors une tendance naturelle à être une personne secrète et mystérieuse, authentique et captivante, au regard profond et perçant, dotée d'une force magnétique et d'un certain pouvoir personnel, d'une très grande intensité émotionnelle et d'une sensibilité extrême capable d'accéder aux profondeurs de votre inconscient, de celui des autres et de celui de l'humanité, de vivre une sorte d'échange médiumnique avec votre milieu, de voir derrière les apparences, de pressentir les non dits, les sous-entendus, les craintes et les angoisses non exprimées, de flairer et détecter les tensions, les risques, les failles, les difficultés, les rapports de forces, les dangers et les enjeux présent dans la situation, de déceler les causes de ce qui existent dans l'instant présent, de décoder les signes et les symboles, d'élucider les énigmes, de révéler à chacun sa problématique, d'assurer la sécurité, d'aller au fond des choses, de percer les mystères de la vie et de la mort, d'aller explorer l'au-delà, à travers les sorties hors du corps ou les rêves lucides, de voir les fantômes et certaines entités du monde invisible, de vous situer par rapport à l'éternité et de vous métamorphoser petit à petit afin de vivre votre vérité profonde et de réintégrer votre dimension éternelle.

Peut-être avez-vous soit une histoire personnelle ou des mémoires que vous portez en vous, dans lesquelles il y a eu un désastre, une rupture, un traumatisme ou un décès brutal plus ou moins bien accepté, soit vous avez un lien particulièrement fort avec une personne décédée qui vous permet d'être connecté à l'au-delà ?

Vous êtes particulièrement capable d'exprimer vos pulsions et votre vouloir le plus profond, de faire preuve d'authenticité, d'exercer un pouvoir, de concentrer votre énergie, d'être à 100% présent, de vous battre, d'être offensif et s'il le faut agressif, de pressentir les non dits, les émotions et les craintes non exprimées, de flairer les rapports de forces, les dangers et les enjeux présent dans la situation, de déceler les tentatives de manipulations et ceux qui tirent les ficelles, de décoder les signes et les symboles, de capter l'envers du décor, de tirer des conclusions à partir du moindre indice, de percer les mystères, d'être lucide, de vivre une sorte d'échange médiumnique avec votre milieu, de cerner ce qui se passe dans les coulisses ou dans les profondeurs de votre inconscient, d'élucider les mystères, de faire face à l'inconnu, de résister à de très fortes pressions, de vivre l'intensité, de vous régénérer tel le phœnix qui renaît de ces cendres, d'utiliser vos instincts ou des forces occultes pour de franchir les différentes étapes de l'initiation, de gérer les crises, de procéder à des transformations et de jouer un rôle initiatique dès lors qu'il s'agit de créer des liens, de construire des relations sociales, d'utiliser votre intelligence relationnelle, de créer un couple, de faire preuve d'harmonie, de douceur et de gentillesse, d'attirer, de plaire et de séduire, d'exprimer votre sens esthétique ou artistique, de gérer de l'argent et des biens matériels, d'exprimer votre sensualité et d'utiliser vos cinq sens, de satisfaire vos désirs, de conquérir votre bonheur ou de fonder une famille.

Vos relations avec l'argent et avec les biens matériels peuvent être vécues en fonction de pulsions inconscientes ou en fonction d'une logique qui vous est propre et qui n'est pas toujours comprise par les autres. Vos acquisitions peuvent se faire sans qu'on s'en rende compte, par des combines, des procédés discutables ou des détournements qui peuvent paraître tortueux aux yeux d'autrui mais qui sont parfaitement clairs pour vous. Vous pouvez parfois vous enrichir par l'utilisation d'un don occulte. L'argent peut avoir le pouvoir de vous transformer, que ce soit d'une manière nette ou plus subtile. Vous pouvez aussi avoir tendance à utiliser l'argent pour exercer un pouvoir de transformation sur autrui, pour manipuler, pour dominer ou pour exercer un chantage. Parfois, c'est vous qu'on manipule en se servant de l'argent ou des plaisirs terrestres. Un instinct impérieux et vos pulsions inconscientes tendent à vous pousser à gagner de l'argent et coté finances vous avez parfois besoin d'une autonomie totale, de ne rien devoir à personne et de tirez personnellement les ficelles de votre situation financière.

Vos revenus peuvent être assez cycliques et si vous pouvez être capable d'amasser des sommes importantes, vous pouvez être aussi capable de dilapider ce que vous avez, de vous dépossédez de vos biens et de faire preuve de réactions extrémistes quand des intérêts financiers sont en jeu; comme si vos comportements étaient plus forts que vous. Vous avez parfois tendance à protéger et à surveiller jalousement vos biens et pouvez devenir hargneux voir infecte lorsque cherche à vous déposséder ou à vous arnaquer. Vous pouvez avoir tendance à être obsédé par l'argent ou par les plaisirs terrestres, ce qui peut engendrer des crises en rapport avec ses expériences.

Vous devez apprendre à canaliser une volonté intense et profonde qui demande à s'exprimer en vous à travers des expériences sensorielles et sensuelles concrètes ou à travers la gestion d'un capital. Pluton en secteur deux peut vous conférer une sensualité impérieuse et un besoin particulièrement intense et plus ou moins conscient d'éprouver du plaisir.

Cela peut parfois vous donner des difficultés à résister à la tentation de la chair mais cela peut aussi vous permettre de vous épanouir sexuellement. Dans certains cas, vous pouvez avoir tendance à être dégoûté et des choses matérielles, de l'argent et des plaisirs sensoriels, à être sensible qu'à ce qui ne va pas dans l'expression de vos sens ou dans la gestion de votre portefeuille et à dramatiser dès que des intérêts financiers ou du plaisir sont en jeu; au point de rejeter et de refouler les expériences en rapport avec ses valeurs.

Vous pouvez ainsi avoir tendance à accumuler des comportements négatifs et des toxines psychologiques en rapport avec les plaisirs terrestres ou l'argent. Pluton en deux vous invite à évacuer vos toxines et à purifier vos sens, vos désirs de plaisir et vos comportements financiers afin de parvenir à les dominer et afin d'accéder à la transcendance et à l'initiation par la vie concrète, par la chair et par l'utilisation de l'argent.

L'argent peut néanmoins être pour vous un moyen d'avancer sur le chemin de l'initiation de percer les secrets de la vie et de la mort ou de parfaire votre apprentissage de l'au-delà. D'après la tradition, Pluton en secteur deux peut permettre de s'enrichir grâce à l'argent des morts et favorise les donations, les legs et les héritages. Il peut aussi donner une tendance à s'enrichir à travers les malheurs des autres, en aidant des personnes à gérer leurs crises et problèmes ou suite à des versements de compagnie d'assurances suite à un accident ou une catastrophe naturelle. L'argent peut aussi chez vous être lié à la sexualité et vous inciter à dépenser pour satisfaire vos besoins sexuels. Si votre Pluton n'est pas correctement intégré et vécu d'une façon positive, en conscience, votre besoin de contrôle se traduit parfois par de la possessivité, par des obsessions, par de l'avidité et par de la gloutonnerie. Il peut parfois vous entrainer dans des situations compliquées, stressantes voire glauques.

Si vous êtes obsédé par l'argent ou par les plaisirs terrestres, cela peut engendrer des crises en rapport avec ses expériences. Votre puissante agressivité vous permet certes de lutter dans l'invisible et peut vous rendre expert dans l'art des guerres psychologiques mais elle finit toujours par se retourner contre vous. Vos faiblesses éventuelles peuvent alors être une tendance à vous complaire dans le secret, la clandestinité, la négativité, l'agressivité, l'ignorance, l'aveuglement et la stupidité, le rejet, l'exclusion, les blessures, la misère et la douleur et un refus d'être en vie. Vous pouvez alors parfois apparaître, par exemple, comme une personne toujours en guerre, angoissée, tourmentée, torturée, compliquée, louche, malsaine, insipide, perverse, sadique, machiavélique, enchainée par vos mensonges, bloquée dans des schémas destructeurs que vous devez désamorcer, dans des habitudes néfastes que vous devez éliminer, dans des toxines physiologiques ou psychologiques que vous devez évacuer ou dans une tendance à nourrir des tensions, du désespoir, de la haine et des crises plus ou moins violentes. Dans un sens négatif, Pluton en secteur deux peut donner une tendance à abuser des plaisirs de la chair, à l'escroquerie financière et à utiliser des moyens violents ou malhonnête pour gagner de l'argent. Il ne dépend que de vous d'effectuer un travail sur vous-même afin que s'exprime uniquement ce qu'il y a de meilleur en vous.

PLUTON EN SECTEUR TROIS

Voyons maintenant dans quel domaine de votre existence ou dans quel secteur d'activité s'expriment votre lucidité, votre combativité et votre besoin de purification et d'initiation vers votre vérité profonde ! Vous exprimez votre maison 3 dès lors qu'il s'agit de communiquer, d'apprendre, d'exprimer vos idées, de vous mettre en mouvement, de vous informer, de faire du commerce, de propager des informations et de vous adapter à votre environnement.

Vous êtes alors particulièrement capable d'exprimer vos pulsions et votre vouloir le plus profond, de faire preuve d'authenticité, d'exercer un pouvoir, de concentrer votre énergie, d'être à 100% présent, de vous battre, d'être offensif et s'il le faut agressif, de pressentir les non dits, les émotions et les craintes non exprimées, de flairer les rapports de forces, les dangers et les enjeux présent dans la situation, de déceler les tentatives de manipulations et ceux qui tirent les ficelles, de décoder les signes et les symboles, de capter l'envers du décor, de tirer des conclusions à partir du moindre indice, de percer les mystères, d'être lucide, de vivre une sorte d'échange médiumnique avec votre milieu, de cerner ce qui se passe dans les coulisses ou dans les profondeurs de votre inconscient, d'élucider les mystères, de faire face à l'inconnu, de résister à de très fortes pressions, de vivre l'intensité, de vous régénérer tel le phœnix qui renaît de ces cendres, d'utiliser vos instincts ou des forces occultes pour de franchir les différentes étapes de l'initiation, de gérer les crises, de procéder à des transformations et de jouer un rôle initiatique dès lors qu'il s'agit d'aborder votre entourage, de faire des rencontres, de communiquer, d'être informé et de comprendre, d'exprimer ou de défendre vos idées, de découvrir l'inconnu, d'explorer l'environnement, de négocier et de faire du commerce, de vous adapter et de faire preuve d'intelligence.

Votre esprit de chercheur, de détective, de psychanalyste qui est curieux, inquisiteur, fouineur, est particulièrement doué pour disséquer et trier les données, pour percer les secrets et les énigmes et pour tirer des conclusions à partir du moindre indice. Vous êtes particulièrement direct dans l'expression de vos pensées et idées et manquez parfois de tact dans vos relations avec les proches. Vous abordez les relations et l'information à travers une sensibilité souterraine et légèrement médiumnique, en tout cas lucide, et percevez facilement les sous-entendus dans toute relation, les rapports de force sous-jacents, les enjeux cachés, bref l'envers du décor. Pour communiquer, apprendre et vous adapter, vous avez besoin de tenir compte de l'envers du décor et des profondeurs de votre inconscient, d'être lucide, de nommer les choses, d'avoir conscience des structures et de la façon dont s'articulent les différents éléments, d'avoir conscience des failles et des difficultés, de transformer ou de vous transformer et de vous sentir en sécurité. Cela rend votre communication très particulière. Votre manière subtile de vous exprimer, d'aborder les autres et de vous adapter à l'environnement n'est pas toujours bien vécue, bien interprété ou bien comprise, et l'on peut vous trouver compliqué alors que vous percevez les choses plus en profondeur et d'une manière plus lucide.

Peut-être ne vous intéressez-vous ou ne comprenez-vous que ce qui peut vous transformer, changer votre vie, produire des remous au fond de votre être, et que ce qui vibre au-delà d'un certain seuil d'intensité. Vous feriez un bon psy dans la mesure où vous percez facilement les défauts derrière la cuirasse. Vous avez en tout cas une facilité pour intellectualiser et exprimer les différents problèmes de l'existence. Vous avez aussi des facilités pour influencer discrètement votre environnement, vos relations et pour tirer les ficelles. Vos dons d'analyse sont propices à toutes les activités techniques et intellectuelles. Vous devez par contre surveiller votre esprit parfois manipulateur voir destructeur, une tendance à rabaisser ou critiquer systématiquement autrui, une tendance à broyer du noir et une agressivité destructrice dans vos rapports avec les proches. L'environnement proche, les frères et sœurs, les cousins, collègues ou voisins peuvent jouer chez vous un rôle initiatique ou contribuer à votre apprentissage de l'au-delà.

PLUTON EN SECTEUR QUATRE

Voyons maintenant dans quel domaine de votre existence ou dans quel secteur d'activité s'expriment votre lucidité, votre combativité et votre besoin de purification et d'initiation vers votre vérité profonde !

De part ce que vous portez de vos parents, vous êtes venu sur Terre avec des capacités innées pour accéder aux profondeurs de votre inconscient, de celui des autres et de celui de l'humanité, pour vivre une sorte d'échange médiumnique avec votre milieu, pour voir clairement derrière les apparences et dans l'obscurité, pour pressentir les non-dits, les sous-entendus, les craintes et les angoisses non exprimées, pour voir l'envers du décor, pour flairer et détecter les tensions, les risques, les failles, les difficultés, les rapports de forces et les enjeux présents dans la situation, pour déceler les causes de ce qui existent dans l'instant présent, pour décoder les signes et les symboles, pour élucider les énigmes, pour révéler à chacun sa problématique, ses zones d'ombre et ses failles, pour trouver l'aiguille dans la botte de foin, pour prendre conscience des volontés non exprimées et des rapports de pouvoir dans la situation, pour tenir compte de tous les paramètres, dont ceux qui sont occultés, pour comprendre la complexité des êtes et des situations et pour aller au fond des choses.

Vos parents vous ont aussi transmis la capacité d'explorer et de gérer le côté obscur de la nature humaine, de prendre en compte et gérer le saboteur qui existe en vous, de gérer et de transcender vos peurs et vos angoisses, vos blessures ou vos traumatismes, de résoudre les difficultés, les crises, les conflits et les problèmes, de détruire ou saboter ce qui doit l'être, de traiter et d'éliminer les toxines et les déchets physiques ou psychologiques qui vous polluent la vie, de maîtriser vos émotions, de provoquer autrui et de générer du suspens, d'être offensif et agressif, de maîtriser et exprimer votre énergie, vos instincts, vos pulsions et vos passions, de vivre pleinement et sainement votre sexualité, de résister aux pressions extérieures, de vous fier à votre flair et à votre instinct, de faire preuve d'audace et de combativité, de braver le danger, d'assurer la sécurité, d'enchainer ou de déchainer mais aussi de briser ce qui vous enchaine, de vous régénérer rapidement après une expérience pénible tel le phœnix qui renait de ces cendres, d'utiliser les failles et les faiblesses des autres, d'exploiter les points faibles de toute situation, de faire preuve d'une redoutable intelligence stratégique teintée d'une grande ténacité, de fonctionner à l'instinct, au flair, en fonction de vos pulsions et emmener autrui là où vous voulez aller, de générer de profondes transformations, de transformer les êtres et les événements, de forger des produits finis à partir de matières premières, de lutter avec acharnement pour atteindre vos objectifs, de gagner de l'argent, de prendre le pouvoir, de maîtriser le monde de la matière, d'initier autrui à ce qui leur est inconnu et de mettre votre pouvoir au service de la vie. Tout cela est inscrit dans vos cellules.

Mais peut-être portez-vous une mémoire de guerre permanente, de destruction, de douleur, de grande misère, de désastre, de maladie, de viol, d'assassinat, de déchirement ou d'une situation où vous avez « vendu votre âme au diable ». Vous avez peut-être vécu une enfance particulièrement difficile et stressante, avec des parents ou des membres de votre famille qui étaient particulièrement perturbés.

Vous avez peut-être été complètement étouffé ou Vous êtes senti étouffé, ligoté et balloté par la volonté de vos parents ou de votre famille. Vous avez peut-être une vision sombre de votre passé, de vos racines ? Vous ignorez peut-être vos origines réelles ? Vous êtes peut-être issu de parents inconnus ? Il existe peut-être, profondément ancré en vous, quelque chose qui n'a pas été accepté et pardonné et qui est toujours en guerre. Vous êtes alors sans doute venu sur terre pour dénouer ces mémoires, pour trancher des liens émotionnels toxiques, pour couper avec le passé afin de trouver la paix intérieure, de vous libérer et de récupérer votre énergie et votre pouvoir.

Comment exprimez-vous votre héritage ? Si votre héritage parental est problématique et mal intégré, vous pouvez alors parfois apparaître comme une personne toujours en guerre, angoissée, tourmentée, torturée, compliquée, louche, malsaine, insipide, perverse, sadique, machiavélique, enchainée par vos mensonges, bloquée dans des schémas destructeurs que vous devez désamorcer, dans des habitudes néfastes que vous devez éliminer, dans des toxines physiologiques ou psychologiques que vous devez évacuer ou dans une tendance à nourrir des tensions, du désespoir, de la haine et des crises plus ou moins violentes.

Vous avez alors des difficultés importantes et récurrentes à transcender vos peurs et vos angoisses, à aimer et à être aimé par peur d'être trahi ou manipulé(e), à briser vos chaines et à vous déchainer, à ne pas être dans l'emprise et l'asservissement, à maîtriser vos émotions et le suspens, à sortir de la séduction, à accepter votre pouvoir ou celui des autres et à mettre votre pouvoir au service de la vie, à gérer l'argent, à gérer votre énergie et vos pulsions, à ne pas être dans l'emprise et la manipulation, à vivre votre sexualité, à braver le danger, à assurer la sécurité, à cerner les failles et les faiblesses des autres, à être lucide et à écouter votre instinct, à donner du plaisir, à exprimer votre instinct et votre intelligence, votre énergie et votre passion (force vitale), votre audace et votre combativité, à utiliser votre pouvoir personnel, à gagner de l'argent et à gérer la matière.

Si votre planète Pluton n'est pas correctement intégrée et vécue d'une façon positive, en conscience, votre besoin de contrôle se traduit parfois par de la possessivité, par des obsessions, par de l'avidité et par de la gloutonnerie. Elle peut parfois vous entrainer dans des situations compliquées, stressantes voire glauques. Si vous êtes obsédé par l'argent ou par les plaisirs terrestres, cela peut engendrer des crises en rapport avec ses expériences. Votre puissante agressivité vous permet certes de lutter dans l'invisible et peut vous rendre expert dans l'art des guerres psychologiques mais elle finit toujours par se retourner contre vous. Vos faiblesses éventuelles peuvent alors être une tendance à vous complaire dans le secret, la clandestinité, la négativité, l'agressivité, l'ignorance, l'aveuglement et la stupidité, le rejet, l'exclusion, les blessures, la misère et la douleur et un refus d'être en vie.

Vous risquez d'avoir une tendance à toujours nourrir des problèmes et des difficultés, à vous complaire dans le secret, la clandestinité, la négativité, la laideur, l'agressivité, l'ignorance, l'aveuglement, la stupidité, le rejet, l'exclusion, la misère et la douleur. Vous pouvez avoir tendance à faire peur aux autres en pointant sur leurs zones d'ombres et en nourrissant un refus d'être en vie. Les liens vous attachant à votre famille, à votre lieu natal ou à vos traditions peuvent être tellement puissants émotionnellement que vous pouvez parfois avoir des difficultés à trouver votre chemin et votre bien-être.

Ces difficultés font alors obstacle à la réalisation de votre mission de vie et à votre évolution et elles doivent être transformées pour que vous soyez libre et heureux. Il ne dépend alors que de vous pour effectuer un travail sur vous-même afin que s'exprime uniquement ce qu'il y a de meilleur en vous.

Pour les dépasser et pour avancer sur votre chemin, vous pouvez effectuer des prises de conscience sur la nature et le rôle du monde de la matière, de l'argent, de la sexualité, des pulsions de vie et de mort, du saboteur, des forces de destruction, de la spiritualité, du rejet et des mécanismes de transformation, de l'instinct de survie et de ce qui se passe quand il dégénère, des réalités invisibles du monde physique et des énergies subtiles. Dans le cas de cette planète, il est indispensable d'effectuer un travail de deuil et de vous réapproprier votre énergie de vie, votre sexualité, vos passions et votre joie.

Lorsque vous parvenez à exprimer le côté positif de Pluton, vous êtes particulièrement capable d'exprimer vos pulsions et votre vouloir le plus profond, de faire preuve d'authenticité, d'exercer un pouvoir, de concentrer votre énergie, d'être à 100% présent, de vous battre, d'être offensif et s'il le faut agressif, de pressentir les non dits, les émotions et les craintes non exprimées, de flairer les rapports de forces, les dangers et les enjeux présent dans la situation, de déceler les tentatives de manipulations et ceux qui tirent les ficelles, de décoder les signes et les symboles, de capter l'envers du décor, de tirer des conclusions à partir du moindre indice, de percer les mystères, d'être lucide, de vivre une sorte d'échange médiumnique avec votre milieu, de cerner ce qui se passe dans les coulisses ou dans les profondeurs de votre inconscient, d'élucider les mystères, de faire face à l'inconnu, de résister à de très fortes pressions, de vivre l'intensité, de vous régénérer tel le phœnix qui renaît de ces cendres, d'utiliser vos instincts ou des forces occultes pour de franchir les différentes étapes de l'initiation, de gérer les crises, de procéder à des transformations et de jouer un rôle initiatique dès lors qu'il s'agit de créer votre univers intime, un foyer, une famille ou un clan, lorsqu'il s'agit d'acquérir, de préserver ou de défendre votre cadre de vie, votre bien être, votre équilibre personnel ou votre progéniture.

Pluton vous demande ici de transformer les bases de votre personnalité et de remettre en question les valeurs traditionnelles dont vous avez hérité de votre milieu natal, familial et parental afin de développer des racines et une personnalité nouvelle et plus authentique. Elle a donc un rôle initiatique. Elle a pour objectif de vous faire prendre conscience que vos origines réelles sont au-delà du lieu terrestre où vous êtes né et de votre famille, que votre vie terrestre n'est qu'une toute petite partie de votre vie éternelle et qu'à la fin de ce court séjours terrestre, vous irez dans un au-delà dont vous présentez parfois l'existence.

Elle peut vous apprendre les secrets de la vie et de la mort, vous faire prendre conscience de ce que vous avez à travailler pour évoluer, c'est à dire les déchets psychologiques qu'il vous faut purifier et évacuer, le vide qu'il vous faut remplir, les dettes karmiques qu'il vous faut payer et les pertes et transformations qui sont nécessaires à votre évolution. Si vous effectuez la prise de conscience et le travail sur votre personnalité qui sont nécessaire, cette position peut déboucher sur une puissante évolution intérieure. Ce travail peut consister à développer votre lucidité, à prendre de la distance par un détachement intérieur, à percer les secrets de la vie et de la mort, à vivre l'expérience de l'initiation, à vous situer par rapport à l'éternité et à vous transformer. C'est alors ainsi que vous trouverez le bien être et la conscience de vos origines spirituelles.

Dans le cas contraire, Pluton en secteur 4 peut indiquer un problème d'identité, un mal-être, une tendance à vous enfermer dans un univers de culpabilité, une difficulté à vous investir dans un projet quelconque ou un sentiment d'exclusion. Vous pouvez alors avoir tendance à vous réfugier dans une forme d'athéisme, de scepticisme ou de fatalisme. Vous pouvez vivre une sorte d'échange médiumnique avec votre milieu et là où d'autre sont simplement sensible, vous êtes lucide et subtil. La réalité invisible d'où naissent les causes qui engendrent la réalité visible peut avoir pour vous autant d'importance que la réalité visible.

Vous pouvez avoir des facilités pour disséquer et décortiquer tout ce qui atteint votre sensibilité; pour voir derrière les formes et les apparences; pour saisir le sens caché ou les causes des événements; pour cerner ce qui se passe dans les coulisses ou dans les profondeurs de votre inconscient; pour pressentir les non dits, les émotions et les craintes non exprimées. Vous êtes également très conscient de ce qui ne va pas en vous, dans votre foyer ou dans votre cercle familial, des problèmes, des failles, des pertes et des sacrifices, des défauts potentiels des membres de votre famille ou de votre foyer et des injustices, des lâchetés, des machinations et des hypocrisies qui existent là où vous habiter. Vous êtes aussi très conscient de tout ce qui est susceptible de menacer votre sécurité. Vous pouvez aimer fouiner dans votre passé ou dans celui de l'humanité pour découvrir vos origines ou celles de l'homme. Vous pouvez être attiré par l'archéologie, par l'exploration des mythes et des légendes, par les civilisations disparues et par les courants ésotériques ou initiatiques.

C'est dans le cadre de la vie privée et familiale que ce manifeste votre lucidité, votre besoin d'initiation, d'intégration de l'au-delà et de développement de vos facultés occultes, votre capacité à vous régénérer, votre besoin de dominer ou d'être dominé et d'exercer le pouvoir. Un secret, un mystère ou un traumatisme a pu marquer votre enfance, votre naissance ou l'un de vos parents.

Des crises, des transformations profondes, une mort suive d'une renaissance symbolique la sexualité, un décès marquant, un héritage, les sciences occultes ont pu marquer votre bien être, votre vie privée, votre vie familiale ou votre foyer. Vous êtes très conscient de ce qui ne va pas en vous, dans votre foyer ou dans votre cercle familial, des problèmes, des failles, des pertes et des sacrifices, des défauts potentiels des membres de votre famille ou de votre foyer et des injustices, des lâchetés, des machinations et des hypocrisies qui existent là où vous habiter. Vous êtes aussi très conscient de tout ce qui est susceptible de menacer votre sécurité. Suivant la façon dont vous vivez cette position, votre conscience de ce qui ne va pas peut vous donner tendance à dramatiser, à dévaloriser, à transformer un petit détail en quelque chose d'essentiel, à voir des problèmes partout, à vous sentir bien que quand vous êtes en crise ou avez des problèmes, à n'être jamais content et à broyer du noir.

Où vous pouvez au contraire à être particulièrement doué pour dédramatiser, pour relativiser la valeur de toute chose, pour transformer une difficulté ou un problème en incident mineur, pour bien ressentir les problèmes et pour vous y adapter de façon concrète. Vous avez besoin d'une vie familiale, d'un foyer et d'une vie privée authentique, correspondant à votre vérité profonde, à votre réalité intérieure et à ce que vous êtes éternellement. Vous avez besoin de vivre intensément et passionnément lorsque vous êtes dans votre foyer de sorte que cela peut parfois compromettre l'harmonie du foyer.

Une certaine agressivité, un goût des rapports de force et un manque de tact n'est pas toujours propice aux relations intimes et peut vous empêcher de vous ressourcer pleinement. Il ne dépend que de vous d'effectuer un travail sur vous-même afin que s'exprime uniquement ce qu'il y a de meilleur en vous.

PLUTON EN SECTEUR CINQ

Voyons maintenant dans quel domaine de votre existence ou dans quel secteur d'activité s'expriment votre lucidité, votre combativité et votre besoin de purification et d'initiation vers votre vérité profonde ! Vous êtes particulièrement capable d'exprimer vos pulsions et votre vouloir le plus profond, de faire preuve d'authenticité, d'exercer un pouvoir, de concentrer votre énergie, d'être à 100% présent, de vous battre, d'être offensif et s'il le faut agressif, de pressentir les non dits, les émotions et les craintes non exprimées, de flairer les rapports de forces, les dangers et les enjeux présent dans la situation, de déceler les tentatives de manipulations et ceux qui tirent les ficelles, de décoder les signes et les symboles, de capter l'envers du décor, de tirer des conclusions à partir du moindre indice, de percer les mystères, d'être lucide, de vivre une sorte d'échange médiumnique avec votre milieu, de cerner ce qui se passe dans les coulisses ou dans les profondeurs de votre inconscient, d'élucider les mystères, de faire face à l'inconnu, de résister à de très fortes pressions, de vivre l'intensité, de vous régénérer tel le phœnix qui renaît de ces cendres, d'utiliser vos instincts ou des forces occultes pour de franchir les différentes étapes de l'initiation, de gérer les crises, de procéder à des transformations et de jouer un rôle initiatique dès lors qu'il s'agit de vous repérer et d'être clair, de l'image que vous donnez et de votre réputation, d'incarner votre idéal, vos valeurs et vos principes, de vous fixer des objectifs et de déployer votre volonté, d'être créatif(ve), de vous engager en donnant le meilleur de vous-même, de vous imposer avec autorité, de maîtriser la situation, de réussir voir même de briller et de rayonner, de vous exprimer, de vous réaliser ou lorsque l'Amour est en jeu.

Vous avez au plus profond de vous le besoin et les compétences pour accéder aux profondeurs de votre inconscient, de celui des autres et de celui de l'humanité, pour vivre une sorte d'échange médiumnique avec votre milieu, pour voir clairement derrière les apparences et dans l'obscurité, pour pressentir les non-dits, les sous-entendus, les craintes et les angoisses non exprimées, pour voir l'envers du décor, pour flairer et détecter les tensions, les risques, les failles, les difficultés, les rapports de forces et les enjeux présents dans la situation, pour déceler les causes de ce qui existe dans l'instant présent, pour décoder les signes et les symboles, pour élucider les énigmes, pour révéler à chacun sa problématique, ses zones d'ombre et ses failles, pour trouver l'aiguille dans la botte de foin, pour prendre conscience des volontés non exprimées et des rapports de pouvoir dans la situation, pour tenir compte de tous les paramètres, dont ceux qui sont occultés, pour comprendre la complexité des êtes et des situations et pour aller au fond des choses.

Cette position indique des pulsions amoureuses et sexuelles intenses, impératives, irrésistibles et qui se manifestent parfois comme indépendamment de votre couloir conscient. Vous pouvez avoir un besoin émanant du fond des entrailles de créer et procréer et parfois un goût pour les relations sexuelles intenses, piquantes et érotiques. Vous pouvez vous interroger sur l'origine de la création et de la vie et faire des recherches dans ce domaine. L'attachement à l'autre est particulièrement profond et intense ce qui rend difficile toute rupture. Une capacité à voir derrière les apparences, à déceler les mystères, à percer les énigmes, à tirer des conclusions à partir du moindre indice, à percevoir les rapports de force et les enjeux cachés dans toute situation ainsi qu'une certaine forme de médiumnité ou de lucidité peut soutenir votre pouvoir créatif et vous aider à réussir dans la vie.

Vos élans amoureux s'expriment pourtant à travers une logique subtile, profonde, souvent inconsciente, secrète et qui n'est pas toujours comprise par autrui ce qui peut parfois donner des sentiments de rejet.

Le non dit peut avoir plus d'importance que ce qui est dit, d'où parfois quelques difficultés quand il s'agit d'avoir un dialogue constructif, ce qui est évident pour vous ne l'étant pas forcément pour l'autre. Cela rend votre expression très particulière. Il est donc important pour vous d'apprendre à nommer ce que vous percevez. Vous cherchez facilement à exercer une subtile influence sur vos relations ou vos enfants au point d'être parfois dominateur et de vouloir à tout prix changer l'autre. Votre pouvoir transformateur employé constructivement peut être pour vous un moyen d'expression privilégié.

PLUTON EN SECTEUR SIX

Voyons maintenant dans quel domaine de votre existence ou dans quel secteur d'activité s'expriment votre lucidité, votre combativité et votre besoin de purification et d'initiation vers votre vérité profonde !

Initialement, Pluton en maison six peut être synonyme de difficultés importantes et récurrentes, par exemple, à vivre une sorte d'échange médiumnique avec votre milieu, à voir clairement derrière les apparences et dans l'obscurité, à pressentir les non-dits, les sous-entendus, les craintes et les angoisses non exprimées, à voir l'envers du décor, à flairer et détecter les tensions, les risques, les failles, les difficultés, les rapports de forces et les enjeux présents dans la situation, à déceler les causes de ce qui existent dans l'instant présent, à décoder les signes et les symboles, à élucider les énigmes, à révéler à chacun sa problématique, ses zones d'ombre et ses failles, à trouver l'aiguille dans la botte de foin, à prendre conscience des volontés non exprimées et des rapports de pouvoir dans la situation, à tenir compte de tous les paramètres, dont ceux qui sont occultés, à comprendre la complexité des êtes et des situations et à aller au fond des choses.

Vous pouvez également avoir un fort besoin mais des difficultés à explorer et gérer le côté obscur de la nature humaine, à prendre en compte et à gérer le saboteur qui existe en vous, à gérer et à transcender vos peurs et vos angoisses, vos blessures ou vos traumatismes, à résoudre les difficultés, les crises, les conflits et les problèmes, à détruire ce qui doit l'être, à traiter et éliminer les toxines et les déchets physiques ou psychologiques qui vous polluent la vie, à maîtriser vos émotions, à sortir de la séduction et de la manipulation, à ne pas être dans l'emprise et l'asservissement, à être offensif et agressif, à maîtriser et exprimer votre énergie, vos instincts, vos pulsions et vos passions, à vivre pleinement et sainement votre sexualité, à donner du plaisir et à voir ou braver le danger.

Vous avez peut-être des difficultés à résister aux pressions extérieures, à vous fier à votre flair et à votre instinct, à faire preuve d'audace et de combativité, à braver le danger, à assurer la sécurité, à briser ce qui vous enchaine, à vous régénérer rapidement après une expérience pénible tel le phœnix qui renait de ces cendres, à utiliser les failles et les faiblesses des autres, à exploiter les points faibles de toute situation, à accepter votre propre pouvoir ou celui des autres, à faire preuve d'une redoutable intelligence stratégique teintée d'une grande ténacité, à fonctionner à l'instinct, au flair, en fonction de vos pulsions et à emmener autrui là où vous voulez aller, à générer de profondes transformations, à transformer les êtres et les événements, à forger des produits finis à partir de matières premières, à lutter avec acharnement pour atteindre vos objectifs, à gagner de l'argent, à prendre le pouvoir, à maîtriser le monde de la matière, à initier autrui à ce qui leur est inconnu et à mettre votre pouvoir au service de la vie.

Pourquoi avez-vous des difficultés à exprimer cette planète d'une façon positive ? Parce qu'au lieu d'être dans l'instant présent et dans l'action, vous pensez trop, vous « réfléchissez » et vous nourrissez la croyance que votre intelligence terrestre, celle qui accumule des connaissances, c'est-à-dire votre mental, va vous apporter toutes les solutions ! Vous êtes trop centré dans votre mental au lieu d'être centré dans votre ressenti, dans votre corps et dans votre cœur ! Il est également possible que vous ayez des souvenirs personnels, des « mémoires généalogiques » ou des «mémoires d'âmes », où l'expression, par exemple, de vos besoins d'argent, de maîtriser la matière, de vivre librement votre sexualité ou vos passions, de transformation, de vivre une expérience initiatique ou d'accéder à l'expérience spirituelle n'étaient pas justes et équilibrés.

Peut-être portez vous une mémoire de violence, de guerre permanente, de destruction, de douleur, de grande misère, de désastre, de maladie, de viol, d'assassinat, de déchirement ou d'une situation où vous avez « vendu votre âme au diable ». Vous avez peut-être vécu une expérience particulièrement difficile et stressante, avec des personnes qui étaient particulièrement perturbés. Il existe peut-être, profondément ancré en vous, quelque chose qui n'a pas été accepté et pardonné et qui est toujours en guerre. Vous êtes alors sans doute venu sur terre pour dénouer ces mémoires, pour trancher des liens émotionnels toxiques, pour apprendre à gérer votre ombre, votre saboteur et la dimension invisible de la réalité et pour trouver la paix intérieure, vous libérer et récupérer votre énergie et votre pouvoir.

Si cette planète est mal intégrée, vous pouvez alors parfois apparaître comme une personne toujours en guerre, angoissée, tourmentée, torturée, compliquée, louche, malsaine, insipide, perverse, sadique, machiavélique, marginale, enchainée par vos mensonges, bloquée dans des schémas destructeurs que vous devez désamorcer, dans des habitudes néfastes que vous devez éliminer, dans des toxines physiologiques ou psychologiques que vous devez évacuer ou dans une tendance à l'autosabotage et à nourrir des tensions, du désespoir, de la haine et des crises plus ou moins violentes. Votre difficulté avec votre propre pouvoir peut vous prédisposer à attirer dans votre vie des personnes dont le pouvoir vous perturbe.

Si cette planète n'est pas correctement intégrée et vécue d'une façon positive, en conscience, votre besoin de contrôle se traduit parfois par de la possessivité, par des obsessions, par de l'avidité, par de la gloutonnerie et par une tendance à faire peur aux autres en pointant sur leurs zones d'ombres. Il peut parfois vous entrainer dans des situations compliquées, stressantes voire glauques. Si vous êtes obsédé par l'argent ou par les plaisirs terrestres, cela peut engendrer des crises en rapport avec ses expériences.

Votre puissante agressivité vous permet certes de lutter dans l'invisible et peut vous rendre expert dans l'art des guerres psychologiques mais elle finit toujours par se retourner contre vous. Vos faiblesses éventuelles peuvent alors être une tendance à toujours nourrir des problèmes et des difficultés, à vous complaire dans le secret, la clandestinité, la négativité, l'agressivité, l'ignorance, l'aveuglement et la stupidité, le rejet, l'exclusion, les blessures, la misère et la douleur et à refuser d'être en vie dans la joie. Vous pouvez être très susceptible de part une forte sensibilité aux intentions cachées de vos collaborateurs, de part votre sensibilité aux non-dits et à l'envers du décor. Vous pouvez chercher à transformer subtilement votre entourage professionnel au point d'être parfois manipulateur.

Vous prenez facilement du recul vis-à-vis de votre rôle social et pouvez par fois avoir du mal à définir votre position ou à trouver votre place dans la société. Vous pouvez être tenté par le travail au noir ou la nuit, hors de la légalité, et préférez souvent être à votre compte plutôt que de travailler en société. Votre tempérament passionnel dans le service peut parfois rendre les rapports avec collègues ou subordonnés tendus et difficiles. Une tendance à servir avec une très grande intensité peut vous prédisposer au surmenage. Mais vous pouvez être d'une résistance exceptionnelle et récupérer facilement.

Ces difficultés font alors obstacle à la réalisation de votre mission de vie et à votre évolution et elles doivent être transformées pour que vous soyez libre et heureux. Il ne dépend alors que de vous pour effectuer un travail sur vous-même afin de briser vos chaines et afin que s'exprime uniquement ce qu'il y a de meilleur en vous. Pour dépasser vos difficultés et pour avancer sur votre chemin, vous pouvez effectuer des prises de conscience sur la nature et le rôle du monde de la matière, de l'argent, de la sexualité, des pulsions de vie et de mort, du saboteur, des forces de destruction, de la spiritualité, du rejet et des mécanismes de transformation, de l'instinct de survie et de ce qui se passe quand il dégénère, des réalités invisibles du monde physique et des énergies subtiles.

Dans le cas de cette planète, il est indispensable d'effectuer un travail de deuil et de vous réapproprier votre énergie de vie, votre sexualité, vos passions et votre joie. Vous pouvez aussi apprendre à voir que la sexualité et la passion sont source de vie et de création et que tant que vous cherchez à maintenir les autres sous la dépendance, c'est vous-même qui êtes dépendant des autres.

Lorsque vous parvenez à exprimer le côté positif de Pluton, vous êtes particulièrement capable d'exprimer vos pulsions et votre vouloir le plus profond, de faire preuve d'authenticité, d'exercer un pouvoir, de concentrer votre énergie, d'être à 100% présent, de vous battre, d'être offensif et s'il le faut agressif, de pressentir les non dits, les émotions et les craintes non exprimées, de flairer les rapports de forces, les dangers et les enjeux présent dans la situation, de déceler les tentatives de manipulations et ceux qui tirent les ficelles, de décoder les signes et les symboles, de capter l'envers du décor, de tirer des conclusions à partir du moindre indice, de percer les mystères, d'être lucide, de vivre une sorte d'échange médiumnique avec votre milieu, de cerner ce qui se passe dans les coulisses ou dans les profondeurs de votre inconscient, d'élucider les mystères, de faire face à l'inconnu, de résister à de très fortes pressions, de vivre l'intensité, de vous régénérer tel le phœnix qui renaît de ces cendres, d'utiliser vos instincts ou des forces occultes pour de franchir les différentes étapes de l'initiation, de gérer les crises, de procéder à des transformations et de jouer un rôle initiatique dès lors qu'il s'agit de servir, de communiquer, d'effectuer des échanges commerciaux, de vous adapter aux réalités matérielles en utilisant des outils et des techniques, de vous organiser, de traiter des question d'hygiène ou de santé, d'être en sécurité ou d'utiliser des systèmes d'information.

Vous pouvez avoir un côté très individualiste dans le service sous-entendu qu'il n'y a que vous qui savez faire, mais vous pouvez vous affirmer grâce à votre exceptionnelle puissance de travail. Vous avez besoin d'aller jusqu'au bout de ce que vous faites et jusqu'au fond des choses. Vous avez ainsi des talents de transformateur, de réorganisateur ou de spécialiste des questions de sécurité.

PLUTON EN SECTEUR SEPT

Initialement, Pluton en maison sept peut être synonyme de difficultés importantes et récurrentes, par exemple, à vivre une sorte d'échange médiumnique avec votre milieu, à voir clairement derrière les apparences et dans l'obscurité, à pressentir les non-dits, les sous-entendus, les craintes et les angoisses non exprimées, à voir l'envers du décor, à flairer et détecter les tensions, les risques, les failles, les difficultés, les rapports de forces et les enjeux présents dans la situation, à déceler les causes de ce qui existent dans l'instant présent, à décoder les signes et les symboles, à élucider les énigmes, à révéler à chacun sa problématique, ses zones d'ombre et ses failles, à trouver l'aiguille dans la botte de foin, à prendre conscience des volontés non exprimées et des rapports de pouvoir dans la situation, à tenir compte de tous les paramètres, dont ceux qui sont occultés, à comprendre la complexité des êtes et des situations et à aller au fond des choses.

Vous pouvez également avoir un fort besoin mais des difficultés à explorer et gérer le côté obscur de la nature humaine, à prendre en compte et à gérer le saboteur qui existe en vous, à gérer et à transcender vos peurs et vos angoisses, vos blessures ou vos traumatismes, à résoudre les difficultés, les crises, les conflits et les problèmes, à détruire ce qui doit l'être, à traiter et éliminer les toxines et les déchets physiques ou psychologiques qui vous polluent la vie, à maîtriser vos émotions, à sortir de la séduction et de la manipulation, à ne pas être dans l'emprise et l'asservissement, à être offensif et agressif, à maîtriser et exprimer votre énergie, vos instincts, vos pulsions et vos passions, à vivre pleinement et sainement votre sexualité, à donner du plaisir et à voir ou braver le danger.

Vous avez peut-être des difficultés à résister aux pressions extérieures, à vous fier à votre flair et à votre instinct, à faire preuve d'audace et de combativité, à braver le danger, à assurer la sécurité, à briser ce qui vous enchaine, à vous régénérer rapidement après une expérience pénible tel le phœnix qui renait de ces cendres, à utiliser les failles et les faiblesses des autres, à exploiter les points faibles de toute situation, à accepter votre propre pouvoir ou celui des autres, à faire preuve d'une redoutable intelligence stratégique teintée d'une grande ténacité, à fonctionner à l'instinct, au flair, en fonction de vos pulsions et à emmener autrui là où vous voulez aller, à générer de profondes transformations, à transformer les êtres et les événements, à forger des produits finis à partir de matières premières, à lutter avec acharnement pour atteindre vos objectifs, à gagner de l'argent, à prendre le pouvoir, à maîtriser le monde de la matière, à initier autrui à ce qui leur est inconnu et à mettre votre pouvoir au service de la vie. Vos difficultés à exprimer positivement cette planète font obstacle à la réalisation de votre mission de vie et à votre évolution. Pourquoi avez-vous des difficultés à exprimer cette planète d'une façon positive ? Parce qu'au lieu d'être centré dans votre corps, dans l'instant présent et dans l'action, vous avez tendance à vous décentrer et à compter sur les autres pour exprimer cette planète à votre place.

C'est comme si vous rejetiez tout ou partie de la planète parce que vous la voyez comme étant perturbatrice. Elle tend alors à s'exprimer, depuis votre inconscient, sous sa forme inférieure et à s'associer avec votre ombre. Il est également possible que vous ayez des souvenirs personnels, des « mémoires généalogiques » ou des «mémoires d'âmes », où l'expression, par exemple, de vos besoins d'argent, de maîtriser la matière, de vivre librement votre sexualité ou vos passions, de transformation, de vivre une expérience initiatique ou d'accéder à l'expérience spirituelle n'étaient pas justes et équilibrés. Peut-être portez vous une mémoire de violence, de guerre permanente, de destruction, de douleur, de grande misère, de désastre, de maladie, de viol, d'assassinat, de déchirement ou d'une situation où vous avez « vendu votre âme au diable ».

Vous avez peut-être vécu une expérience particulièrement difficile et stressante, avec des personnes qui étaient particulièrement perturbés. Il existe peut-être, profondément ancré en vous, quelque chose qui n'a pas été accepté et pardonné et qui est toujours en guerre. Vous êtes alors sans doute venu sur terre pour dénouer ces mémoires, pour trancher des liens émotionnels toxiques, pour apprendre à gérer votre ombre, votre saboteur et la dimension invisible de la réalité et pour trouver la paix intérieure, vous libérer et récupérer votre énergie et votre pouvoir.

Si cette planète est mal intégrée, vous pouvez alors parfois apparaître comme une personne toujours en guerre, angoissée, tourmentée, torturée, compliquée, louche, malsaine, insipide, perverse, sadique, machiavélique, marginale, enchainée par vos mensonges, bloquée dans des schémas destructeurs que vous devez désamorcer, dans des habitudes néfastes que vous devez éliminer, dans des toxines physiologiques ou psychologiques que vous devez évacuer ou dans une tendance à l'autosabotage et à nourrir des tensions, du désespoir, de la haine et des crises plus ou moins violentes. Votre difficulté avec votre propre pouvoir peut vous prédisposer à attirer dans votre vie des personnes dont le pouvoir vous perturbe.

Si Pluton n'est pas correctement intégrée et vécue d'une façon positive, en conscience, votre besoin de contrôle se traduit parfois par de la possessivité, par des obsessions, par de l'avidité, par de la gloutonnerie et par une tendance à faire peur aux autres en pointant sur leurs zones d'ombres. Il peut parfois vous entrainer dans des situations compliquées, stressantes voire glauques. Si vous êtes obsédé par l'argent ou par les plaisirs terrestres, cela peut engendrer des crises en rapport avec ses expériences.

Votre puissante agressivité vous permet certes de lutter dans l'invisible et peut vous rendre expert dans l'art des guerres psychologiques mais elle finit toujours par se retourner contre vous. Vos faiblesses éventuelles peuvent alors être une tendance à toujours nourrir des problèmes et des difficultés, à vous complaire dans le secret, la clandestinité, la négativité, l'agressivité, l'ignorance, l'aveuglement et la stupidité, le rejet, l'exclusion, les blessures, la misère et la douleur et à refuser d'être en vie dans la joie. Ces difficultés font alors obstacle à la réalisation de votre mission de vie et à votre évolution et elles doivent être transformées pour que vous soyez libre et heureux. Il ne dépend alors que de vous pour effectuer un travail sur vous-même afin de briser vos chaines et afin que s'exprime uniquement ce qu'il y a de meilleur en vous.

Pour dépasser vos difficultés et pour avancer sur votre chemin, vous pouvez effectuer des prises de conscience sur la nature et le rôle du monde de la matière, de l'argent, de la sexualité, des pulsions de vie et de mort, du saboteur, des forces de destruction, de la spiritualité, du rejet et des mécanismes de transformation, de l'instinct de survie et de ce qui se passe quand il dégénère, des réalités invisibles du monde physique et des énergies subtiles.

Dans le cas de cette planète, il est indispensable d'effectuer un travail de deuil et de vous réapproprier votre énergie de vie, votre sexualité, vos passions et votre joie. Vous pouvez aussi apprendre à voir que la sexualité et la passion sont source de vie et de création et que tant que vous cherchez à maintenir les autres sous la dépendance, c'est vous-même qui êtes dépendant des autres.

Lorsque vous parvenez à exprimer le côté positif de Pluton, vous devenez alors capable d'exprimer vos pulsions et votre vouloir le plus profond, de faire preuve d'authenticité, d'exercer un pouvoir, de concentrer votre énergie, d'être à 100% présent, de vous battre, d'être offensif et s'il le faut agressif, de pressentir les non dits, les émotions et les craintes non exprimées, de flairer les rapports de forces, les dangers et les enjeux présent dans la situation, de déceler les tentatives de manipulations et ceux qui tirent les ficelles, de décoder les signes et les symboles, de capter l'envers du décor, de tirer des conclusions à partir du moindre indice, de percer les mystères, d'être lucide, de vivre une sorte d'échange médiumnique avec votre milieu, de cerner ce qui se passe dans les coulisses ou dans les profondeurs de votre inconscient, d'élucider les mystères, de faire face à l'inconnu, de résister à de très fortes pressions, de vivre l'intensité, de vous régénérer tel le phœnix qui renaît de ces cendres et d'utiliser vos instincts ou des forces occultes pour de franchir les différentes étapes de l'initiation.

Vous êtes alors capable de gérer les crises, de procéder à des transformations et de jouer un rôle initiatique et notamment dès lors qu'il s'agit de trouver votre équilibre ou de le préserver, de créer des liens, de construire des relations sociales, d'utiliser votre intelligence relationnelle, de fonder un couple, de faire preuve d'harmonie, de douceur et de gentillesse, d'attirer, de plaire et de séduire, d'exprimer votre sens esthétique, artistique ou juridique, de coopérer et de participer à la civilisation.

Cette position rend la relation particulièrement exigeante. Vous attendez tout de l'autre. Et vous vous attendez sans cesse que votre partenaire fasse preuve d'authenticité, de tendresse et de prévenance et qu'il s'occupe de vous. Et vous avez besoin de vivre des liens, relations et associations intenses et intensément. Vous pouvez aussi être très individualiste dans la relation. Votre désir de rencontrer l'autre émane des couches les plus profondes de votre être et se manifeste parfois comme indépendamment de votre volonté, aussi pouvez-vous attirer ou être attiré de manière irrésistible envers autrui, en fonction d'une logique qui souvent dépasse l'entendement et qui vous échappe parfois aussi.

Vos relations peuvent fréquemment aboutir à des relations sexuelles, celles-ci jouant un rôle important dans toute liaison. Ce qui peut aussi vous attirer chez l'autre ou dans les associations, c'est l'effet transformateur qu'elles peuvent vous apporter mais aussi la possibilité de votre part d'exercer une influence transformatrice subtile sur votre milieu relationnel. Et vous pouvez parfois être légèrement manipulateur. Car c'est dans ce domaine que vous pouvez être soit ténébreux et n'y voir que du noir, soit extrêmement lucide, percevant les rapports de force sous-jacents, les sous-entendus, les non-dits, les désirs et intentions cachées derrière les comportements visibles, bref percevoir l'envers du décor.

Vous savez tellement bien décortiquer l'autre que vous pouvez parfois l'accuser sur des détails subtils dont il ne se rend même pas compte. Cette position prédispose aussi bien à vivre une passion profonde, exclusive et authentique que des relations tendues, basées sur une logique dominant-dominé, parfois dramatiques et pouvant mener à la destruction de l'union, à un dégoût de la relation et à un rejet de l'autre. Vous devez surveiller une tendance à vouloir systématiquement transformer l'autre et à vouloir détruire pour recréer. Vous devez aussi éviter une certaine dureté.

Parce que c'est à travers le conjoint et les associations que Pluton joue son rôle initiatique, cette situation planétaire prédispose à croiser la mort parmi ses relations privilégiées, ou à rencontrer des personnes qui ont un rôle initiatique et qui font "réfléchir" à l'au-delà. Vous pouvez aussi être attiré par les exclus, déclassés et marginaux, ou par des gens malsains. Il ne dépend que de vous d'effectuer un travail sur vous-même afin que s'exprime uniquement ce qu'il y a de meilleur en vous.

PLUTON EN SECTEUR HUIT

Voyons maintenant dans quel domaine de votre existence ou dans quel secteur d'activité s'expriment votre lucidité, votre combativité et votre besoin de purification et d'initiation vers votre vérité profonde ! Votre chemin initiatique ou votre quête est une quête pour prendre conscience de votre pouvoir personnel, pour percer les secrets de la vie et de la mort, pour révéler ce qui est caché, pour vivre vos véritables passions et pour réintégrer votre dimension éternelle.

Vous êtes particulièrement capable d'exprimer vos pulsions et votre vouloir le plus profond, de faire preuve d'authenticité, d'exercer un pouvoir, de concentrer votre énergie, d'être à 100% présent, de vous battre, d'être offensif et s'il le faut agressif, de pressentir les non dits, les émotions et les craintes non exprimées, de flairer les rapports de forces, les dangers et les enjeux présent dans la situation, de déceler les tentatives de manipulations et ceux qui tirent les ficelles, de décoder les signes et les symboles, de capter l'envers du décor, de tirer des conclusions à partir du moindre indice, de percer les mystères, d'être lucide, de vivre une sorte d'échange médiumnique avec votre milieu, de cerner ce qui se passe dans les coulisses ou dans les profondeurs de votre inconscient, d'élucider les mystères, de faire face à l'inconnu, de résister à de très fortes pressions, de vivre l'intensité, de vous régénérer tel le phœnix qui renaît de ces cendres, d'utiliser vos instincts ou des forces occultes pour de franchir les différentes étapes de l'initiation, de gérer les crises, de procéder à des transformations et de jouer un rôle initiatique. Cette position peut donner l'impression qu'il y a là-haut quelqu'un qui décide pour soi, une sorte de justice impitoyable. Cela peut vous inciter à investiguer l'au-delà, à vérifier son existence. Cela peut vous apporter des angoisses et un certain scepticisme tant qu'on n'a pas percé certains secrets. Vous pouvez avoir une relation intense et profonde avec l'au-delà, une puissante maîtrise de votre sexualité, des besoins sexuels intenses, un magnétisme puissant, un pouvoir d'influence et de transformation important, une capacité de résister à des pressions importantes.

Vous pouvez avoir des dons réels d'investigateur, de justicier, de gardien et de contrôleur. Vous pouvez être amené à faire des sorties hors du corps, le début de cette expérience se traduisant par des vibrations dans le corps astral, et à explorer l'invisible avec votre corps astral.

PLUTON EN SECTEUR NEUF

Dans le but de sortir du rôle que vous ont légué vos parents, d'accéder à votre mission personnelle, de réaliser votre mission de vie, de trouver votre voie et de vous épanouir, vous ressentez un besoin compulsif et parfois excessif d'accéder aux profondeurs de votre inconscient, de celui des autres et de celui de l'humanité, de vivre une sorte d'échange médiumnique avec votre milieu, de voir clairement derrière les apparences et dans l'obscurité, de pressentir les non-dits, les sous-entendus, les craintes et les angoisses non exprimées, de voir l'envers du décor, de flairer et détecter les tensions, les risques, les failles, les difficultés, les rapports de forces et les enjeux présents dans la situation, de déceler les causes de ce qui existent dans l'instant présent, de décoder les signes et les symboles, de élucider les énigmes, de révéler à chacun sa problématique, ses zones d'ombre et ses failles, de trouver l'aiguille dans la botte de foin, de prendre conscience des volontés non exprimées et des rapports de pouvoir dans la situation, de tenir compte de tous les paramètres, dont ceux qui sont occultés, de comprendre la complexité des êtes et des situations et d'aller au fond des choses.

Vous avez aussi un besoin compulsif et parfois excessif d'explorer et de gérer le côté obscur de la nature humaine, de prendre en compte et gérer le saboteur qui existe en vous, de gérer et de transcender vos peurs et vos angoisses, vos blessures ou vos traumatismes, de résoudre les difficultés, les crises, les conflits et les problèmes, de détruire ce qui doit l'être, d'enchainer autrui ou d'être vous-même enchainé, de traiter et d'éliminer les toxines et les déchets physiques ou psychologiques qui vous polluent la vie, de maîtriser vos émotions, de provoquer autrui et de générer du suspens, d'être offensif et agressif, de maîtriser et exprimer votre énergie, vos instincts, vos pulsions et vos passions, de vivre pleinement et sainement votre sexualité, de résister aux pressions extérieures, de vous fier à votre flair et à votre instinct, de faire preuve d'audace et de combativité, de braver le danger, d'assurer la sécurité.

Vous avez peut-être aussi un besoin compulsif et parfois excessif d'enchainer ou de briser ce qui vous enchaine, d'utiliser les failles et les faiblesses des autres, d'exploiter les points faibles de toute situation, de faire preuve d'une redoutable intelligence stratégique teintée d'une grande ténacité, de fonctionner à l'instinct, au flair, en fonction de vos pulsions et emmener autrui là où vous voulez aller, de générer de profondes transformations, de transformer les êtres et les événements, de forger des produits finis à partir de matières premières, de lutter avec acharnement pour atteindre vos objectifs, de gagner de l'argent, de prendre le pouvoir, de maîtriser le monde de la matière, d'initier autrui à ce qui leur est inconnu, d'exercer un pouvoir de séduction et de mettre votre pouvoir au service de la vie.

Vous vivez votre maison 9 dès lors qu'il s'agit d'acquérir un certain confort matériel, de voyager, lorsqu'il s'agit d'exploiter une opportunité ou de provoquer la chance ou lorsqu'il s'agit de légiférer, de représenter, d'organiser, de coordonner, de gérer, d'administrer, de distribuer, d'éduquer, de conseiller, de guider, de faire des affaires ou de vous rendre utile.

Vous êtes alors particulièrement capable d'exprimer vos pulsions et votre vouloir le plus profond, de faire preuve d'authenticité, d'exercer un pouvoir, de concentrer votre énergie, d'être à 100% présent, de vous battre, d'être offensif et s'il le faut agressif, de pressentir les non dits, les émotions et les craintes non exprimées, de flairer les rapports de forces, les dangers et les enjeux présent dans la situation, de déceler les tentatives de manipulations et ceux qui tirent les ficelles, de décoder les signes et les symboles, de capter l'envers du décor, de tirer des conclusions à partir du moindre indice, de percer les mystères, d'être lucide, de vivre une sorte d'échange médiumnique avec votre milieu, de cerner ce qui se passe dans les coulisses ou dans les profondeurs de votre inconscient, d'élucider les mystères, de faire face à l'inconnu, de résister à de très fortes pressions, de vivre l'intensité, de vous régénérer tel le phœnix qui renaît de ces cendres, d'utiliser vos instincts ou des forces occultes pour de franchir les différentes étapes de l'initiation, de gérer les crises, de procéder à des transformations et de jouer un rôle initiatique.

Vous pouvez avoir besoin de découvrir la vérité à tout prix et si vous vous intéressez aux religions et philosophies, à la culture et à l'insertion sociale, c'est pour y apporter quelque chose d'authentique, pour être transformé ou pour les transformer. Vous avez besoin d'approfondir, de vivre de façon subtile et intense vos idéaux, votre culture, votre insertion socioprofessionnelle, vos rapports avec l'étranger et les étrangers. Vous pouvez être attiré par des idéaux occultes et par la parapsychologie. Votre philosophie est très personnelle et peut se transformer subtilement au fil du temps. Vous ressentez les grandes idées dans les tripes et les comprenez surtout par les émotions qu'elles suscitent.

Vous pouvez avoir des facilités pour élucider religions et philosophies, pour percer les secrets des civilisations et des différentes cultures et pour voir tout ce que sous-entend tout concept idéologique. Vous pouvez aussi être très sensible au pouvoir manipulateur des religions, de la culture ou de toute idéologie et pouvez parfois tout dénigrer et rabaisser en bloc. Vous pouvez vous intéresser à une philosophie pour décortiquer ses secrets mais préférez souvent l'occultisme. Votre lucidité, votre résistance aux pressions, votre capacité à tirer des conclusions à partir du moindre indice, vos aptitudes à l'investigation, à la surveillance, au contrôle, au gardiennage ainsi qu'une facilité pour gérer et vous adapter aux rapports de force peuvent jouer un rôle important dans votre processus d'insertion sociale.

PLUTON EN SECTEUR DIX

Voyons maintenant dans quel domaine de votre existence ou dans quel secteur d'activité s'expriment votre lucidité, votre combativité et votre besoin de purification et d'initiation vers votre vérité profonde ! Vos possibilités de réalisation, la leçon majeure que vous devez apprendre et votre mission de vie sont liées à votre capacité de gérer le côté obscur de la nature humaine, de prendre en compte et gérer le saboteur qui existe en vous, de gérer et de transcender vos peurs et vos angoisses, vos blessures ou vos traumatismes, de résoudre les difficultés, les crises, les conflits et les problèmes, de détruire ou saboter ce qui doit l'être, de traiter et d'éliminer les toxines et les déchets physiques ou psychologiques qui vous polluent la vie.

Elles sont aussi liées à votre capacité de maîtriser vos émotions, de provoquer autrui et de générer du suspens, d'être offensif et agressif, de maîtriser et exprimer votre énergie, vos instincts, vos pulsions et vos passions, de vivre pleinement et sainement votre sexualité, de résister aux pressions extérieures, de vous fier à votre flair et à votre instinct, de faire preuve d'audace et de combativité, de braver le danger, d'assurer la sécurité, d'enchainer ou de déchainer mais aussi de briser ce qui vous enchaine, de vous régénérer rapidement après une expérience pénible tel le phœnix qui renait de ces cendres, d'utiliser les failles et les faiblesses des autres, d'exploiter les points faibles de toute situation, de faire preuve d'une redoutable intelligence stratégique teintée d'une grande ténacité, de fonctionner à l'instinct, au flair, en fonction de vos pulsions et emmener autrui là où vous voulez aller, de générer de profondes transformations, de transformer les êtres et les événements, de forger des produits finis à partir de matières premières, de lutter avec acharnement pour atteindre vos objectifs, de gagner de l'argent, de prendre le pouvoir, de maîtriser le monde de la matière et d'initier autrui à ce qui leur est inconnu.

Cela implique d'utiliser des compétences pour accéder aux profondeurs de votre inconscient, de celui des autres et de celui de l'humanité, pour vivre une sorte d'échange médiumnique avec votre milieu, pour voir clairement derrière les apparences et dans l'obscurité, pour pressentir les non-dits, les sous-entendus, les craintes et les angoisses non exprimées, pour voir l'envers du décor, pour flairer et détecter les tensions, les risques, les failles, les difficultés, les rapports de forces et les enjeux présents dans la situation, pour déceler les causes de ce qui existe dans l'instant présent, pour décoder les signes et les symboles, pour élucider les énigmes, pour révéler à chacun sa problématique, ses zones d'ombre et ses failles, pour trouver l'aiguille dans la botte de foin, pour prendre conscience des volontés non exprimées et des rapports de pouvoir dans la situation, pour tenir compte de tous les paramètres, dont ceux qui sont occultés, pour comprendre la complexité des êtes et des situations et pour aller au fond des choses. Le fait d'exprimer ces qualités nourrit votre évolution.

Vous vivez votre maison 10 dès lors qu'il s'agit de fournir de grosses quantités de travail, de construire et de structurer, d'être en chantier, d'assurer votre sécurité, de faire des recherches, de planifier à long terme en définissant les priorités et en fixant des étapes, de trouver votre sécurité, d'évoluer, de grandir, de faire preuve d'exigence, de profondeur, de simplicité et d'intégrité, d'aller à l'essentiel, de trouver la paix intérieure mais aussi lorsqu'il s'agit de parcourir les différentes étapes de l'évolution professionnelle et spirituelle.

Vous êtes alors particulièrement capable d'exprimer vos pulsions et votre vouloir le plus profond, de faire preuve d'authenticité, d'exercer un pouvoir, de concentrer votre énergie, d'être à 100% présent, de vous battre, d'être offensif et s'il le faut agressif, de pressentir les non dits, les émotions et les craintes non exprimées, de flairer les rapports de forces, les dangers et les enjeux présent dans la situation, de déceler les tentatives de manipulations et ceux qui tirent les ficelles, de décoder les signes et les symboles, de capter l'envers du décor, de tirer des conclusions à partir du moindre indice, de percer les mystères, d'être lucide, de vivre une sorte d'échange médiumnique avec votre milieu, de cerner ce qui se passe dans les coulisses ou dans les profondeurs de votre inconscient, d'élucider les mystères, de faire face à l'inconnu, de résister à de très fortes pressions, de vivre l'intensité, de vous régénérer tel le phœnix qui renaît de ces cendres, d'utiliser vos instincts ou des forces occultes pour de franchir les différentes étapes de l'initiation, de gérer les crises, de procéder à des transformations et de jouer un rôle initiatique

Vous avez besoin à ce que votre profession corresponde à votre vouloir le plus profond à vos désirs et exigences et ne vous sentez bien que si vous participez à la direction de vos propres affaires. Vous avez besoin d'être votre propre maître, de diriger vous-mêmes votre vie et de ne rien devoir à personne. Vous êtes plutôt fait pour les professions indépendantes où vous pouvez donner libre cours à votre ardeur et vos initiatives. Vous pouvez avoir quelques difficultés à vous adapter à la hiérarchie car vous avez tendance à n'arrivez à vos fins qu'en vous opposant et cherchez souvent à exercer une influence subtile ou à tirer les ficelles dans votre activité professionnelle.

Vous pouvez avoir une ambition dévorante et une vocation impérieuse qui s'impose d'elle-même. Vous avez souvent besoin de contrôler vous-mêmes la situation et avez besoin d'intensité dans votre vie. Vous pouvez avoir besoin de vous démarquer des modèles par l'exercice de votre profession, réussir par la transformation ou la destruction de quelque chose, par l'investigation, le contrôle ou la surveillance et par tout ce qui touche à la gestion des crises et problèmes divers. Votre capacité à voir derrière les apparences, à percevoir les enjeux, sous-entendus, rapports de force et les causes derrière le vécu apparent, votre capacité à élucider mystères et énigmes, à décrypter signes et symboles, une forte sensibilité aux problèmes et magouilles de l'existence ainsi qu'une certaine lucidité peut jouer un rôle important dans votre destinée.

PLUTON EN SECTEUR ONZE

Voyons maintenant dans quel domaine de votre existence ou dans quel secteur d'activité s'expriment votre lucidité, votre combativité et votre besoin de purification et d'initiation vers votre vérité profonde ! Dans votre vie, les solutions passent par la nécessité de gérer le côté obscur de la nature humaine, de prendre en compte et gérer le saboteur qui existe en vous, de gérer et de transcender vos peurs et vos angoisses, vos blessures ou vos traumatismes, de résoudre les difficultés, les crises, les conflits et les problèmes, de détruire ou saboter ce qui doit l'être, de traiter et d'éliminer les toxines et les déchets physiques ou psychologiques qui vous polluent la vie.

Elles passent aussi par la nécessité de maîtriser vos émotions, de provoquer autrui et de générer du suspens, d'être offensif et agressif, de maîtriser et exprimer votre énergie, vos instincts, vos pulsions et vos passions, de vivre pleinement et sainement votre sexualité, de résister aux pressions extérieures, de vous fier à votre flair et à votre instinct, de faire preuve d'audace et de combativité, de braver le danger, d'assurer la sécurité, d'enchainer ou de déchainer mais aussi de briser ce qui vous enchaine, de vous régénérer rapidement après une expérience pénible tel le phœnix qui renait de ces cendres, d'utiliser les failles et les faiblesses des autres, d'exploiter les points faibles de toute situation, de faire preuve d'une redoutable intelligence stratégique teintée d'une grande ténacité, de fonctionner à l'instinct, au flair, en fonction de vos pulsions et emmener autrui là où vous voulez aller, de générer de profondes transformations, de transformer les êtres et les événements, de forger des produits finis à partir de matières premières, de lutter avec acharnement pour atteindre vos objectifs, de gagner de l'argent, de prendre le pouvoir, de maîtriser le monde de la matière et d'initier autrui à ce qui leur est inconnu.

Cela implique d'utiliser des compétences pour accéder aux profondeurs de votre inconscient, de celui des autres et de celui de l'humanité, pour vivre une sorte d'échange médiumnique avec votre milieu, pour voir clairement derrière les apparences et dans l'obscurité, pour pressentir les non-dits, les sous-entendus, les craintes et les angoisses non exprimées, pour voir l'envers du décor, pour flairer et détecter les tensions, les risques, les failles, les difficultés, les rapports de forces et les enjeux présents dans la situation, pour déceler les causes de ce qui existe dans l'instant présent, pour décoder les signes et les symboles, pour élucider les énigmes, pour révéler à chacun sa problématique, ses zones d'ombre et ses failles, pour trouver l'aiguille dans la botte de foin, pour prendre conscience des volontés non exprimées et des rapports de pouvoir dans la situation, pour tenir compte de tous les paramètres, dont ceux qui sont occultés, pour comprendre la complexité des êtes et des situations et pour aller au fond des choses. Le fait d'exprimer ces qualités nourrit votre évolution et favorise votre libération.

Vous vivez votre maison 11 dès lors qu'il s'agit de vous libérer, d'utiliser les nouvelles technologies et de vous adapter à la vie moderne, de gérer des projets, d'acquérir ou de préserver une certaine liberté d'action, d'affirmer votre spécificité et vos convictions, de vous organisez et vous disciplinez pour vous maîtriser ou pour maîtriser la situation, d'inventer, d'innover et de faire des découvertes, de vous synchroniser, d'exprimez votre idéal, votre idéologie ou vos valeurs humaines ou spirituelles où lorsque vous êtes dans un groupe ou avec des ami(e)s.

Vous êtes alors particulièrement capable d'exprimer vos pulsions et votre vouloir le plus profond, de faire preuve d'authenticité, d'exercer un pouvoir, de concentrer votre énergie, d'être à 100% présent, de vous battre, d'être offensif et s'il le faut agressif, de pressentir les non dits, les émotions et les craintes non exprimées, de flairer les rapports de forces, les dangers et les enjeux présent dans la situation, de déceler les tentatives de manipulations et ceux qui tirent les ficelles, de décoder les signes et les symboles, de capter l'envers du décor, de tirer des conclusions à partir du moindre indice, de percer les mystères, d'être lucide, de vivre une sorte d'échange médiumnique avec votre milieu, de cerner ce qui se passe dans les coulisses ou dans les profondeurs de votre inconscient, d'élucider les mystères, de faire face à l'inconnu, de résister à de très fortes pressions, de vivre l'intensité, de vous régénérer tel le phœnix qui renaît de ces cendres, d'utiliser vos instincts ou des forces occultes pour de franchir les différentes étapes de l'initiation, de gérer les crises, de procéder à des transformations et de jouer un rôle initiatique

Vous pouvez vous projeter dans l'avenir comme quelqu'un de lucide, d'éclairé, d'initié et détenteur d'une certaine vérité. Vous êtes attiré par les amis authentiques, ayant une connaissance profonde du monde qui les entoure et avec qui vous pouvez vivre une relation qui se vit dans les tripes. Vous recherchez souvent une certaine intensité dans la relation amicale. Vous pouvez avoir une attirance sexuelle plus ou moins avouée envers certains de vos amis. L'amitié est vécue comme une passion instinctive qui conduit à des attractions irrésistibles et irraisonnées.

Garder vos relations amicales n'est pas toujours facile en raison d'une tendance à décortiquer les gens, à percer leurs points faibles, parfois à les rabaisser, à vivre des rapports de force et à vouloir exercer une influence subtile sur eux. Vos relations amicales peuvent être ambivalentes et vous apporter beaucoup de bien, mais aussi des crises et des problèmes. Elles peuvent vous transformer d'une manière ou d'une autre. Vous pouvez parfois contribuer à la remise en question et à la transformation des idéaux sociaux, des connaissances psychologiques, des technologies, des réseaux, des activités de groupes, des systèmes d'aide et du progrès collectif.

PLUTON EN SECTEUR DOUZE

Voyons maintenant dans quel domaine de votre existence ou dans quel secteur d'activité s'expriment votre lucidité, votre combativité et votre besoin de purification et d'initiation vers votre vérité profonde ! Votre objectif de vie à long terme, ce que vous pouvez faire de mieux de votre vie, votre moyen d'accéder à la transcendance, vos possibilités de guérir et ce que vous laisserez à la postérité est lié à Pluton, c'est-à-dire à votre capacité de gérer le côté obscur de la nature humaine, de prendre en compte et gérer le saboteur qui existe en vous, de gérer et de transcender vos peurs et vos angoisses, vos blessures ou vos traumatismes, de résoudre les difficultés, les crises, les conflits et les problèmes, de détruire ou saboter ce qui doit l'être, de traiter et d'éliminer les toxines et les déchets physiques ou psychologiques qui vous polluent la vie, de maîtriser vos émotions, de provoquer autrui et de générer du suspens, d'être offensif et agressif, de maîtriser et exprimer votre énergie, vos instincts, vos pulsions et vos passions, de vivre pleinement et sainement votre sexualité, de résister aux pressions extérieures et de vous fier à votre flair et à votre instinct.

Votre objectif de vie à long terme, ce que vous pouvez faire de mieux de votre vie, votre moyen d'accéder à la transcendance, vos possibilités de guérir et ce que vous laisserez à la postérité est aussi lié à votre capacité de faire preuve d'audace et de combativité, de braver le danger, d'assurer la sécurité, d'enchainer ou de déchainer mais aussi de briser ce qui vous enchaine, de vous régénérer rapidement après une expérience pénible tel le phœnix qui renait de ces cendres, d'utiliser les failles et les faiblesses des autres, d'exploiter les points faibles de toute situation, de faire preuve d'une redoutable intelligence stratégique teintée d'une grande ténacité, de fonctionner à l'instinct, au flair, en fonction de vos pulsions et emmener autrui là où vous voulez aller, de générer de profondes transformations, de transformer les êtres et les événements, de forger des produits finis à partir de matières premières, de lutter avec acharnement pour atteindre vos objectifs, de gagner de l'argent, de prendre le pouvoir, de maîtriser le monde de la matière et d'initier autrui à ce qui leur est inconnu.

Cela implique d'utiliser des compétences pour accéder aux profondeurs de votre inconscient, de celui des autres et de celui de l'humanité, pour vivre une sorte d'échange médiumnique avec votre milieu, pour voir clairement derrière les apparences et dans l'obscurité, pour pressentir les non-dits, les sous-entendus, les craintes et les angoisses non exprimées, pour voir l'envers du décor, pour flairer et détecter les tensions, les risques, les failles, les difficultés, les rapports de forces et les enjeux présents dans la situation, pour déceler les causes de ce qui existe dans l'instant présent, pour décoder les signes et les symboles, pour élucider les énigmes, pour révéler à chacun sa problématique, ses zones d'ombre et ses failles, pour trouver l'aiguille dans la botte de foin, pour prendre conscience des volontés non exprimées et des rapports de pouvoir dans la situation, pour tenir compte de tous les paramètres, dont ceux qui sont occultés, pour comprendre la complexité des êtes et des situations et pour aller au fond des choses.

Et vous êtes particulièrement capable de le faire dès lors qu'il s'agit d'avoir la foi et de lâcher prise, de soulager les souffrances et les misères du corps, de l'âme et du monde, de vous évader ou d'accéder à d'autres états de conscience, de transcender la réalité, de donner du sens, de rêver et de faire rêver, d'inspirer et d'être inspiré, d'utiliser votre clairvoyance, votre ressenti et votre imagination, de communier ou de participer à une entreprise collective. Vous avez particulièrement besoin de vous maîtriser et de vous connaître. Vous pouvez fouiller votre conscience pour vous découvrir en vue de vous réaliser matériellement et spirituellement, pour accéder à votre vérité profonde.

Vous pouvez avoir une vision idéalisée de la sexualité et des besoins pas toujours très clairs. Votre morale peut être particulièrement exigeante et parfois autodestructrice. Vous devez éviter de vous ronger dans la haine et l'amertume. Cette position prédispose à percevoir les fins fonds de l'inconscient collectif, les vérités universelles et les origines de l'être. Elle peut donner accès à des vérités qui ne sont pas toujours facile à intégrer. Elle peut aussi sensibiliser à tous les problèmes et fléaux collectifs et donner un certain fatalisme. Elle peut parfois indiquer des dons spirituels ou une crise importante vécue soit par vos ancêtres, soit dans une vie passée, avec un impact caché dans votre vie présente. Vous pouvez avoir plus que tout autre une sensibilité médiumnique capable de sonder l'invisible, de voir derrière les apparences, de déchirer les illusions, de décrypter les mythes et légendes. Vous devez aussi apprendre à gérer votre surmoi qui peut être dur et implacable et accepter les imperfections, les vôtres et celles des autres. Si votre Pluton n'est pas correctement intégré et vécu d'une façon positive, en conscience, votre besoin de contrôle se traduit parfois par de la possessivité, par des obsessions, par de l'avidité, par de la gloutonnerie et par une tendance à faire peur aux autres en pointant sur leurs zones d'ombres. Il peut parfois vous entrainer dans des situations compliquées, stressantes voire glauques. Si vous êtes obsédé par l'argent ou par les plaisirs terrestres, cela peut engendrer des crises en rapport avec ses expériences.

Votre puissante agressivité vous permet certes de lutter dans l'invisible et peut vous rendre expert dans l'art des guerres psychologiques mais elle finit toujours par se retourner contre vous. Vos faiblesses éventuelles peuvent alors être une tendance à toujours nourrir des problèmes et des difficultés, à vous complaire dans le secret, la clandestinité, la négativité, l'agressivité, l'ignorance, l'aveuglement et la stupidité, le rejet, l'exclusion, les blessures, la misère et la douleur et à refuser d'être en vie dans la joie. Il ne dépend alors que de vous pour effectuer un travail sur vous-même afin de briser vos chaines et afin que s'exprime uniquement ce qu'il y a de meilleur en vous.

Pour dépasser les difficultés en lien avec Pluton et pour avancer sur votre chemin, vous pouvez effectuer des prises de conscience sur la nature et le rôle du monde de la matière, de l'argent, de la sexualité, des pulsions de vie et de mort, du saboteur, des forces de destruction, de la spiritualité, du rejet et des mécanismes de transformation, de l'instinct de survie et de ce qui se passe quand il dégénère, des réalités invisibles du monde physique et des énergies subtiles. Dans le cas de cette planète, il est indispensable d'effectuer un travail de deuil et de vous réapproprier votre énergie de vie, votre sexualité, vos passions et votre joie. Vous pouvez alors accéder à la transcendance grâce au cheminement initiatique qui vous a permis de retrouver votre éternité. Bien vécu, Pluton en secteur 12 vous permet de purifier vos mémoires généalogiques, vos vies passées et votre âme puis d'accéder à la transcendance, à l'amour inconditionnel authentique et à la conscience divine.

***

BIBLIOGRAPHIE

L'art de l'interprétation en astrologie
Transits planétaires et destinée
Georges Antares

L'astrologie, la psychologie et les 4 éléments
Astrologie, Karma et transformation
Les cycles astrologiques
Stephen Arroyo

Traité pratique d'astrologie
De la psychanalyse à l'astrologie
Uranus et Neptune
André Barbault

Les transits
Sylvie Beauget

Les aspects astrologiques
Bernard Blanchet

Dictionnaire astrologique
Henri G Gouchon

L'Astrologie
Le retour de Lilith
Joëlle de Gravelaine

Saturne
Guide astrologique des relations humaines
Le développement personnel
Liz Greene

Saturne et Uranus/Pluton
Astrologie mondiale
Hadès

La condition Solaire
Jean Pierre Nicolas

Le cycle de la lunaison
Le rythme du zodiaque
Dane Rudyar

Services proposés en Développement Personnel

Outils de conscience

Votre Diamant de Naissance

En tant qu'être humain créé par la Source, vous êtes un Diamant qui ne demande qu'à briller ! Pour faire briller le Diamant que vous êtes, il est nécessaire de polir, c'est à dire de prendre conscience, puis d'exprimer, chacune de ces facettes ! Véritable outil de connaissance de soi, ce « Thème Numérologique », basé sur votre nom+prénom+date de naissance, vous révèle dans toutes vos dimensions…et surtout dans celles qui vous sont inconnues, à travers les 22+1 facettes de votre être. Environs 80 pages.

Votre Thème Astral Approfondi

Votre thème de naissance représente la structure et le cheminement de votre âme, mais aussi ce qu'elle a choisi de rencontrer comme expériences. Axé sur la dimension psychologique et karmique, ce thème astral révèle votre structure, vos fonctionnements, vos atouts, vos contradictions et vos possibilités d'expression. Il vous aide à comprendre certaines difficultés et schémas de vie répétitifs, afin de les résoudre. Environs 120 pages.

Votre Thème annuel

Chaque année (à la date de votre anniversaire), un nouveau thème se dessine pour vous…c'est votre Révolution solaire (nouvel ascendant, nouvelles configurations planétaires). Elle est le paysage de votre année, avec ses propositions, ses potentialités à exprimer, ses difficultés à transcender. Cette étude offre un éclairage sur votre année. Elle vous aide à l'optimiser et à lui donner du sens. Environs 15 pages.

Plus d'infos sur http://www.coaching-evolution.net

Sur demande par mail à : jacksoneric@neuf.fr ou 06 62 51 32 26